La nación y sus narrativas corporales.
Fluctuaciones del cuerpo femenino
en la novela sentimental uruguaya del siglo XIX
(1880-1907)

Germán Pitta Bonilla

La nación y sus narrativas corporales.
Fluctuaciones del cuerpo femenino
en la novela sentimental uruguaya del siglo XIX
(1880-1907)

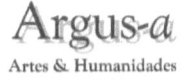
Artes & Humanidades

Argus-*a*
Artes y Humanidades / Arts & Humanities
Buenos Aires - Los Ángeles
2017

La nación y sus narrativas corporales.
Fluctuaciones del cuerpo femenino en la novela sentimental uruguaya del siglo XIX (1880-1907)

ISBN 978-1-944508-06-7

Diseño de tapa: Vania Paola Bilen

© 2017 Germán Pitta Bonilla

All rights reserved. This book or any portion thereof may not be reproduced or used in any manner whatsoever without the express written permission of the publisher except for the use of brief quotations in a book review or scholarly journal.

Editorial Argus-*a*
16944 Colchester Way,
Hacienda Heights, California 91745
U.S.A.

Calle 77 No. 1976 – Dto. C
1650 San Martín – Buenos Aires
ARGENTINA
argus.a.org@gmail.com

AGRADECIMIENTOS

Me gustaría agradecer, en primer lugar, al Dr. Roberto Ferro, a quien tuve el gusto de conocer en un curso sobre literatura policial dictado en el marco de la maestría. Pese a la distancia geográfica, aceptó gentilmente dirigir mi trabajo, aportándome certeros consejos y sugerencias teóricas.

En segundo lugar, agradezco el aporte de Isabel Wschebor referente a la publicación de los folletines del diario El Siglo. *A través de su trabajo, pude ponerme en contacto con una importante producción literaria que nutrió mi investigación.*

También agradezco a mis compañeros de maestría, y al Dr. Pablo Rocca, por sus observaciones planteadas en el seminario de tesis, que me permitieron reformular mi trabajo en otra dirección diferente a la pensada inicialmente.

Finalmente extiendo mi agradecimiento a mis familiares y amigos que estuvieron presentes alentando este trabajo.

INDICE

Introducción   1

1. *Perspectiva teórica*   5
1.1. Los Estudios Culturales: de la Escuela
de Birmingham a los proyectos latinoamericanos   5
1.2. La perspectiva del cuerpo
dentro de los Estudios Culturales.
Aproximaciones a la cuestión del género   10
a) El cuerpo como ficción social   10
b) Subjetividad y dispositivos corporales   13
c) Tecnologías del género   18
1.3. El cuerpo del otro como fetiche (in)deseable   24
1.4. La novela sentimental: origen y retórica textual   27
1.5. La nación y sus formas narrativas   41

2. *Mujer e imaginario letrado: hacia la búsqueda
de un cuerpo*   53
2.1. Espiritualismo y Positivismo. La conformación
moral de la sociedad   53
2.2. Mujer y nación   64
2.3. La mujer en la modernización:
cuerpo disciplinado y domesticidad   68
2.4. El ámbito de la domesticidad:
del cuerpo bárbaro al ángel del hogar   75
Apéndice: Los cuerpos de la nación en la literatura
escrita por mujeres   88

3. *La formación de un público lector*   101
3.1. El folletín y el lector del siglo XIX   101
3.2. El ingreso de las lectoras al mercado literario   109
3.3. El nuevo proyecto cultural-nacional:
imprentas y editoriales   120

4. *¿Una literatura nacional?* 127
4.1. La relación entre prensa y literatura:
los folletines en la prensa periódica del Uruguay
(1850-1896) 127
4.2. La narrativa uruguaya en el siglo XIX:
la novela nacional y la intrusión de lo sentimental 134
4.3. El problema del valor literario
(programas de enseñanza, antologías e historias literarias) 144

5. *El ángel en la selva: mujer, naturaleza y nación*
en Los amores de Marta 157

6. *El cuerpo angelical como cuerpo sensualizado*
en Cristina 177

7. *Eduardo Acevedo Díaz y el romance nacional*
Contraépico 197
7.1. Algunos presupuestos teóricos sobre la novela 197
7.2. Una nación "vestida de tules": eros
y sociabilidad en *Brenda* 201
7.3. La nación en clave de "novela mística":
eros y sociabilidad en *Minés* 211

8. *Reescrituras sentimentales del* Fausto*: Encrucijadas*
y desencuentros del modelo angelical en
Las hermanas Flammari *y* Valmar 221
8.1. Ritualidad social y teatralidad fáustica:
eclipse del modelo sentimental 221
8.2. El paseo urbano de un inocente Fausto 229

9. *Conclusiones* 239

Bibliografía 245

INTRODUCCION

Buena parte de las historias de las literaturas latinoamericanas tienden a restarle importancia al género sentimental porque lo consideran una realización menor del romanticismo. Sin embargo, en las últimas décadas se han venido multiplicando los trabajos académicos que se interesaron por este tipo de textos. Dentro del ámbito anglosajón, pueden citarse los trabajos de Janet Todd (1986), Joanne Dobson (1997) o Bárbara Benedict (1995) orientados al estudio de la novela inglesa en la segunda mitad del siglo XVIII. Basándose en los estudios de estas autoras, Ana Chouciño Fernández (1999) plantea una reivindicación de la novela sentimental latinoamericana.

Dentro del ámbito de los estudios latinoamericanos, se destaca fundamentalmente el trabajo de Doris Sommer, *Ficciones fundacionales,* en el que toma distintas novelas sentimentales entendidas como romances nacionales que plantean una articulación alegórica entre eros y política.

Por su parte Fernando Unzueta, partiendo del trabajo de Sommer, planteará una concepción metatextual en estos mismos romances dado que los mismos novelistas ejercen un control sobre sus textos a través de ensayos y artículos críticos. Estos mismos textos no ficcionales irán generando distintas escenas de lecturas dentro de las novelas.

María Fernanda Lander ha estudiado las novelas sentimentales como textos que "modelan los corazones" y en esa línea estudia la relación que mantienen estas novelas con los manuales de urbanidad. Una relación justificada por la coincidencia histórica entre la publicación del Manual de urbanidad y buenas maneras de Manuel Antonio Carreño y las novelas sentimentales publicadas a partir de la década del cincuenta del siglo XIX.

Fuera de estos estudios mencionados, en Uruguay no existen trabajos académicos que se ocupen de la importancia de este tipo de novelas en la conformación de una comunidad de lectores. Únicamente puede destacarse el estudio realizado por Isabel Wschebor quien se preocupó por examinar la relación entre los folletines publicados por la

Biblioteca de *El Siglo* y la generación de una comunidad de lectoras. Si pensamos junto con Benedict Anderson que la nación surge como una comunidad imaginada debido a la influencia de la novela y el periódico, el estudio de las novelas sentimentales resulta particularmente importante dado que su difusión se hizo a través de la prensa escrita. Las novelas seleccionadas en este trabajo tuvieron su difusión inicial a través de la prensa periódica y posteriormente fueran editadas como libros.

El problema que se propone abordar en este trabajo tiene que ver con la representación del cuerpo femenino en las novelas sentimentales y su relación con la formación de un ideal de nación. Dicho problema reconoce un antecedente muy importante en el estudio realizado por María Inés de Torres (1995) titulado *¿La nación tiene cara de mujer? Mujer y nación en el imaginario letrado del siglo XIX*. Partiendo de las ideas expuestas por Sommer, en relación a la identificación del discurso nacional con un discurso amoroso, Torres analiza cómo se fue configurando la imagen maternal de la mujer buscada por el sector letrado.

Este trabajo se distancia del de Torres porque, aunque trabaja la relación entre la mujer y la nación, no se aprecia una orientación definida hacia el ideal familiar o materno: este ideal aparecerá como una meta difícil de alcanzar y eso se verá expresado en la elección de doncellas. Mi hipótesis plantea la idea de que la nación es una "construcción ambivalente" (Bhabha 2010) porque el cuerpo femenino admite diversas modulaciones. Dichas modulaciones pueden observarse a través de la distinción realizada por Raymond Williams entre las prácticas "dominantes", "residuales" y "emergentes" que según el crítico inglés dan cuenta de la "complejidad de una cultura". De acuerdo a esto, lo "dominante" presupone la idea de un cuerpo legítimo determinada por la "gravedad en el porte" y por la sujeción a las necesidades reproductivas. Lo "residual" estaría dado por la supervivencia de elementos que provienen de la barbarie (lo instintivo, la sexualidad bárbara). Lo "emergente" permite observar la presencia de elementos eróticos en la representación de lo corporal. Esta última tendencia aparece como un nuevo significado o como una "estructura del sentir" (2010: 143-159)

De acuerdo a estas formulaciones, surgen las siguientes preguntas: ¿cuál es el cuerpo de la nación que estas novelas proponen? ¿Las novelas estudiadas pueden ser consideradas romances nacionales?, ¿En qué medida, estas novelas sentimentales mantienen una relación conflictiva con el proceso de modernización? ¿Por qué estas novelas fueron prácticamente olvidadas por el canon literario?

Para el desarrollo de esta investigación he utilizado distintos materiales bibliográficos y las fuentes periódicas de la época (fundamentalmente, los artículos periodísticos de *La Razón, El Siglo,* y los *Anales del Ateneo*). También apelé a los escritos y conferencias de los propios novelistas dispersos en distintos manuscritos encontrados en el Museo Histórico Nacional.

Al estudiar las novelas hemos considerado que todas ellas elaboran un discurso amoroso en base a una figura que Roland Barthes en su obra *Fragmentos de un discurso amoroso* denomina "el cuerpo del otro". Barthes sostiene que el cuerpo del otro consiste en un pensamiento o una emoción que el sujeto amado genera en torno a ese cuerpo (2010). Como se habla de pensamientos o emociones, pensamos que aquello que se forma puede ser perfectamente emparentado con la definición de imaginario según la entiende Cornelius Castoriadis: el imaginario no sería una imagen de algo ya existente, sino una *"creación incesante y esencialmente indeterminada de figuras – formas imágenes"* (1989: 123). De acuerdo a esto, el cuerpo femenino, ha sido estudiado como un imaginario y como tal sería un objeto ambiguo atravesado por distintas imágenes confluyentes: un cuerpo parcelado, no totalizable como lo propone Barthes en su idea del blasón. El cuerpo será trabajado como una ficción social cargada de cierta ambigüedad (Le Bretón, 2002; Turner, 1989). Como veremos, dicha ambigüedad tiene que ver con el hecho de que la novela sentimental nos hablará del cuerpo como un espacio de interrupción y de desplazamiento (metonímico) de aquellos lenguajes que pretenden encorsetarlo. Si bien la ambigüedad es una característica que permite definir al lenguaje literario, en este estudio al tomar las representaciones del cuerpo femenino bajo el signo de la ambigüedad se está proponiendo un cierto nivel de apertura respecto al estudio de las novelas que permite rescatarlas no sólo del olvido sino también de su adscripción a determinadas corrientes literarias que empobrecen su lectura. Desde esa ambigüedad corporal podemos hablar de la nación como una construcción ambivalente.

La primera parte está dedicada a la exposición teórica y se propone una discusión sobre los conceptos capitales que vertebran este trabajo. Primeramente examinaremos los aportes de los estudios culturales centrándonos fundamentalmente en el enfoque propuesto por Raymond Williams. En los distintos subcapítulos, proponemos una reflexión sobre conceptos claves como "novela sentimental", "nación", "romances nacionales", "erotismo", "la política del cuerpo".

La segunda parte, "Mujer e imaginario letrado: hacia la búsqueda de un cuerpo", proponemos una reflexión en torno a las expectativas morales de una sociedad en formación y el lugar que ocupa la mujer como ámbito de la domesticidad. Nos detendremos especialmente en la elaboración del modelo angelical como horizonte deseado.

La tercera parte, "La formación de un público lector", observaremos cómo la difusión del folletín da lugar a la aparición de un nuevo público y aquí nos encontraremos con el ingreso de la mujer en el mercado literario. Este proceso es acompañado por el surgimiento de las imprentas y editoriales que desarrollan un proyecto nacional.

En la cuarta parte, "El ángel en la selva: Mujer, naturaleza y nación en *Los amores de Marta*", analizaremos ciertas ambigüedades en la representación corporal de su personaje protagónico. Dichas ambigüedades se relacionarán con la confluencia de distintas tendencias: lo angelical, la persistencia de la naturaleza y la sensualidad emergente.

En la quinta parte, "El cuerpo angelical como cuerpo sensualizado en *Cristina*", analizaremos las tensiones generadas a partir de la privatización de lo religioso y misticismo errático del personaje.

En la sexta parte, estudiaremos dos novelas de Eduardo Acevedo Díaz como *Brenda* y *Mines*. Estas novelas proponen un encuentro posible entre eros y sociabilidad.

La séptima y última parte, "El Fausto criollo: encrucijadas y desencuentros del modelo angelical en *Las hermanas Flammari y Valmar*", propone el estudio de estas novelas a partir de una lectura hipertextual del Fausto, que desemboca en el desmontaje de la mujer doméstica pudorosa.

1. PERSPECTIVA TEÓRICA

1.1. Los Estudios Culturales: de la Escuela de Birmingham a los proyectos latinoamericanos.

Esta nueva disciplina comienza con la publicación de tres obras fundamentales como *Culture and Society, 1780 – 1950* (1958) de Raymond Williams y junto a ella encontramos *The Uses of Literacy* de Richard Hoggart (1957) y *The Making of the English Working Class* (1963) de Edward P. Thompson. Tanto Williams como Hoggart se enfocaron en un área de interés concreta: los dos se interesaron en aquellas manifestaciones que la alta cultura relega a zonas habitualmente denominadas como cultura popular, de masas, de la clase trabajadora. A diferencia de Hoggart, quien en la obra antes mencionada se ocupó de la clase trabajadora sin desmarcarse de un concepto estático de cultura, Williams va más lejos al proponer una percepción materialista de la cultura. Para él, los bienes culturales son el resultado de bienes materiales de producción que generan relaciones complejas al abarcar a instituciones, convenciones y formas.

En el momento en que Williams comienza su actuación, la crítica literaria estaba dominada por la figura de F. R. Leavis. Para este autor, la crítica literaria debía ocuparse de los valores humanos y eternos presentes en las grandes obras de la literatura, preservándolos de los males de la civilización y el progreso. De esta forma el crítico literario F. R. Leavis se erigió en el punto culminante de una gran tradición que se iniciaría con Burke, Cobbet, Arnold, quienes asignaban a la cultura el papel de apaciguar el caos del mundo real.

Williams desarma estas posiciones proponiendo la idea de una cultura en común que dejaría atrás la dicotomía entre cultura y civilización y sus oposiciones adyacentes, como ser el mundo espiritual y el mundo material, arte y vida ordinaria. Lo que este autor aporta al debate es la percepción materialista de la cultura.

Culture and Society constituyó el primer esfuerzo de Williams por proponer una noción de cultura alejada de algo abstracto y absoluto y en su lugar propone una teoría marxista de la cultura. Para Williams, la cultura debe ser vista como una actividad material de la sociedad.

Su primera tarea fue redefinir la cultura y una política cultural. Para ello se reapropió de la noción de cultura proveniente de la antropología, la cultura como un modo de vida y se preocupó por mostrar no ya las grandes obras, sino los significados y valores que organizan la vida en común. En consecuencia, Williams entendió que era posible extender la noción de valor cultural restringido a las grandes obras de arte y aplicarlo al descubrimiento de los nuevos principios de organización social.

En el planteo de estas ideas, el crítico británico abandona la vieja dicotomía marxista que distingue dos grandes niveles, la base y la superestructura, insistiendo en el carácter material de la cultura y presentándola ya no en su marginalidad sino como parte constitutiva del proceso social: es un modo de producción de significados y valores para el funcionamiento de la sociedad. Así, la producción artística antes relegada a la superestructura de acuerdo al criterio del marxismo ortodoxo, considerada ahora desde la perspectiva del materialismo cultural, se constituye en parte integrante del proceso social. La cultura deja de ser vista, entonces, como un ámbito aislado, una instancia autónoma de valores humanos (como pretendía la tradición idealista de Leavis), para ser concebida como algo que opera activamente en la sociedad.

Como la cultura no es una noción estática y está expuesta a la lucha social que implica la apropiación o reapropiación de valores o significados, Williams señala que el materialismo cultural permite describir las formas de lo emergente junto con las formas dominantes y residuales. Todo esto sucede porque para el materialismo cultural tanto el lenguaje como la comunicación son fuerzas sociales formadoras que interactúan con instituciones, formas, relaciones formales y tradiciones.

De este modo, en el estudio de las sociedades, para el materialismo cultural en todo momento histórico conviven tres formas de estructuración de significados y valores: la dominante, la emergente y la residual. Raymond Williams teoriza en torno a estas formas en su libro *Marxismo y literatura*. Por forma dominante, Williams entiende la presencia de aquellos rasgos o lineamientos considerados como definitivos o hegemónicos de una cultura (Williams; 2000: 143). Sin embargo, esta forma hegemónica es interceptada por otras estructuraciones como la residual y la emergente.

Lo residual refiere a algo que fue formado en el pasado y todavía continúa operando como un remanente en el proceso cultural. Al respecto, Williams se preocupa de precisar que lo residual tiene que diferenciarse de lo arcaico (que presupone para él un elemento del pasado carente de vigencia), por lo que lo residual siempre debe considerarse como una "manifestación activa" (2000: 144-145) que ha sido incorporada a la cultura dominante. Pero para que ese elemento residual no se convierta en una amenaza efectiva contra lo dominante, estos elementos deben ser reinterpretados, disueltos o proyectados en el ámbito de una tradición que se encarga de realizar una labor selectiva.

Lo emergente refiere a "los nuevos significados y valores, nuevas prácticas, nuevas relaciones y tipos de relaciones que se crean continuamente" (Williams 2000: 145). A diferencia de las estructuras anteriores, lo emergente propone al proceso cultural elementos alternativos o de oposición a las formas dominantes. Para explicar la importancia de esta modalidad, Williams se refiere a la teoría marxista y cita como ejemplo la formación de una nueva clase social como fuente de una práctica cultural emergente: los estilos de vida de la clase obrera son estudiados como ejemplos de una práctica emergente.

En la misma obra, Williams amplía la importancia de esta práctica a través de la noción "estructuras del sentir". Partiendo de la idea de que lo social no puede ser reducido a formas fijas, el autor afirma que el concepto "estructura del sentir" no puede ser reducido a otros conceptos formales como "concepción del mundo" o "ideología". Para el crítico británico, la estructura del sentir permite dar cuenta de los significados y valores tal como son vividos y sentidos activamente; se trataría de las relaciones existentes entre ellos y las concepciones sistemáticas o formales. La estructura del sentir presenta un conjunto de factores que está en permanente tensión. El autor se refiere más adelante a la estructura del sentir como una experiencia social en solución:

Las formaciones efectivas de la mayor parte del verdadero arte se relacionan con formaciones sociales que ya son manifiestas, dominantes o residuales, y es originariamente con las formaciones emergentes (aunque a menudo en forma de perturbación o una modificación dentro de las antiguas formas) con las que la estructura del sentimiento se relaciona como solución. Sin embargo, esta solución específica no es jamás un simple flujo. Es una formación estructurada que, debido a hallarse en el mismo borde de la eficacia semántica, presenta muchas de las características de una preformación, hasta el momento en que las articulaciones específicas –nuevas figuras semánticas-son descubiertas en la práctica material, con frecuencia, como suele ocurrir, de manera relativamente aisladas, que solo más tarde parecen componer una generación significativa (…). Por lo tanto, es una estructura específica de eslabonamientos particulares, acentuamientos y supresiones particulares. (2000: 157)

Así, de acuerdo a lo dicho por Williams, la estructura del sentir tiene en cuenta el estudio de las "experiencias sociales", cómo son vividos ciertos sistemas de creencias y allí incluye las formas dominantes, las residuales y las emergentes. El cambio se pondría en práctica cuando estas formas vividas se ponen en contacto con los elementos emergentes. El hecho de que defina la estructura del sentir como una "preformación" permite concebirla como algo que no ha sido formado.

Los estudios culturales poseen intereses diversos que se nutren de distintas vertientes e influencias. En el caso de los estudios culturales latinoamericanos encontramos, por lo menos, tres focos de influencias.

Una de ellos reconoce como origen a toda la tradición ensayística latinoamericana generada que en los siglos XIX y XX sirvió para debatir temas decisivos en la agenda latinoamericana como las cuestiones de lo nacional y lo continental, lo rural y lo urbano, tradición contra modernidad, memoria, identidad y ciudadanía, el papel de los intelectuales y las instituciones en la formación de discursos y prácticas sociales. En esos textos se presentaron las principales inquietudes temáticas dominantes en el período 1820- 1960: neocolonialismo, modernidad – modernización, el problema nacional, lo popular y el eje identidades/ alteridades/etnicidades. Los ensayos de los autores latinoamericanos crearon una práctica intelectual orientada hacia una interrogación multidisciplinaria tomando en cuenta las perspectivas de la historiografía, la crítica literaria, estudios de folklore, antropología, ciencias políticas, educación, sociología, etc. En todos estos casos se trata de indagar acerca de qué significa la cultura en contextos más amplios.

Habida cuenta de la presencia de esta rica tradición ensayística, los estudios culturales latinoamericanos han llegado a cuestionar la apropiación de los modelos europeos por parte de los intelectuales latinoamericanos. La llegada de estos modelos fue posible gracias a la acción de la academia estadounidense. Las teorías que han sido reformuladas fueron aquéllas provenientes de la Escuela de Frankfurt (Theodore Adorno, Walter Benjamin, Max Horkheimer), el nuevo marxismo (Louis Althusser, Antonio Gramsci), los estudios culturales británicos (Raymond Williams, Richard Hoggart, Stuart Hall), el posestructuralismo francés (Michel Foucault, Jacques Lacan). También fue importante la influencia de otros intelectuales franceses como Roland Barthes, Michel de Certau, Gilles Deleuze y Pierre Bourdieu.

Dejando de lado aquellos enfoques que privilegiaban las obras de arte pertenecientes a la cultura letrada, los estudios culturales se concentraron en las formas y manifestaciones de la cultura "baja", popular y masiva. Heredan de la diáspora intelectual judeo-alemana la preocupación por la industria cultura y el interés por analizar los nuevos modos de producción cultural. Sin embargo, respecto a este punto, los estudios culturales latinoamericanos adoptaron una postura diferente: si para la Escuela de Frankfurt la industria cultural significaba el ocaso de la originalidad en el arte y la consiguiente generación de una sociedad masificada carente de libertad individual (el arte como una forma de mercancía), los latinoamericanos pondrán el énfasis en el estudio de los espacios de resistencia originados en la cultura popular. En esta misma línea se ubicarán los estudios culturales británicos quienes orientarán sus investigaciones en esa relación entre la cultura popular y la formación de las mentalidades obreras. Como ya se ha señalado, para fundamentar este punto, los británicos tomaron como base teórica la obra de E. P. Thompson *The Making of the English Working Class* publicada en 1968. En los años setenta, los estudios culturales británicos, apoyándose en los trabajos de Stuart Hall y Paul Gilroy, adoptan el concepto de hegemonía que les permite el estudio de la etnicidad y de las subculturas.

La línea posestructuralista surge de la lingüística, los estudios literarios, y la semiótica, inspirada en los trabajos de Louis Althusser, que aporta la teorización sobre los mecanismos sociales de la ideología); de Roland Barthes quien propone la lectura de los sistemas semióticos empleados por modos diversos de expresión cultural como la fotografía, la propaganda comercial, la industria de la moda, etc.; de Jacques Lacan, que influye por su renovado enfoque del psicoanálisis freudiano al considerar la importancia del estudio del lenguaje en la constitución del sujeto; la labor de Michel Foucault respecto a los estudios sobre los mecanismos de poder y su relación con el saber.

Otros intelectuales franceses de relevancia fueron Michel de Certau, de quien se tomó su aproximación a las situaciones de la vida cotidiana que no obedecen a las instituciones hegemónicas; Gilles Deleuze, que impuso las nociones de desterritorialización, esquizofrenia y rizoma como modelos de pensamiento; Pierre Bourdieu, cuyos estudios priorizan las relaciones entre las estructuras sociales y las prácticas de los sujetos que operan dentro de ellas.

Otra línea importante que suelen transitar los estudios culturales es la rama de los estudios poscoloniales que identifica los trabajos de autores como Homi Bhabha, Gayatri Spivak y Edward Said. Todos estos autores combinan los aportes de la Escuela de Birmingham y del posestructuralismo francés.

1.2. La perspectiva del cuerpo dentro de los Estudios Culturales. Aproximaciones a la cuestión del género.

a) El cuerpo como ficción social

El cuerpo se constituye en un problema teórico y en una herramienta metodológica para los estudios culturales en torno a una operación básica: la que lo piensa como resultado de procesos históricos y de lógicas políticas. Los estudios culturales se ocupan de la historia política de los cuerpos. Apartándose de tradiciones teóricas y críticas que ven en el cuerpo una realidad ahistórica, anterior a toda determinación cultural y origen de la experiencia subjetiva, los estudios culturales parten de la idea de que el cuerpo es el resultado de historias específicas y de tecnologías políticas que problematizan su estatuto y su lugar en el mundo social.

El problema del cuerpo ha cobrado relevancia a partir de los estudios de las ciencias sociales, la antropología y la filosofía. Para el paradigma cartesiano el cuerpo es concebido como una máquina y el sujeto se identifica con el pensamiento. Durante mucho tiempo, la ciencia vio en el cuerpo una máquina asimilada a la naturaleza y por eso se transformó en objeto de indagación. Desde el siglo XVII, bajo el empuje de la revolución científica, el cuerpo fue visto como una posesión, un objeto de indagación y manipulación bajo la mirada analítica que concibe la posibilidad de su conocimiento. Pero al producirse hacia fines del siglo XIX y principios del XX, la crisis de la modernidad, todo esto provoca un cuestionamiento respecto a la forma del conocer, y en ese marco va tomando forma la idea del cuerpo no ya como soporte de la razón constituyente sino como aspecto que configura al sujeto.

Dentro de esa inscripción política del cuerpo, dominios diversos como la sexualidad, la alimentación, la belleza, la percepción, la performatividad social y los hábitos individuales, las razas y las políticas reproductivas, etc., son leídos como series históricas y en relación con dispositivos de poder, saberes y modos de la experiencia subjetiva que operan como líneas de transformación y de rearticulación de sentidos y conductas.

Pero los modos de pensar estas historias políticas de los cuerpos exhiben modos de aproximación diversos. El énfasis puede recaer sobre los códigos culturales y las prácticas discursivas que representan y significan los cuerpos: los trabajos de Judith Butler sobre la producción de identidad genérica y sexual o las investigaciones de Michel Foucault acerca de cómo los cuerpos son transformados en su materialidad física por los dispositivos históricos que los atraviesan.

En el primer caso, se apunta más a la dimensión cultural y simbólica, al universo de discursos, lenguajes y códigos que representan el cuerpo en sus múltiples dimensiones y le dan significado. Las identidades raciales, sexuales, de género pueden ser pensadas como construcciones culturales pasibles de transformaciones históricas de acuerdo a las redefiniciones que planteen los distintos grupos sociales. El cuerpo puede emerger como interrupción y desplazamiento de los lenguajes y discursos que quieren describir y prescribir sus deseos, sus potencias y su hacer: el cuerpo aparece como fuerza disruptiva en el orden clasificatorio y disciplinario de los lenguajes dominantes y como desbaratamiento del orden imperante de significados normativos. La dimensión biológica pierde importancia, puesto que el cuerpo significa en la medida que recibe la marca de las prácticas semióticas de la cultura: la historicidad del cuerpo es la de las representaciones y los lenguajes que lo constituyen y lo significan.

La línea foucaultiana incorpora la dimensión biológica a la historia de los cuerpos (la salud, reproducción, placeres, necesidades, etc.). Todos estos aspectos exhiben una historicidad específica que incorpora las prácticas discursivas pero como parte de una transformación más general de los cuerpos y sus modos de vida, a su vez atravesados por prácticas, instituciones, tecnologías y experimentos. Estas prácticas, usos y la (re)producción de los cuerpos entraría a formar parte de los juegos de los poderes.

Más allá de estos énfasis, entre la historia natural y la historia cultural, lo social y lo biológico, el cuerpo trae al centro de la escena tensiones, desplazamientos y ambivalencias que no se dejan reducir a una perspectiva "constructivista", ni a una aproximación "biologista", abriendo una zona de intercambios que desbarata todo esencialismo. Lo más importante para esta disciplina es considerar el cuerpo como una zona de intersección entre los discursos culturales y una multiplicidad de discursos que exponen un revés o una zona de opacidad respecto a las tradiciones culturales. Son esas intersecciones, sus continuidades y sus cortes, lo que los estudios culturales enfrentan como problema epistemológico, disciplinario y político.

En los estudios culturales latinoamericanos, las principales preocupaciones en torno a la inscripción cultural del cuerpo se vincula a los temas siguientes: el cuerpo y la violencia; género y sexualidad; el mestizaje; la enfermedad y la salud.

La corporalidad como objeto de estudio abordable por parte de los estudios culturales se consolidó hace relativamente poco tiempo, ya que tradicionalmente la biología y la historia natural tenían al cuerpo como un campo exclusivo de estudio. Michel Feher afirmaba que "la historia del cuerpo humano no es tanto la historia de sus representaciones como la narración de sus modos de construcción" (1990: 11 y ss). Esta afirmación concuerda con la desarrollada por Turner quien ve el cuerpo como algo que no se puede tomar como ya dado, como un dato natural e históricamente universal (Turner 1989). En una línea similar se orienta la reflexión de David Le Bretón, quien también cuestiona al cuerpo como realidad objetiva y prefiere verlo como una "ficción culturalmente operante" e "inserto en la trama del sentido" (2002: 25-36). Para este autor el cuerpo es una construcción simbólica, pero no está desprovisto de cierta ambigüedad constituyente.

El cuerpo ingresa en una ficción social que consiste en una parcelación del cuerpo cuyas partes admiten ciertas jerarquizaciones. Bourdieu señala que el cierre impuesto a la vagina mediante el cinturón de castidad indica que se trata de una zona sagrada. Por otra parte, se diferencian las zonas que representan las partes públicas (la cara, los ojos, la frente, bigotes, boca) de aquellas otras que señalan las distinciones sexuales (Bourdieu 2000). Y así el cuerpo queda inmerso en una trama de sentido que tiene en cuenta no sólo los aspectos físicos del cuerpo sino también aquellos otros de tipo estético como la ropa, el peinado, los códigos gestuales, las posturas, las mímicas.

b) Subjetividad y dispositivos corporales

Durante el siglo XIX el paradigma científico se revela como el gran imaginario cultural en el momento de leer el cuerpo. Ahora bien, ese imaginario cultural es de algún modo un imaginario corporal que genera determinadas subjetividades.

El concepto de sujeto es muy diferente al de subjetividad. Desde la tradición filosófica griega ya encontramos la idea de sujeto unida a la de racionalidad, cuya mayor realización es la teoría de Aristóteles que presenta al hombre como un "animal político". Este "animal político" está ubicado en una posición intermedia, es menos que un dios pero más que un bruto y su lugar natural sería la polis. A partir de esta noción se desarrolla la idea del sujeto universal y abstracto que desembocan en la concepción del "hombre". De esa categoría estarían excluidas las mujeres quienes serían relegadas al mismo lugar ocupado por los esclavos y los extranjeros. Esta noción de sujeto será reelaborada durante siglos hasta llegar a la idea del sujeto cartesiano. El logos siempre es concebido como una propiedad del varón, dato que como veremos será el principal blanco de ataque de las teorías feministas. El concepto de subjetividad posee un alcance mayor ya que le resta la supremacía de la abstracción para pensar en formas o regímenes: según Foucault, la subjetividad es efecto de regímenes de poder y saber. Cada época tiene un modo histórico de subjetivación porque en cada noción de subjetividad se articulan las distribuciones de poder político que se corresponden con el momento histórico en que se construyen. La subjetividad es el modo en que el sujeto hace la experiencia de sí mismo, pero dicha experiencia depende del mundo particular en el que el sujeto vive. Esto último lo lleva a pensar la subjetividad como parte de una "microfísica del poder" y al estar unida a la idea de "dispositivo" queda separada de las "escenificaciones de sentidos alternativos" que desafían construcciones hegemónicas. En sus trabajos, Foucault no se detiene en la definición acerca de qué es un sujeto sino sobre los modos de producción de subjetividad del ser humano en nuestra cultura: entender la subjetividad significa comprender la verdad del propio individuo. Dicha verdad está sujeta a lo que el propio autor entiende bajo la noción de "dispositivo".

Estudiar la producción de subjetividad como parte de un dispositivo, sugiere un abordaje de los discursos en los que se intenta dar cuenta de "la economía discursiva como práctica de normalización social" (Foucault 1990). De acuerdo a esto, zonas tan heterogéneas como el discurso médico, el discurso jurídico o el discurso religioso, forman parte de un dispositivo estratégico de control propio de lo que el autor entiende como "sociedad disciplinaria". Para Foucault los siglos XVIII y XIX representan la etapa histórica en la que se diseñan los cambios estructurales que desembocan en los nuevos modos de subjetividad. Por modos de subjetividad, comprende tanto a las producciones discursivas y no discursivas que influyen en la conformación de las percepciones y autopercepciones de los seres humanos.

De acuerdo a esto, en su obra *La historia de la sexualidad*, se propone una crítica de la concepción clásica del sujeto trascendente señalando que no existen criterios transhistóricos que permitan definir de una vez y para siempre al ser humano. Como resulta necesario construir una especie de historia del sujeto, Foucault presta atención a ciertas prácticas científicas en tanto conjunto de saberes que demarcan lo normal y lo anormal, lo permitido y lo prohibido. Como veremos, estos modos de subjetivación son también estudiados por Foucault como "tecnologías" consistentes en "técnicas específicas que los hombres utilizan para entenderse a sí mismos".

La subjetividad es un dispositivo regulador de conductas que genera un "juego de verdades". Uno de esos dispositivos es enunciado a partir de la concepción de una "Scientia sexualis", que en palabras de

Foucault consistiría en un discurso sobre el sexo, hecho por científicos y teóricos, caracterizado por un ocultamiento permanente de su verdad. Mediante análisis excesivamente detallados, este discurso puso en funcionamiento un procedimiento descriptivo y explicativo que, a su vez, esquiva la peligrosa verdad sobre el sexo. Al respecto, Foucault da a entender esa elusión de la verdad del sexo en el empleo de un lenguaje purificado y neutro que no hace otra cosa que responder a los imperativos de una moral muy estricta escondida bajo una modalidad médica. Como esta "scientia sexualis" estaba más preocupada por asegurar el vigor físico y la limpieza moral del cuerpo, penalizó ciertas prácticas y conductas sexuales considerándolas como perversas o insanas.

Dada esa alianza con la moralidad, esta ciencia de la sexualidad tendió a separarse de un "ars erótica" porque su mayor interés fue generar un discurso en torno al sexo que permitiera su control, se buscó una "economía de los placeres" para codificar los flujos extraños o anómalos. Para ello, esta ciencia apeló al instrumento antiguo de la confesión (técnica que data del Occidente cristiano) para obtener una verdad sobre el sexo, una verdad regulada dentro de un régimen del saber. Pero pese a este rechazo de lo erótico, Foucault también señala que esta "scientia sexuales" no estuvo totalmente divorciada de una técnica erótica, ya que aparece camuflada en diversos textos y tratados científicos:

Los libros científicos, escritos y leídos, las consultas y los exámenes, la angustia de responder a las preguntas y las delicias de sentirse interpretado, tantos relatos contados a uno mismo y a los demás, tanta curiosidad, tantas numerosas confidencias cuyo escándalo sostiene, no sin temblar un poco, el deber veraz, el pulular de fantasías secretas que tan caro cuesta cuchichear a quien sabe oírlas, en una palabra: el formidable 'placer del análisis' (en el sentido más amplio de la última palabra), que desde hace varios siglos el Occidente ha fomentado sabiamente, todo ello forma los fragmentos errantes de un arte.erótica que, en sordina, transmiten la confesión y la ciencia del sexo. (72)

El "dispositivo de sexualidad" sería una expresión de este paradigma científico, y desarrolla un control del cuerpo considerando "las sensaciones corporales", "la calidad de los placeres" y "la naturaleza de las impresiones". Pero antes de ingresar a sus particularidades habría que preguntarse qué significa un dispositivo. Luis García Fanlo contesta esta pregunta en un artículo en el que analiza el concepto de dispositivo de acuerdo a los planteos desarrollados por Foucault, Deleuze y Agamben. Según este investigador, para Foucault:

Un dispositivo no se reduce exclusivamente a prácticas discursivas sino también a prácticas no discursivas y la relación, asociación, articulación entre estas resulta un requisito excluyente. Los discursos se hacen prácticas por la captura o pasaje de los individuo, a lo largo de su vida por los dispositivos, produciendo formas de subjetividad; los dispositivos constituirían a los sujetos inscribiendo en sus cuerpos un modo y una forma de ser (3).

Es importante destacar el hecho de que la subjetividad tal como la concibe Foucault no se limita solamente al alma sino a formas de ser entendidas como inscripciones corporales. El propio Foucault reflexiona sobre este punto en su *Tecnologías del yo*, entendida como "la historia del modo en que un individuo actúa sobre sí mismo, es decir, en la tecnología del yo" (Foucault 1989: 49). El modo de actuar implica un cuidado del alma no como sustancia sino como actividad. Cuando se pregunta en qué consiste el alma, afirma que ésta no puede conocerse a sí misma y por eso debe apelar al espejo (el elemento divino).

Gilles Deleuze define el dispositivo como 'una máquina para hacer ver y hacer hablar que funcionaría acoplada a determinados regímenes históricos de enunciación y visibildad" (Cfr García Fanlo, op cit, 2011, 4). Por su parte, Giorgio Agamben agrega que:

Cualquier cosa que tenga de algún modo la capacidad de capturar, orientar, determinar, interceptar, modelar, controlar y asegurar los gestos, conducta, opiniones y discursos de los seres vivientes (...) y que conforman una red de poder-saber. Un dispositivo no es otra cosa que un mecanismo que produce distintas posiciones de sujetos precisamente por esa disposición en red: un individuo puede ser lugar de múltiples procesos de subjetivación. (6)

Todo dispositivo aparece como un modo de regulación que instaura una relación de poder inscripta en el propio cuerpo. Además esa relación se presenta, en palabras del propio Foucault, como una tecnología: un modo de actuar sobre sí mismo.

En la teoría foucaultiana de los dispositivos de subjetivación el cuerpo cumple un papel muy importante. Para demostrar esto, basta con leer la entrevista concedida a la revista *Quel Corps,* en la que el filósofo francés se extiende acerca de las relaciones entre el poder y el cuerpo. A diferencia de los sistemas monárquicos, donde el cuerpo del rey no funcionaba como una metáfora sino como una realidad política concreta, el cuerpo de la República, en cambio, tiene una existencia fantasmal.

En lo que hace al estudio del cuerpo femenino, Foucault sostiene que una de las estrategias específicas de este dispositivo sería "la histerización de la mujer", un fenómeno que considera al cuerpo femenino como un objeto saturado de sexualidad. Junto a ésta, aparecerían otras estrategias como "la socialización de las conductas procreadoras", un medio propuesto para controlar la natalidad y "la psiquiatrización del placer perverso", consistente en ver al instinto sexual como algo a ser preservado de ciertas anomalías (2011: 100 - 101). La mujer, al quedar asociada a la figura de la mujer nerviosa, se convierte en la imagen negativa que hay que conjurar. Junto a este modelos surgen otras figuras que se integran a un catálogo de anormalidades: la esposa frígida, la madre indiferente o asaltada por inclinaciones criminales. Todas estas estrategias llevaron a concebir el cuerpo femenino como un cuerpo patológico y nervioso difícil de controlar.

Si el dispositivo de la sexualidad intenta elaborar una serie de estrategias para codificar a la sexualidad orientándola hacia los cauces de la normalidad, o lo que el siglo XIX concibe como tal, buena parte de los manuales de conducta o textos pedagógicos se alinearán dentro de esta "economía política". Sin embargo, son esos mismos textos que al hacer hablar a la sexualidad para producir su verdad, también provocan esas "fantasías secretas" emanadas del análisis.

De todo lo anterior, podría suponerse que si los textos científicos funcionan subrepticiamente como un "ars erótica", las novelas sentimentales uruguayas que integran este corpus también podrían responder a un "ars erótica". La hipótesis de esta tesis nos lleva a interrogar a las novelas respecto a lo siguiente: en qué medida las obras que integran este corpus se ubican en una posición ambigua respecto a estas dos formas textuales. Más que modelar corazones, estaríamos ante la excitación de los mismos.

b) Tecnologías del género

Pero mucho antes de esta construcción científica del cuerpo femenino, podemos encontrar otro tipo de construcciones simbólicas. Para explicar ciertos ejes de la territorialidad patriarcal, Lucía Guerra define el género como "un conjunto de representaciones que en conjunción y tensión con otras representaciones crea significados, relaciones e identidades que fluctúan entre lo fijo y lo inestable" (12). Todas estas parcelaciones simbólicas que la autora rastrea en las culturas primitivas, no hacen otra cosa que configurar a la mujer como un estereotipo negativo. Una primera territorialización hecha por el patriarcado, llevaría a confinar a la mujer en el ámbito de la naturaleza y la materia. Su vínculo con la naturaleza y el cuerpo explica la asignación de la función biológica como la más importante a cumplir por ella, lo que conllevaría, a su vez, la reclusión en el ámbito doméstico. Por contrapartida, el hombre queda sujeto a otro tipo de elaboraciones, fundamentalmente hacer la guerra (una función que adquiere funciones sagradas, ya que se mantiene en comunicación con los dioses), dedicarse a la política y al pensamiento.

Esta última característica posee una gran relevancia, ya que el hombre por estar vinculado al pensamiento, es quien se hace merecedor a la categoría de "Sujeto" de la cual estaría exiliada la mujer, quien desde Aristóteles es vista "como una versión incompleta e imperfecta del hombre" (Guerra, 16).

Este grado de invisibilización de la mujer que la aleja de la posibilidad de convertirse en "Sujeto", ha sido tratada por varias autoras dentro de la crítica feminista, entre ellas se podría mencionar, dentro del marco de la crítica francesa, a Simone de Beauvoir, Helene Cixous, Luce Irigaray y Julia Kristeva.

Admitiendo que la condición de Sujeto universal y abstracto es privativa del varón, y que la mujer es definida sólo por su condición corporal, Beavoir llega a señalar que el hombre es definido a partir de la negación de su propio cuerpo, lo cual le confiere un grado de libertad que la mujer no posee. Lo masculino se presenta como una universalidad desencarnada y lo femenino como una corporeidad rechazada. Ante esta situación, Beauvoir plantea que el cuerpo femenino debe ser un instrumento de libertad para las mujeres pero no una esencia limitadora. Siguiendo la perspectiva existencialista de Sartre, el "llegar a ser mujer" de Simone de Beauvoir implica un abandono de la noción de mujer en tanto apéndice, para proponer la idea de búsqueda o interrogación. En su obra publicada en 1949, *El segundo sexo,* propone un análisis de la situación de la mujer desde la perspectiva existencialista, ocupándose de sus experiencias específicas en el amor, el matrimonio, la niñez, adolescencia y la vejez. Cabe destacar que inicialmente la autora francesa no se identifica como una pensadora feminista; ella se presenta a sí misma como marxista (la asunción de una posición feminista lo hará a partir de los años '70). En su trabajo busca discutir la teoría de Engels para afirmar que la alteridad de la mujer precede a las relaciones de propiedad asociadas al régimen patriarcal. En su opinión el cuerpo, en su dimensión biológico reproductiva, es el factor más importante que permitió a la mujer participar en la cultura, aunque el embarazo la relegó a un papel pasivo impidiéndole crear su propio diseño del mundo. Además, las diferencias entre hombres y mujeres de acuerdo a las actividades desarrolladas (cazar, conquistar territorios y dar a luz), fueron insertadas en un sistema axiológico donde el matar y conquistar encontró su supremacía frente a la capacidad biológica de la mujer. Los valores patriarcales como la fuerza física, el falo y lo utilitario, determinaron una territorialización de lo masculino en el Afuera y, por esa razón, el hombre se convirtió en el Sujeto Absoluto que tiene acceso al mundo y a la trascendencia. En cambio, la mujer al quedar marginada en la casa, se la identificó con la pasividad y la inmanencia. Beauvoir describe esta situación de pasividad en estos términos:

Una criatura inesencial es incapaz de sentir el Absoluto en el centro de su subjetividad; un ser condenado a la inmanencia nunca podrá encontrar una autorealización en sus propios actos. Aprisionada en la esfera de lo relativo, destinada a un hombre desde la niñez, habituada a ver en él a un ser superior que ella no puede igualar, la mujer que no ha reprimido su derecho a la humanidad soñará con hacer trascender su ser hacia uno de estos seres superiores, amalgamándose con el sujeto soberano. No existe otra alternativa que perderse a sí misma en cuerpo y alma en aquel que para ella representa lo absoluto y lo esencial (168)

Esta subordinación de la mujer a la inesencialidad permea todas las zonas de su identidad. Ese estado inmanencia le impide contrarrestar las modelizaciones imaginarias del discurso patriarcal, además la propia mujer muchas veces no se plantea el ir más allá de esa inmanencia.

La obra de Beauvoir tuvo resonancias en la literatura latinoamericana, por ejemplo, en Rosario Castellanos, quien se da a conocer con una tesis titulada "Sobre cultura femenina".

En la década de los años setenta, el cuerpo cobra relevancia en las definiciones planteadas por la crítica feminista. El cuerpo en sus dimensiones biológicas y eróticas es visto como el modo adoptado por las mujeres para situarse en el mundo y aproximarse a ellas mismas. Particularmente las modelizaciones eróticas constituyen un acto subversivo frente a la supremacía asignada al Espíritu (Razón, Logos). Por otra parte, se busca una reapropiación del concepto de maternidad y el desarrollo de un concepto de escritura femenina ligada a la constitución corporal.

Todas estas consideraciones llevaron a Helene Cixous a examinar el sistema binario de los valores (Actividad / Pasividad; Sol / Luna; Cultura / Naturaleza; Día / Noche; Padre / Madre; Cabeza / Corazón; Inteligible / Sensible; Logos / Pathos) construido por la ideología patriarcal y partir de allí denuncia el hecho de que la mujer sea identificada con la pasividad y la muerte. En su opinión, la escritura femenina debe basarse en el concepto derrideano de *différance* para derribar estos esquemas dicotómicos del falogocentrismo. Su concepto de escritura femenina (adjetivo que ella misma llega a cuestionar dado que, en su opinión, utilizarlo implicaría continuar reproduciendo esos mismos binarismos que se pretenden derribar) queda muy explicitado en su ensayo "La risa de Medusa" en el que propone la noción de "otra bisexualidad". Para la autora, una escritura femenina, debe propender a trabajar *"la multiplicación de los efectos de inscripción del deseo, en todas las partes de mi cuerpo y del otro cuerpo"* (Cixous: 31-32). Para Cixous, el cuerpo se presenta como un espacio prolífico de intercambios y de itinerarios múltiples que la escritura debe aprovechar. Buena parte de su teorización se centra en el cuerpo como matriz de la escritura, en la relación entre escritura femenina y *jouissance,* porque toda escritura femenina constituye la inscripción de lo libidinal en una economía estrictamente femenina. Cixous llega a plantear una serie de diferencias entre una escritura masculina asociada con lo centralizado, cortante, breve, y en constante alternancia con la atracción y la repulsión, frente a una escritura femenina entendida como continua, abundante y excesiva.

Pese a que la teoría de Cixous abre un margen importante de libertad, su excesiva jerarquización del cuerpo en la definición de la escritura femenina mantiene como defecto el no revertir ciertos resabios de la ideología patriarcal, particularmente en lo que hace a la relación Cuerpo-Naturaleza. Incluso no logra borrar el binarismo más esencial que distingue entre el cuerpo como esencia de lo femenino frente a la mente asociado a lo masculino.

Por su parte, Luce Irigaray, afirma que la oposición binaria constituye un disfraz del discurso hegemónico logocéntrico para acallar lo femenino como lugar de la multiplicidad subversiva. Irigaray se muestra tajante al sostener que sólo existe un sexo, el masculino, que evoluciona gracias a la producción de Otro (el femenino) y que en los hechos es silenciado. En su obra *Speculum de la otra mujer*, Irigaray se mete con la metáfora del espejo para discutir algunos presupuestos freudianos en torno a lo femenino. Si bien el discurso freudiano es revolucionario en muchos aspectos, cuando tiene que estudiar la condición de lo femenino reproduce algunos prejuicios muy arraigados en el pensamiento occidental. El libro responde a una estructura simétrica que recuerda a la propia idea del espejo, ya que la autora invierte el orden cronológico y comienza su estudio por Freud y posteriormente retrocede para examinar el pensamiento de la antigüedad. Al realizar esta inversión, la autora lleva adelante la idea del espejo cóncavo que es el que utilizaban los ginecólogos para examinar las cavidades del cuerpo femenino. Como vemos, aprovechándose de que el espéculo era el instrumento utilizado por los médicos para inspeccionar la vagina, Irigaray adopta un gesto por demás subversivo al mostrar las limitaciones del propio instrumento masculino, metonimia del falogocentrismo: el espéculo que ilumina la vagina de la mujer sólo lo puede hacer en virtud de su concavidad, y eso nos demuestra que al imitarlo el espejo cosifica su objeto (Moi: 69). Por lo tanto, su gesto deconstructivo intenta poner en evidencia cómo la tradición occidental ha puesto a la mujer fuera de la representación: la mujer es el lado negativo, fruto de la especularización del sujeto masculino.

La teoría desarrollada por Luce Irigaray va un poco más lejos que la de Helene Cixous al profundizar acerca del autoerotismo de la mujer. En un ensayo titulado "El sexo que no es uno" señala que los labios vaginales en su roce constante producen un placer totalmente diferente al provocado por la intervención del Sujeto masculino. La exaltación de la vagina como medio de placer es una forma de cuestionar el falomorfismo que obliga a la mujer a vivir en el mimetismo y en la mascarada: hablar desde un discurso asignado por la ideología patriarcal ofreciendo una falsa versión de la femineidad. El cuerpo de la mujer, así presentado, constituye un recurso para presentar lo que ella denomina el "ginelogocentrismo" como una nueva configuración de valores antipatriarcales.

Las teorizaciones en torno al cuerpo desarrolladas por Kristeva poseen otra consistencia que no encontramos en los planteos de Cixous. En sus análisis de los textos de Lautreamont, Artaud, y Bataille, la autora se concentra en cómo la irrupción de lo semiótico en lo simbólico (instancia destacada por Lacan) permite observar una negatividad propiciatoria de significados heterogéneos en un nivel pre-semiótico y pre-simbólico. Al ubicar el cuerpo en estos niveles, Kristeva amplía esta noción porque lo ubica en la zona de lo no representado, permaneciendo lejos de las nominaciones patriarcales. De acuerdo a esto, la escritura de la mujer, al igual que en el lenguaje poético, desarrolla toda su fuerza instintiva y afectiva que no logra ser codificada en el plano del significado manteniéndose latente en la dimensión fónica.

Cuando Kristeva analiza el cuerpo materno profundiza en esta capacidad de desestructuración de los valores asignado por el modelo patriarcal y para ello establece una contraposición con el sistema de la Trinidad. La autora desarrolla esta oposición en el ensayo "Stabat Mater", utilizando dos columnas: el lado izquierdo es el elegido para promover la lectura desestabilizadora del modelo mariano. Mientras que el modelo trinitario demuestra ser demasiado autosuficiente y negador de la gestación en el sentido biológico del término, el cuerpo embarazado constituye un pliegue que deviene estallido y catástrofe.

Ya habíamos notado cómo desde la antigüedad, con Platón o Aristóteles, la mujer era vista como el ser incompleto o imperfecto del hombre. Lucía Guerra también nos explica de qué forma la mujer fue objeto de ciertos "antifaces" o "modalidades herméticas". Estas modalidades partirían del silencio impuesto durante la Edad Media y el Renacimiento (la mujer no tenía derecho a la palabra en la Iglesia) hasta llegar al cinturón de castidad: tanto Juan Luis Vives como Fray Luis de León insisten en la clausura del cuerpo como signo de castidad (regulación y mistificación del himen). Ya en el siglo de la Razón, nos encontramos con la percepción rousseauniana del cuerpo femenino y aquí el tópico del "ángel del hogar" se trasladará del himen al corazón: para Rousseau, mientras el hombre tiene su autoridad en el mundo exterior y político, la mujer encuentra la suya en el orden del corazón (Guerra: 52-66).

La difusión de este modelo posee una gran importancia durante el siglo XIX. Porque, por un lado, dado que el corazón está unido a la sensibilidad y a la intuición, permite invisibilizar a la mujer dentro del paradigma científico que comienza a imperar en esa época (incluso, el propio Freud confesará hacia 1933, cuán difícil es definir la femineidad). Por otro lado, si bien este modelo fue pensado para la mujer de salón, tuvo una amplia difusión en otros estratos sociales merced a los folletines y revistas dirigidos al público femenino. Según la propia Guerra, este modelo hace de la mujer un "signo trisémico" que se elabora durante el siglo XIX mediante tres vertientes: "la del corazón, que la hace ángel idolatrado; la del cerebro pequeño, que le impide participar en las actividades intelectuales y la de sus manos o labor doméstica que la fuerza a servir al esposo y los hijos" (Guerra: 68).

La metáfora del corazón impulsada por el modelo rousseauniano generará a la heroína romántica que funcionará como un contrapeso respecto a la noción de inferioridad impuesta por el discurso científico. Y es hacia fines del siglo XIX, que este modelo romántico es cultivado en el espacio burgués de la casa a través de severas dietas, polvos de arroz para obtener una imagen de fragilidad y palidez. Todos estos cambios provocan que la nueva versión mariana del ángel del hogar se contraponga a una imagen misógina de Eva concebida bajo la forma de un cuerpo erotizado mediante el signo de la flor venenosa simbolizada por Circe, Judith, Salomé o las hijas de Drácula (Dijkstra, 1986; citado por Guerra: 73).

Así, las representaciones del cuerpo femenino oscilaron entre estos dos polos extremos, el de la niña pura o la mujer como objeto sexual. En todos estos casos, constata ciertas limitaciones porque siempre se mantiene el papel de la mujer como una entidad subordinada a determinadas finalidades que poco o nada tienen que ver con ellas mismas en tanto sujetos. La supervivencia de los dos estereotipos se aprecia en la conservación de las metáforas o tópicos utilizados para dar cuenta de ellos.

1.3. El cuerpo del otro como fetiche (in)deseable

Lejos de estas ficciones sociales institucionalizadas por los discursos científicos y los religiosos (como lo veremos en el tratamiento del ángel del hogar), existe otra codificación del cuerpo vinculada con la figura del "cuerpo del otro" estudiada por Roland Barthes en sus *Fragmentos del discurso amoroso*. Partiendo de la base de que todo discurso amoroso desarma con su red de figuras a la novela de amor, entendida como una sucesión de los hechos amorosos, "el cuerpo del otro" es definido de la siguiente forma: 'Todo pensamiento, toda emoción, todo interés suscitados en el sujeto amoroso por el cuerpo amado" (Barthes 2010: 90).

El cuerpo del otro se convierte en una especie de fetiche a ser explorado por un sujeto y se relaciona con toda una economía erótica que permitirá visualizar la ambigüedad en el tratamiento de los cuerpos femeninos. Para Sinnigen, el fetiche "es un sustituto que se convierte en una fijación, una forma que representa un poderoso referente oscuro y, en el acto de representarlo, (…) de alguna manera, también distorsiona su referente" (1996: 29).

Esta distorsión del referente, como decíamos previamente, se relaciona con el régimen erótico, en la medida que estamos ante una actividad realizada por el hombre quien busca un objeto del deseo que se adapte a su interioridad. Bataille sostiene que este objeto de deseo forma parte de una "búsqueda psicológica independiente" de toda finalidad biológica: el erotismo se separaría de la sexualidad porque la finalidad no es la reproducción de la especie. En dicha búsqueda habría un desequilibrio, una pérdida del ser que abandonaría las formas estables y normativas de la vida social para dejarse llevar por una violencia elemental

(Bataille: 15-35) Bataille habla de un arrebato, aunque distingue distintas formas del erotismo: el erotismo corporal, el erotismo de los corazones y el erotismo sagrado. En el erotismo de los cuerpos tiene lugar la puesta en juego, la disolución del ser discontinuo, produciéndose un grado de comunicación. Empieza en la desnudez, que simboliza la búsqueda de la continuidad, de la intimidad que surge de ciertos mecanismos que la vinculan con la obscenidad (concepto que en Bataille implica siempre el inicio de la salida de la soledad que aqueja al ser discontinuo). Se caracteriza por un descontrol y una pérdida de límites, por un nivel elemental y simple y, en consecuencia, el menos humano y sublime.

El erotismo de los corazones procede del erotismo de los cuerpos. La pasión desarrolla la unidad de los cuerpos a través de la simpatía moral. Es una manifestación de la experiencia interior porque el gozo va ligado al sufrimiento, a la angustia de saber que la continuidad buscada es una búsqueda imposible. El amante desea eternizar el instante en el que vislumbra la comunicación. En la convulsión producida por la pasión, le parece que sólo a través del ser amado pueden romperse los límites de su ser. El ser amado puede realizar lo prohibido, romper su esencial subjetividad deseando poseerlo desde ese momento y, aunque la posesión del amado no significa la muerte, su búsqueda sí la conlleva. Sin embargo, como la pasión está sometida a los movimientos aleatorios del azar, lo que proporciona es una situación de cierta precariedad: por esa razón, el ser humano no se conforma con el erotismo de los corazones dado que no garantiza la unión con el ser amado.

En el erotismo sagrado, el ser amado nos permite intuir que hay otra realidad más allá del enmarañamiento del mundo de las cosas. El amor del amado nos libera de nuestros límites, nos proporciona la lucidez necesaria mediante la cual la realidad del ser se transparenta.

Por su parte, Octavio Paz en su obra *La llama doble,* también separa el erotismo de la sexualidad definiendo al primero a través de la "ceremonia" y la "representación", y a la segunda como un impulso primario y animal. El autor mexicano, siguiendo las ideas de Bataille, concibe al erotismo como parte de un proceso de transformación de la sexualidad:

Aunque las maneras de acoplarse son muchas, el acto sexual dice siempre lo mismo: reproducción. El erotismo es sexo en acción pero, ya sea porque la desvía o la niega, suspende la finalidad de la función sexual. En la sexualidad, el placer sirve a la procreación; en los rituales eróticos el placer es un fin en sí mismo o tiene fines distintos a la reproducción (1993: 10-11)

En su obra, Octavio Paz, polariza los términos y ubica lo sexual en el terreno de los instintos primarios, la naturaleza, la barbarie contrapuesto a lo erótico, identificado con la cultura y la civilización. Por otra parte, su definición tiene la particularidad de explayarse más acerca de la importancia que tiene la dimensión del placer por oposición a la idea de reproducción. En una línea similar, Barthes en otro de sus ensayos *El placer del texto,* pensará lo erótico como una "intermitencia" o "la puesta en escena de una aparición – desaparición"; y así, los libros llamados "eróticos" son aquellos que se concentran no tanto en la escena erótica sino en su preparación y expectación (Barthes 1980)

Dominique Maingueneau, en *La literatura pornográfica,* contrapone lo erótico a lo pornográfico y realiza comentarios en la misma dirección que el mexicano. Para el crítico francés, lo erótico cae siempre en la "tentación del esteticismo" porque convierte la sugestión sexual en la contemplación de puras formas. En su opinión, el erotismo está vinculado con la estética, el doble sentido, lo indirecto:

Mientras los pasajes eróticos hacen proliferar los velos, en sentido propio y figurado (metonimias, metáforas) y multiplican las mediaciones (evocación de civilizaciones exóticas, apelación a una imaginería estetizante), lo pornográfico tiende aquí hacia la máxima eficacia: progresiva aceleración del ritmo de la representación (2007: 32)

Esta oposición entre erotismo/pornografía comenzó a mediados del siglo XIX, particularmente en Francia e Inglaterra, cuando desde el ámbito académico (concretamente, la estética) se impone la noción de "arte erótico" para hablar de aquellos fenómenos de materia sexual diferenciables de la pornografía. Figuras de la talla de Walter Pater o Victor Cousin, utilizaron la estética (rama de la filosofía creada por los alemanes para llevar adelante esta antinomia), y dicho fenómeno coincide con la exaltación de la doctrina del "arte por el arte". Dicha doctrina intenta desligar al arte de cualquier obligación de sujetarse a preceptos morales específicos y, de esa forma, se fue vinculando con la idea de un placer desinteresado y puro. Tal concepción del arte permitió defender de la censura a todas aquellas obras que quedaban amenazadas con caer dentro del rótulo de lo pornográfico (*Las flores del mal, Madame Bovary,* por citar algunos ejemplos).

En este trabajo vamos a tomar los aportes de Bataille, Maingueneau, y Barthes, porque del primero es importante destacar la relación entre sujeto masculino y objeto femenino donde la acción del primero construye al segundo; además, esa misma acción se produce a través de "mediaciones estéticas" o "intermitencias". El sujeto de deseo se forma una imagen del objeto apelando a todo un repertorio iconográfico tomado del universo literario.

Por lo general, las novelas se aproximarán a la figura del cuerpo del otro apelando a la forma del fetiche. Este concepto, tomado inicialmente de la antropología para referirse a objetos venerados y a los que se atribuyen cualidades mágicas, es tomado posteriormente por Marx para presentar las relaciones de poder generadas en el ámbito de la producción. Pero la relación entre fetiche y sexualidad comienza a ser advertida a partir de los trabajos de Richard Von Krafft Ebing particularmente en su *Psychopathia Sexualis,* cuyas ideas serán retomadas por Freud. A partir de los trabajos del primero, se prestará atención a aquellos objetos y vestidos que representan al cuerpo deseado explorando hasta el infinito el detalle más aislado. Esta preocupación por los objetos no puede ser aislada de las preocupaciones por el adorno que experimenta la sociedad finisecular, ya que como observa Lily Litvak a través de joyas, objetos y vestidos se forma toda una mística sensual (1979: 119).

Como veremos, el cuerpo del otro en tanto fetiche entrará en un juego conflictivo con otras codificaciones corporales, particularmente la del ángel del hogar.

1.4. La novela sentimental: origen y retórica textual.

Uno de los primeros en proponer una definición fue Marcelino Menéndez y Pelayo en su *Orígenes de la novela*. Allí, el crítico español definía el género como una "novela erótico – sentimental" que, junto a la descripción de los lances caballerescos, realiza una "anatomía de los afectos de los personajes". Por eso el autor habla de una tentativa de novela íntima (Menéndez Pelayo 1962). Aquí el crítico español se refiere a esas narraciones medievales que intentan diferenciarse de las narraciones caballerescas.

Si bien la definición de Menéndez Pelayo hoy resulta muy limitada e insuficiente, tiene la virtud de adelantar un rasgo importante que luego tomará la novela moderna como ser la "tentativa de novela íntima". El buceo en la intimidad de los personajes será materia de gran interés para la novela sentimental pre-romántica.

Pese a las influencias medievales reconocibles en los textos que analizaremos, es necesario centrarse en la fuerte influencia del romanticismo, dado que fue la corriente dominante durante el siglo XIX. Recordemos que, según declara Abrams en *El espejo y la lámpara*, el principal aporte de este movimiento fue la sustitución de la concepción mimética de la poesía por otra que consideraba importante la representación mental del poeta. Eso llevó a un cambio de paradigma en virtud del cual la poesía se identificó con el desborde espontáneo de los sentimientos, la exaltación de lo sublime y la defensa del genio natural (Abrams 1982: 15-20). Este cambio que analiza el autor se debe a que el romántico buscaba la libertad en todos los planos. Por su parte, Isaiah Berlin en su *Raíces del romanticismo*, define a este movimiento como "una protesta pasional contra cualquier tipo de universalidad", entendiendo la revuelta romántica como una reacción contra la Ilustración (Berlín 2000). En este marco de transformaciones culturales impulsadas por el romanticismo, la novela sentimental fue incorporando aquellos rasgos que dan cuenta de su modernidad.

Si seguimos a Esteban Tollinchi, podremos comprobar que la novela sentimental acompañó el fuerte impulso revolucionario del pre-romanticismo. Para este autor, el surgimiento de esta nueva novela sentimental no puede separarse de la revolución del sentimiento y del inconsciente. La novela es sentimental porque impone la superioridad del sentimiento sobre la razón, manifiesta un gusto excesivo por el enternecimiento en cuanto tal. Y dicho sentimiento se sitúa en la pureza del corazón. Todos estos rasgos son entendidos por el autor como anuncios de la novela moderna, ya que una de sus características primordiales es la complejidad psicológica (Tollinchi 1990: 343-345). La novela de Samuel Richardson, *Pamela o la virtud premiada* (1740), es la obra que impulsa este sentimentalismo literario, una nueva estética que tiene su base filosófica en los postulados de Hume, Hutcheson y Shaftesbury que plantean la idea de una benevolencia innata en el ser humano (Krakusin 1996: 14-15).

Como luego veremos, ese sentimentalismo literario contribuyó a la formación de la identidad moderna. Según Beatriz Sarlo, términos tales como "sentimiento, sentimental, sentimentalismo", no pueden separarse de la propia noción de modernidad. Para la autora, a través de este nuevo vocabulario, comenzamos a hablar de una novela que se distingue de la barroca, de la pastoril, de la picaresca, de la filosófica, de la de aventuras y de viajes, porque entroniza al amor como sentimiento preponderante. Como los personajes expresan sin cesar todo lo que sienten, encontramos nuevas modulaciones del amor que se expanden tanto en la pintura, la música, el paisajismo y la vida cotidiana (Sarlo 2012: 9-10).

En 1832 José María de Heredia en su "Ensayo sobre la novela", nos da una definición del género sentimental: un tipo de producción centrado en una heroína y dedicado a un público lector constituido fundamentalmente por mujeres. Considera a *Lafayette* como la primera novela que intentó analizar el corazón humano en sus emociones más tiernas, una ficción sin otros móviles que las gradaciones y contrastes del amor. De esa forma, señala el autor, nació la novela que tiene por objeto la vida privada y sondea los abismos del corazón (Heredia: 189-190, citado por Carilla).

Durante mucho tiempo, la novela sentimental recibió muchos juicios despectivos (Grossmann; 1972: 250; Sánchez; 1965: 413-415; Suárez Murias, 1963: 12; Oviedo; 1995: 68). En la mayoría de los casos la novela sentimental es desprestigiada por considerársela una expresión menor del romanticismo. Incluso, algunos de sus juicios le atribuyeron una dosis de ingenuidad que la hacía incompatible con las formas más serias de la narrativa que, por lo general, la mayoría de la crítica identifica con las formas del realismo o el naturalismo. Un juicio de este tipo será dominante en la crítica uruguaya.

Quizás, para aclarar un poco la cuestión debamos apelar a algunas apreciaciones realizadas por Frederich Schiller en su ensayo "Poesía ingenua y poesía sentimental y de la gracia y la dignidad". Para este autor, "el poeta ingenuo sigue únicamente a la simple naturaleza y al sentimiento y se reduce sólo a la imitación de la realidad, tampoco cabe para él más que una actitud ante su objeto". A diferencia de la anterior, la poesía sentimental se caracterizaría por una meditación respecto a 'la impresión que le producen los objetos y sólo en ese meditar se funda la emoción en que el poeta mismo se sume y en que nos sume a nosotros". El objeto es referido aquí a una idea, y su fuerza poética se basa únicamente en esa relación" (Schiller, 1962). Así, el poeta ingenuo se caracteriza por imitar a la naturaleza, mientras que el poeta sentimental al reflexionar sobre esa impresión producida por los objetos, sugiere una transformación mediante la fantasía. La idea complementaría a la naturaleza y evitaría la imitación servil a través de la transformación del objeto mediante la fantasía creadora. De esta alianza surge el concepto de belleza que supone también un correlato moral al proponer un equilibrio entre el ideal y la naturaleza. El poeta sentimental debe apelar a este equilibrio para lograr conmover y, para ello, el propio Schiller advierte que no se debe caer en la frivolidad o la vulgaridad. Cabe aclarar que la idea en sí misma no es poética.

Como el poeta sentimental se enfrenta a dos representaciones en pugna, la realidad como límite y el ideal como infinito, Schiller concibe la poesía de acuerdo a dos modos poéticos: la poesía satírica y la poesía elegíaca. A su ver, estas formas admiten subdivisiones, de la poesía satírica, surgen la poesía condenatoria y la poesía burlesca; en tanto que la poesía elegíaca se subdivide en elegía e idilio. En el caso de la elegía, Schiller sostiene que surge cuando "la naturaleza y el ideal son objeto de dolor, cuando la naturaleza se representa como pérdida y el ideal como inalcanzado"; y el idilio representaría la alegría, constituye una "especie de poesía sentimental, a cuya esencia corresponde que la naturaleza sea contrapuesta al arte y el ideal a la realidad". Normalmente, en el idilio se produce una celebración por haberse alcanzado aquella armonía moral deseada.

Más adelante, el autor modifica esta división dual debido a que nota las dificultades surgidas del hecho de proponer una nueva clasificación genérica sin apartarse totalmente de la preceptiva clásica. Entonces, desmarcándose de este problema apunta lo siguiente:

El poeta sentimental se aparta en aspectos demasiado esenciales del poeta ingenuo, como para poder acomodarse siempre fácilmente a las formas que el otro ha introducido. (...) la experiencia enseña sobradamente que ni una sola forma poética en manos de los poetas sentimentales (incluso de los más sobresalientes) ha permanecido del todo como era entre los antiguos, y que bajo antiguas denominaciones se han introducido con frecuencia géneros muy novedosos (Schiller: 467)

Este cambio de perspectiva lo lleva a optar por una división triádica que expone del siguiente modo:

La poesía sentimental se distingue de la ingenua porque refiere a las ideas el estado real en que esta última permanece, y aplica ideas a la realidad. Por ello ha de tratar siempre, como ya se ha señalado más arriba, a la vez con dos objetos en pugna, es decir, con el ideal y con la experiencia, entre los cuales únicamente son concebibles las tres circunstancias siguientes: o bien se da preferentemente en el ánimo un conflicto entre la realidad y el ideal, o una armonía entre ambos, o bien el ánimo se halla escindido entre una y otro (...) Estos tres estadios del sentimiento dan origen a las tres diferentes formas poéticas que se corresponden perfectamente con las tres denominaciones al uso de *sátira, idilio y elegía* (Schiller: 466).

Esta persecución de la idealidad como objetivo final asignado al poeta sentimental, como vemos, se contrapone al poeta ingenuo porque, según el juicio de Schiller, los poetas antiguos carecen de esa fuerza y energía que sí poseen los poetas modernos. Esa fuerza estaría ubicada en el corazón y desde allí el poeta encuentra el poder suficiente para alcanzar la belleza en la naturaleza. Tal parece, que la ingenuidad se identifica con una ausencia de esa fuerza creativa y con la incapacidad para asumir la gravedad, la hondura y la nobleza del sentimiento. Según observaremos más adelante, la crítica literaria en Uruguay, particularmente en la figura de Zum Felde, utilizará la ingenuidad para juzgar la producción de algunos de nuestros novelistas. El juicio del crítico uruguayo puede justificarse cuando se constata que, hacia la década del ochenta del siglo XIX, el romanticismo ha decaído en su capacidad renovadora. Además muchos escritores románticos europeos ya se venían apropiando de algunas imágenes esclerosadas, meros lugares comunes, y por tanto, carente de vitalidad. Recuérdese que, por ejemplo, Schiller, cuando habla de la poesía elegíaca afirma que el poeta "busca la naturaleza como idea, y en un estado de perfección en que nunca existió". En esta cita, vemos cómo opera la importancia de la originalidad en la elaboración de las imágenes, algo que resulta difícil cuando no imposible en una época en que el repertorio romántico aparece ya desgastado.

Por otra parte, otro defecto que también veremos presentado como una acusación de impericia artística por parte de la crítica uruguaya, tiene que ver con el exceso lacrimógeno. Este aspecto es convenientemente señalado por el propio Schiller cuando evalúa la producción literaria de Rousseau. En el caso del filósofo francés, el alemán observa pese al contenido poético y a la seriedad con que asume su labor como poeta, "su impresionabilidad enfermiza es lo que lo domina y exagera sus sentimientos hasta lo desagradable". Este extremo, el de la sensibilidad exagerada o la sensiblería, fue difícil de evitar en muchos de los escritores latinoamericanos.

No obstante estas observaciones esgrimidas por Schiller y por Zum Felde, resulta necesario retomar la importancia de la categoría de lo sentimental particularmente en lo que hace a su carácter revolucionario y a sus particularidades estilísticas.

Por su parte, Ana Chouciño Fernández, en su artículo "Apuntes para una revisión de la narrativa sentimental hispanoamericana" (1999), plantea la necesidad de reivindicar este género considerado por la crítica como una modalidad menor del Romanticismo. Chouciño considera importante definir los elementos formales y estéticos de la novela sentimental. Para fundamentar su posición, la autora se basa en los estudios realizados por Janet Todd (1986); Joanne Dobson (1997); y Barbara Benedict (1995).

Todd, en su *Sensibility. An Introduction,* apunta que el desprecio que sufre el género sentimental se debe al hecho de que el gusto artístico en la literatura del siglo XX se orienta hacia la literatura autorreflexiva e irónica. Cuando esta autora describe la evolución del género sentimental en la literatura inglesa, advierte la diferencia existente entre la "novela del sentimiento" y la "novela de sensibilidad". La primera, producida entre los años 1740 y 1760, estuvo enfocada a la alabanza de los corazones generosos, en tanto que la segunda, enfatiza la capacidad de los personajes para mostrar los sentimientos refinados (Todd 1986).

Barbara Benedict plantea una distinción similar a la anterior al considerar las novelas sentimentales escritas antes y después de 1760. Señala que las novelas anteriores a esa fecha se caracterizan por la posesión de signos fijos e inmutables que cualquier observador puede decodificar: un rostro bello está unido a un destino trágico. Por otra parte, las novelas escritas con posterioridad a esa fecha, combinan el tropo de la fisiognomía (observación del aspecto para determinar el carácter de las personas) con el discurso empirista, lo que deriva en una actitud ambivalente hacia el sentimentalismo: no habría una definición entre una crítica y una defensa del género. Benedict cita como ejemplos de esa actitud las novelas *The Vicar of Wakefield* de Oliver Goldsmith; *Tristram Shandy* de Lawrence Stern y *The Man of Feeling* de Henry Mackenzie (1995: 311-328).

Basándose en estas autoras, Chouciño observa que en el caso hispanoamericano podría establecerse una división similar en la evolución de las novelas sentimentales hispanoamericanas. Así, novelas publicadas con anterioridad a 1860 (*Soledad* de Bartolomé Mitre o *Ester* de Miguel Cané) no incorporaron el pensamiento empirista, mientras que las novelas posteriores combinan el discurso fisiognómico con el científico: la novela *Carmen* de Pedro Castera sería el ejemplo de esta modalidad por orientarse hacia un sentimentalismo ambiguo (Chouciño 1999, 28: 547-562).

En este sentido, resulta revelador el planteo hecho por Jean Franco quien sitúa a estas novelas dentro de otras coordenadas menos reduccionistas y más acordes con las inquietudes políticas de sus escritores. Así, al destacar que todas las novelas tienen nombres femeninos, señala que a través de estas heroínas se quiere expresar "un nuevo sentido de nacionalidad contrariado por factores exteriores" (Franco 2006: 88).

Este rechazo de lo sentimental impide ver el hecho de que esas novelas se presentan como verdaderos metagéneros. Esto quiere decir que la novela sentimental puede abarcar obras pertenecientes a otros subgéneros como la novela histórica, costumbrista, regional, etc. (Zó 2007: 80). Considerar a estas novelas como verdaderos metagéneros, nos ayuda a visualizar con mayor claridad la función social que estos productos asumen.

Para Sarlo, la novela sentimental es aquella que exalta y busca el sentimentalismo, concediéndole una dignidad estética e instalándolo como un tono cotidiano en ciertos personajes, mujeres jóvenes, que no son estrictamente aristocráticas, distinguidas, inteligentes o heroicas (2012: 10). Si bien la novela de amor, como vimos ya había aparecido antes, la novela sentimental se consolida en el siglo XVIII, siendo contemporánea de una nueva visión del matrimonio concebido como una relación afectiva entre esposo y esposa. La novela sentimental presenta una nueva jerarquía de cualidades que hacen primar el orden de lo psicológico. Representarán las condiciones que hacen posible la emergencia del amor como los desbordes de la pasión. La pasión, cuando se presenta siempre lo hace como un estado donde se pierde la identidad del ser, y por esa razón es antiinstitucional. Por lo general, las novelas tienden a concentrarse más en el tratamiento de los afectos por estar éstos afincados en una forma social: el amor busca siempre la realización de una meta social (por ejemplo, el matrimonio); la pasión, en cambio, no busca la posesión física de un ser, desea un absoluto difícil de definir, por lo que su radicalidad lleva a la muerte (Sarlo 2012: 50-52).

Aparte de la exaltación del sentimentalismo, la autora destaca otras claves que permiten definir al género.

Una de las características más sobresalientes es la creación de una "escena de lectura", una comunidad imaginaria que permite a los lectores identificarse con aquello que los propios personajes escriben. En distintas novelas publicadas a lo largo del siglo XVIII, nos encontramos con personajes lectores de otras novelas ya conocidas: un ejemplo de ello lo vemos en la novela *Graziella* (1844) de Alphonse de Lamartine que muestra a un personaje leyendo un pasaje de *Paul et Virginie* de Bernardin de Saint Pierre.

Pero como los escritores y escritoras se vuelven más atentos al interés de estos nuevos lectores, es muy frecuente que estos imaginen un perfil de lector que los alienta o censure. Y aquí, debemos tener presente que este nuevo público no posee opiniones expertas ni una especial formación estética. La lectura también va adquiriendo un signo de distinción femenino; las mujeres urbanas y alfabetizadas asumen la lectura como una forma de entretenimiento, aprendizaje social o un refugio para la ensoñación (más tarde veremos que esto último fue motivo de una gran censura).

Las novelas sentimentales tienen la capacidad de advertir acerca de las enseñanzas legítimas y aquéllas otras que se consideran nocivas. Como la lectura ejerce sus efectos sobre las subjetividades e influye sobre los estados emocionales, muchos escritores son conscientes de que sus novelas pueden producir efectos perversos o proporcionar útiles lecciones para la vida. Estaríamos ante una lectura pedagógica que provoca una "nueva codificación del amor y del deseo" (Sarlo 2012: 19). Esta dimensión pedagógica se justifica por el hecho de que la lectura explora zonas de la subjetividad presentes en el sujeto joven y, en particular, se preocupa por ciertas etapas vitales como el primer amor, la virginidad y el matrimonio. La lectura es pedagógica porque sirve para establecer una nueva codificación del amor y del deseo: las mujeres se vuelven expertas en deseo tomando contacto con aquello que es legítimo e ilegítimo.

En las primeras novelas sentimentales, la carta como instrumento expresivo fue fundamental para conducir la intriga amorosa. El uso que se les puede dar a ellas es muy diverso; lo cierto es que no siempre sirven para la expansión de la subjetividad, ya que en muchos casos como en la novela *Love in Excess* de Eliza Haywood la carta es utilizada como una máquina de equívocos y desencuentros. En una primera etapa, las cartas constituyen un golpe de efecto en el desarrollo de las intrigas sentimentales. Más adelante, serán verdaderos medios de conocer la subjetividad del personaje.

En Samuel Richardson, el empleo del recurso epistolar es el que considera como más apropiado para explorar una subjetividad femenina. En una primera etapa, aquella correspondiente a *The Apprentice's Vade Mecum* de 1732, la forma epistolar se presenta como el desarrollo de un tono íntimo en el que se mezclan las reflexiones, consejos, dudas, etc. En cambio, con *Pamela* y *Clarissa*, la carta es un texto donde un personaje se confiesa a otro, funcionando como un medio de identidad personal. Para dar cuenta de ese tono personal, la carta debe utilizar las convenciones retóricas necesarias que hagan posible la ilusión de una representación realista del sujeto. Las cartas construyen una verosimilitud: conocemos los sentimientos de los personajes porque ellos mismos los dicen directamente. Por eso crean la "ilusión de autenticidad". Las cartas permiten la construcción de una nueva subjetividad novelesca muy diferente a la que aparecía en la novela de peripecias. Aquí nos encontramos con una conciencia que se debate consigo misma y que es obligada a enfrentar alternativas sentimentales y morales. La perspectiva subjetiva que impone las cartas permite el acceso a los sentimientos en su emergencia, su desarrollo y su consolidación; esto permite que el personaje tenga una nueva autoridad al ser el sujeto de su discurso. Otro aspecto unido a esto, es lo que la propia Sarlo denomina como la "introspección compulsiva": los personajes, como Pamela en la novela homónima de Richardson, se sienten compelidos a la escritura (Sarlo 2012: 26).

Dada esta necesidad introspectiva, es muy usual que las novelas sentimentales privilegien ciertas formas genéricas como las cartas, relatos biográficos, autobiografías. El empleo de la forma epistolar, teniendo en cuenta su amplio desarrollo en el siglo XVIII, puede ser considerado como el "género del género". Esta dependencia formal respecto al género sentimental, se debe fundamentalmente a que gracias a la carta un personaje femenino demuestra su independencia discursiva al juzgar sus propios actos y los de quienes la rodean.

Tanto la carta, como la autobiografía y el diario, permiten la presentación de un yo que se narra a sí mismo; de esta forma, se expone también la "ilusión de intimidad". Por ejemplo, la forma genérica del diario que prescribe la presentación de los hechos según se van produciendo, permite el manejo de técnicas como la dilación y el suspenso: técnicas que, en el caso de *Pamela* de Richardson, se vuelven muy útiles para ver las tensiones vividas por el personaje femenino en el intento de defender la virtud. La carta en Werther plantea el lenguaje como una dislocación de sus formas habituales. Se trata de escritos que narran "las peripecias del amor y del deseo" (Sarlo 2012: 33).

La novela de Goethe, como *La Nouvelle Heloise* de Rousseau, inicia la tradición del llanto que permite la representación literaria de los afectos. A partir de esto, los ojos se vuelven elementos centrales en la representación de los sentimientos, y por esa razón, podemos hablar de la corporeidad de los sentimientos donde los balbuceos y las lágrimas son los signos del cuerpo que se niegan a ser gobernados por la razón (Kern, citado por Sarlo 2012: 39).

Un elemento importante en la novela sentimental es la teoría del obstáculo. Denis de Rougemont lo ubica como un principio que gobierna una de las más importantes historias de amor: Tristán e Isolda. Podría decirse que sin obstáculo no habría novela. Normalmente, los obstáculos tienen que ver con prohibiciones de orden moral, religioso y social. Así, la prohibición del contacto sexual antes del matrimonio, es una de las leyes que rige la novela sentimental tanto como la cultura burguesa, cuyos patrones culturales se ajustan a la legitimidad de las uniones porque aseguran una legalidad de la descendencia. De acuerdo a estas ideas, las novelas van proponiendo una unión deseable, toda una política matrimonial basada en una alianza entre iguales en el plano social y económico. Sin embargo, existen algunas uniones desiguales que se justifican: se considera lícito que una mujer pobre ascienda socialmente a través del matrimonio si posee ciertas virtudes. El vicio y la virtud, la belleza y la pobreza suelen presentarse como parte de los conflictos sentimentales.

La categoría "novela sentimental" se presenta como una denominación problemática por varias razones. El problema planteado es el siguiente: cómo designar con el mismo nombre a un campo tan vasto que incluye textos tan diferentes. Dar por sentado que el nombre de un género resuelve el problema de la clasificación significa olvidar que "el acto verbal es un acto semiótico complejo" (Schaeffer, 81). Para explicar la complejidad del acto discursivo hay que tener en cuenta algunas dimensiones que forman parte del marco comunicacional (el nivel de enunciación, el nivel de destino y la función de la obra) y su nivel de realización en los aspectos semánticos y sintácticos. Todas estas dimensiones varían porque si bien los textos pertenecen a un género determinado, esos mismos géneros poseen una existencia histórica y corresponden a realidades culturales diferentes. El comportamiento del género cambia cuando éste se desplaza de una cultura a otra, y por esa razón, es necesario tener en cuenta la contextualización histórica de las determinaciones genéricas. Como afirma Schaeffer, "los nombres de géneros, lejos de determinar todos un mismo objeto llamado 'texto' o incluso uno o varios niveles invariantes de este texto, van ligados, no todos, a los aspectos más diversos del hecho discursivo" (Schaeffer, 83-84). Con esto queda claro que la obra literaria es un acto pluridimensional, y por ende, los textos no se limitan a ejemplificar las propiedades que determinan los géneros, sino que, de acuerdo a lo que Schaeffer llama "genericidad moduladora", el texto en la aplicación de las reglas admite distintas desviaciones: el cambio de reglas es una posibilidad intrínseca en los géneros.

En lo que hace a la categoría genérica "novela sentimental", desde sus orígenes medievales hasta el presente se ha insistido en definirla de acuerdo a un criterio de identificación semántico: la novela sentimental narraría una historia de amor. Pero si nos quedamos con este criterio y olvidamos los aspectos más formales perderemos de vista las interesantes complejidades pragmáticas.

Vamos a ocuparnos ahora de las distintas dimensiones del acto discursivo aplicadas a las novelas que integran este corpus.

La primera de ellas corresponde al nivel de enunciación que se compone de tres partes: el estatus del enunciador, el estatus del acto de enunciación y las modalidades de la enunciación.

En cuanto al primero, el estatus del enunciador, Schaeffer sostiene que el enunciador puede ser real, ficticio o fingido. Dejando de lado el hecho de que el enunciador efectivo es siempre "real", este enunciador puede delegar su función en un enunciador secundario. Éste será ficticio si lo inventa el autor y será fingido si se identifica con una persona que existe o haya existido. En el caso de las novelas que nos ocupa, nos encontramos con un enunciador ficticio, correspondiente a la forma clásica del narrador omnisciente.

En cuanto al estatus del acto de enunciación, Schaeffer distingue entre una enunciación seria y una enunciación ficticia (respecto a ésta última, señala que es una variante de la enunciación lúdica). El concepto de ficción planteado por el autor aparece diferenciado de la cuestión de la referencialidad, no obstante los lazos que toda ficción, por más imaginaria que sea, pueda tener con los referentes reales. Las novelas que estudiaremos realizan un acto de enunciación ficticia, pero sin desligarse totalmente de los referentes reales: la realidad histórica se inmiscuye de distinta forma en cada una de ellas.

La modalidad de la enunciación corresponde a la forma narrativa escrita.

El nivel de destino nos muestra a un destinatario real, correspondiente al público lector que consume las novelas a través del folletín en la prensa (muchas de nuestras novelas aparecieron bajo esta modalidad). En el caso de Uruguay, debemos tener en cuenta la gran empresa cultural desarrollada por el diario montevideano *El Siglo*.

El nivel de la función permite distinguir dos niveles, la función seria y la función lúdica. En este caso, las novelas estudiadas trabajan en los dos niveles, ya que si bien no descuidan la finalidad del entretenimiento, buscan transmitir un mensaje político. Para entender esto no debemos olvidar la posición social ocupada por los enunciadores reales.

En cuanto al nivel de la realización, Schaeffer distingue dos niveles, por un lado el nivel semántico y, por otro, el nivel sintáctico.

En el primer nivel encontramos el contenido propiamente dicho y el sentido que puede ser literal o figurado. De acuerdo a esto, nuestras novelas desarrollarían distintas historias de amor (la mayoría, historias de amor frustrados), aunque, en función de la finalidad alegórica, darían cuenta de un sentido subyacente.

En el nivel sintáctico es donde se producen las mayores variaciones en lo que hace a las distinciones narratológicas de los textos. Los textos estudiados dan cuenta de distintos géneros. Así, en *Los amores de Marta*, lo sentimental se entronca con las variantes genéricas de la crónica, el relato jocoso satírico, el tratamiento del tópico de la cautiva. En *Cristina*, las formas imperantes corresponden a la de la novela de tesis y el artículo de costumbres. Las novelas *Valmar* y *Las hermanas Flammari*, asumen la forma de la crónica social, la forma de lo fáustico, aunque desplazado a una finalidad satírica. *Brenda* y *Minés*, por su parte, se aproximan más a la modalidad de la novela histórica, género que su autor trabajó con más profundidad en las novelas que integran la tetralogía.

Dadas las distintas marcas que podemos encontrar en estos textos, partiremos de una definición de "novela sentimental" como un hipertexto variable, donde dicha variabilidad estará sujeta a las determinaciones sociales de su época. Por relación genérica hipertextual, entendemos "toda posible ilación que se pueda establecer entre un texto y uno o varios conjuntos textuales o índices diversos, parezca lícito pensar que han funcionado como modelos genéricos en el momento de la creación del texto en cuestión, bien imitándolos, bien diferenciándose, bien mezclándolos, o bien invirtiéndolos, etc." (Schaeffer, 118 – 119). Concordamos también con el autor al definir el concepto de hipertertexto en un sentido mucho más amplio que el aportado por Genette, porque aquí no encontramos una obra que sirva como base o modelo, sino justamente índices o rasgos visibles en el contexto autoral y literario.

Normalmente, estos hipertextos sentimentales tienden a explicitar esas marcas que sirven como influencia en su producción. Una de las formas más usuales de explicitación se produce al proponer a personajes lectores de novelas sentimentales. Es como si los personajes aparecieran desempeñando roles ya previstos, lo que conduce a hablar de cierta teatralidad presente en el texto sentimental.

Aparte de las claves textuales relacionadas con la organización genérica, podría decirse que la novela sentimental posee otra clave textual que al decir de Beatriz Sarlo constituye una "semiótica del cuerpo". En opinión de esta autora, la semiótica corporal señala una frontera entre lo permitido y lo no permitido; de acuerdo a esto, existirían ciertas zonas del cuerpo como los ojos y los cabellos poseedoras de un alto poder expresivo capaz de superar las barreras de lo lícito. En otros casos, cuando los narradores debían aludir a zonas que provocaban una gran peligrosidad moral, apelaban ciertas operaciones metonímicas como "transmigración de un significante a otro" (la sustitución del pezón por el lunar) (Sarlo 2000: 200-201).

Más allá de lo apuntado por Sarlo, en otras novelas del género como las que nos ocupan, la parcelación corporal opera como una co-presencia de significantes que da cuenta de cierta ambigüedad de lo femenino. Por esa fluctuación que va desde el polo angelical al del deseo, pensamos que en las novelas sentimentales se produce aquello que Roland Barthes denomina como lógica del blasón. La idea propuesta por Barthes en *S/Z* presenta al cuerpo como un inventario monótono de sus partes, y esto sería posible porque el lenguaje deshace el cuerpo y lo reduce a un fetiche (el cuerpo dividido en partes, en objetos fetiches). El objeto parcial refiere principalmente a partes del cuerpo reales o fantasmáticas y sus equivalentes simbólicos. Así, de acuerdo a la técnica del blasón, la totalidad (la belleza corporal) es una aspiración a ser alcanzada por parte del lenguaje; la enumeración de las partes del cuerpo hace que ninguna de sus partes pueda representar por sí sola la totalidad (Barthes 2001: 95). Cada rasgo se añade a otro como uno más, y eso hace que la enumeración misma sea una estrategia retórica que posibilite el asedio de una totalidad que nunca se alcanza de forma definitiva.

1.5. La nación y sus formas narrativas.

Uno de los primeros autores que abordan esta problemática es Ernest Renan en su ensayo "Qué es una nación". El pensador francés señala que el concepto de nación es un término bastante nuevo en la historia, ya que en la Antigüedad la organización política se hacía a través de repúblicas, reinos municipales o confederaciones de repúblicas. Partiendo del hecho de que en el origen de todas las naciones encontramos la brutalidad, actos de violencia y despojo, el autor sostiene que para que se pueda generar una idea de nación sus habitantes tienen que comprometerse a olvidar: "El olvido -incluso diría el error histórico- es un factor fundamental en la creación de una nación". Más adelante, agrega que "la esencia de una nación es que todos los individuos tengan muchas cosas en común y, también, que hayan olvidado muchas cosas" (Renan, 25 – 26).

Por otra parte, Renán insiste en otros aspectos que nada tienen que ver con la pertenencia a una raza, una lengua o una cultura. En contraposición con eso, el autor destaca que el hombre es, principalmente un "ser racional y moral" (33). Esto último lo va a llevar a afirmar que toda nación "es un principio espiritual, el resultado de las profundas complicaciones de la historia; es una familia espiritual, no un grupo determinado por la forma de la tierra" (35). Como el hombre no está supeditado a los condicionamientos emanados de la raza o de la lengua y está imbuido de ese principio espiritual, logra generar la idea de nación por un acto de solidaridad, un consentimiento expresado para desarrollar una vida en común.

Así, la nación, según Renán, nace porque un conjunto de hombres posee una mente saludable, y un corazón cálido, y se compromete a abdicar de la individualidad para crear una vida en comunidad. La nación para el autor francés implica, entonces, un compromiso moral expresado a modo de un contrato social, y constituye, por tanto, un acto racional que no se deja avasallar por otro tipo de condicionamientos.

Uno de los ensayos más difundidos en los estudios académicos es el de Benedict Anderson *Comunidades imaginadas: reflexiones sobre el origen y la difusión del nacionalismo*. El autor propone la siguiente definición:

Así pues, con un espíritu antropológico propongo la definición siguiente de la nación: una comunidad imaginada como inherentemente limitada y soberana. Es imaginada porque aun los miembros de la nación más pequeña no conocerán jamás a la mayoría de sus compatriotas, no los verán ni oirán siquiera hablar de ellos, pero en la mente de cada uno vive la imagen de su comunión (23)

La definición de Anderson modifica en parte la propuesta por Seton Watson, ya que este autor también sostiene que una nación se forma cuando un grupo de personas decide formar una nación y se comporta como si ella existiera. Incluso, como vimos, el propio Renan señala esa misma voluntad. La virtud de Anderson es haber hecho explícita la presencia de un componente imaginativo que, como el propio autor señala más adelante, se acerca a la literatura. Para Anderson, la nación surge gracias al florecimiento de dos formas de la imaginación aparecidas a finales del siglo XVIII: la novela y el periódico. (Anderson 2000: 46). Estas formas se vieron favorecidas por lo que Anderson llama el "capitalismo impreso": la tecnología impresa logró difundir la lengua vernácula, y esa misma tecnología posibilitó el desarrollo de un tiempo homogéneo, vacío. Ese tiempo es pensado en los términos de una novela donde el lector presencia los movimientos de ciertos personajes sin que algunos de ellos lleguen a conocerse. Según Anderson, lo mismo pasa en una sociedad donde por ejemplo: "Un norteamericano jamás conocerá, ni siquiera sabrá los nombres, de un puñado de su 240 millones de compatriotas. No tiene idea de lo que estén haciendo en cualquier momento dado. Pero tiene una confianza completa en su actividad sostenida, anónima, simultánea" (48 – 49).

Timothy Brennan, en su ensayo "La nostalgia nacional de la forma", se propone abordar lo que entiende como "los mitos de la nación". El concepto de mito es analizado a través de sus múltiples variantes: el mito como distorsión, mentira; como mitología o tradición oral. Y la conjunción de estos mismos sentidos nos lleva a pensar la organización social actual de acuerdo a un modelo retrospectivo de valores morales junto con la creencia mágica en la fuerza de la tradición.

Por otra parte, acerca del término "nación", también resulta tan problemático porque inicialmente se refiere a la pertenencia a un lugar o una familia, pero normalmente se une a otro tipo de formación como el "Estado – nación", donde éste último se presenta como un constructo más artificial (66). Para salir de este atolladero semántico, Brennan considera la nación de acuerdo a la categoría foucaultiana de "formación discursiva" y, a partir de esta noción, se preocupa por estudiar los "usos institucionales de la ficción". A partir de esta noción, el autor reflexiona cómo el surgimiento de los Estados – nación en Europa no se puede separar de los temas propuestos por la literatura de ficción. La literatura logró la formación de las naciones gracias a la creación de los medios impresos nacionales como el diario y la novela. La novela resultó fundamental en la formación de la comunidad imaginada de la nación.

Brennan utiliza el concepto acuñado por Anderson para hablar de las naciones como construcciones imaginarias desarrolladas mediante todo un aparato de ficciones culturales. Y al tratar sobre la importancia de la novela —aspecto señalado también por Anderson— se ocupa particularmente de la concepción bajtiniana: a través de la noción de heteroglosia, Bajtín parte de la idea de que la novela forma parte de una nueva conciencia cultural propia de un mundo plurilingue. De acuerdo al razonamiento que hace el propio Brennan, la novela por estar fundada en esa concepción heteroclítica, logra dar respuesta en forma adecuada a esa amenaza de fragmentación caótica generada por el declive de los antiguos regímenes papales y dinásticos. Y lo hace, según el propio autor, a través de "una miscelánea de 'niveles de estilo' ostensiblemente separados que corresponden a la clase; una mezcolanza de poesía, drama, relato periodístico, memorias y diálogo; una mezcla de jergas de razas y etnias diversas" (73-75). La novela responde con su forma misma a la naturaleza compleja de la nación.

De acuerdo al razonamiento esbozado por Brennan, apoyándose en los enfoques de Bajtín, Lukacs y Benjamin, el florecimiento de la novela está asociado a un empobrecimiento o descomposición de sistemas culturales más estables. Para Lukacs, la novela es una imagen invertida de la épica porque en la primera se produce la desintegración orgánica de los valores de la antigüedad, ya que el individuo burgués se convierte en el mito dominante. Por su parte, Bajtín observa la desintegración de los tiempos dinásticos -aspecto también analizado por Anderson para explicar el surgimiento de los nacionalismos- y el ascenso de las lenguas vernáculas a la categoría de lenguas estatales, como un paso que acompaña a la estabilización de la novela. Benjamin observa el empobrecimiento representado por la novela al plantear la oposición entre "sabiduría épica" e "información". La tesis defendida por el autor alemán consiste en que la experiencia del mundo épico, transmitida por un narrador, se devalúa por la aparición de la imprenta como aparato cultural.

La novela sentimental concebida como hipertexto variable permite apreciar con otra profundidad su condición de romance nacional, ya que su dimensión alegórica se apoya fundamentalmente en la elección autorial de esos intertextos. De esta forma, estos romances nacionales serán concebidos desde una perspectiva diferente a la planteada por Doris Sommer o Fernando Unzueta.

Para Sommer, la novela sentimental constituye un romance nacional porque propone la fusión del eros y la política y eso la lleva a plantear una lectura alegórica de la historia de amor que estaría subordinada a un ideal de nación. En ese sentido, señala que los latinoamericanos corrigieron las aventuras amorosas trágicas de sus modelos europeos, porque a través de la idea de un matrimonio legítimo se buscaba producir ciudadanos. Cuando habla del concepto de alegoría, Sommer tiene especial cuidado de separar su desarrollo de la definición simplista y convencional derivada del medioevo (y que sobrevive con dificultades en el romanticismo con el nombre de símbolo). Para evitar este riesgo, apela al concepto de Benjamin, y a su ensayo *El origen del drama barroco alemán*, donde el autor habla de la combinación de la alegoría y la dialéctica.

Para discutir el uso del concepto de "dialéctica alegórica", vamos a discutir algunos pasajes del ensayo de Sommer:

Benjamin explica de un modo protopostmoderno que la alegoría es sensible a la dialéctica entre la expresión y el significado (…) *La alegoría trabaja a través de los resquicios, mientras que los símbolos orgánicos sacrifican la distancia entre el signo y el referente* (…) Su ejemplo principal de *dialéctica alegórica* es la relación entre la historia humana y la naturaleza (…) Pero Benjamin tiene cuidado de señalar una diferencia estratégica entre tales figuras: *en el símbolo, la naturaleza es un indicio de eternidad y parece independiente de la cultura; en la alegoría, es un registro de la historia humana y la decadencia* (Benjamin, 167). Este registro dialéctico es lo que distingue la *alegoría secular moderna*, que tuvo su origen en la literatura barroca, de la concepción medieval de que la naturaleza es el inmutable telón de fondo de la historia que ella contiene. (61-62) (Las cursivas son nuestras).

Coincido con Sommer en la importancia asignada por Benjamin respecto a la redefinición del concepto de alegoría. Benjamin, al situar la alegoría en el plano de la historia, la aleja de la aspiración trascendente; la alegoría en el filósofo alemán ya no corresponde a la perpetuación de un significado, sino a la decadencia, a su deterioro. Y me parece que este vínculo entre "alegoría" y "decadencia" es sumamente importante para pensar el concepto de alegoría dentro de los límites de la modernidad: la alegoría sale de la eternidad para secularizarse. Como veremos el concepto de ruina o decadencia será clave en nuestra argumentación que propone la concepción de la nación como una temporalidad in media res o como una articulación de significados parciales.

Unas páginas más adelante, Sommer vuelve a referirse a la teoría de Benjamin, aunque en este caso, lo hace explícitamente para referirse a las "novelas patrióticas":

Este movimiento en zigzag describe un tipo de alegoría que funciona sobre todo mediante asociaciones metonímicas entre la familia y el Estado, más que mediante el paralelismo de la analogía metafórica. En estas *épicas sentimentales* un significado no solo apunta a otro registro inaccesiblemente sublime, sino que depende del otro. La aventura romántica necesita de la nación, y las frustraciones eróticas son desafíos al desarrollo nacional. Del mismo modo, *el amor correspondido es el momento fundacional en estos romances dialécticos* (68) (Las cursivas son nuestras)

La primera parte de la cita de Sommer es lo que permite marcar la distancia teórica que propone nuestro trabajo. Al hablar de *"asociaciones metonímicas entre la familia y el Estado",* Sommer privilegia en su trabajo ciertas entidades abstractas (familia y Estado) y los otros estereotipos que centran su análisis (raza o clase social). De esta forma, convierte a los personajes de las novelas en representaciones "alegóricas" - empleando el concepto con algún resabio medieval- de ciertas ideas políticas, religiosas, etc. Por otra parte, la autora utiliza el enfoque marxista, en particular la idea de la dialéctica, para observar la presencia de los "obstáculos amorosos" (uno de los tópicos del discurso amoroso) como ejemplos de la "antítesis". La síntesis estaría dada por el proyecto que todavía no se realizó y que se puede realizar en lo que denomina como "amor correspondido".

Si en la dialéctica hegeliana, encontrábamos el itinerario progresivo de un sujeto absoluto (la idea), en la novela nacional, la aventura del héroe parece ser equivalente al trayecto que hace el Espíritu para alcanzar la libertad y la verdad. El concepto de dialéctica supone de algún modo, una búsqueda de una verdad a ser conquistada y su desarrollo parece comparable a una trama épica. Respecto a este último término, la autora se refiere a sus novelas como "épicas sentimentales" y, de este modo, se apropia del modelo heroico (género indiscutiblemente asociado a la preeminencia de un sujeto masculino) con el que busca sustentar su noción de patria.

Otra limitación que posee su estudio consiste en la ausencia total de una aproximación al género "novela sentimental". El único acercamiento que realiza lo hace a partir de la teoría de los obstáculos tomado de la concepción del "amor pasión" que desarrollara entre otros Denis de Rougemont en su estudio clásico *Amor y Occidente*.

Por otra parte, los personajes estudiados no son tenidos en cuenta de acuerdo a problemas teóricos relacionados con una teoría del género desde la representación corporal. En su estudio, se tiende a representar a la mujer de acuerdo a los estereotipos proporcionados por la estética romántica, y eso lleva a planteamientos muy reduccionistas en torno a los modelos femeninos analizados. Y aquí encontramos otra diferencia respecto a nuestro planteo. Cuando Sommer habla de erotismo se refiere al "amor conyugal 'normal', considerado como el modelo legítimo desarrollado en las novelas (de ahí la crítica que le realiza a Foucault, quien se ocuparía de las desviaciones sexuales). La concepción que nosotros trabajaremos del erotismo está lejos de esta idea del amor conyugal. De hecho, nuestras novelas manifiestan otros aspectos que nada tienen que ver con lo que Sommer llama "pasión reproductiva" (2004: 47 – 69). La alegoría que veremos propone zigzagueos y asociaciones metonímicas que se distancian de ciertas centralidades. Al referirnos al carácter alegórico de las obras, estamos pensando el concepto de alegoría ya no en su acepción simplista de ilustración de un concepto, el hallazgo de una intención moral o pretensión edificante oculta tras un velo, sino como una dialéctica que nos deja ver una diseminación de fragmentos (Benjamin; 1990: 159-160).

Al tomar esta noción de alegoría, propongo ver la relación entre las novelas nacionales y la construcción corporal, no como una totalidad orgánica, sino como parte de un fragmento amorfo. Como la alegoría constituye, según el autor, una réplica dramáticamente móvil y fluyente, observaremos esta relación a través de sus resquicios y huellas, no como una relación paralela donde un nivel corresponde o repite a otro. Dicho en otras palabras, si la totalidad del cuerpo será entendida por la mentalidad patricia como un cuerpo austero y vigilado, su descomposición en fragmentos hará aflorar distintas trazas que escaparán o resistirán a dicho ideal corporal.

Otra diferencia importante que mantengo con esta autora tiene que ver con su definición de romance. Para Sommer, la elección del romance se justificaría porque constituye una intersección entre su uso contemporáneo en tanto "historia de amor" y la concepción decimonónica que lo ve asociado a la idea de alegoría. En los textos que trabajo se produce una intersección diferente que apunta a conjugar los conceptos de novela (género caracterizado por cierta complejidad psicológica de los personajes) y de romance (caracterizado por cierta concepción binaria de los personajes y una búsqueda de una especie de Edad de oro). El hecho de que se pueda hablar de esta intersección permite ver la fragilidad e inestabilidad de este género todavía en formación hacia la última década del siglo XIX.

Por su parte, Unzueta retoma las ideas de Sommer y disiente con ésta en la institucionalización del romance nacional como lectura obligatoria (fenómeno que para este autor sería muy tardío). Para Unzueta es importante indagar acerca de cómo fue leída la nación y, para ello, tiene en cuenta la tradición crítica del momento realizada incluso por los propios novelistas a través de artículos críticos, ensayos y prólogos de novelas (lo que muestra la conciencia que tenían sobre la utilidad social de la novela sentimental). Por otra parte, se ocupa de las escenas de lecturas generadas dentro de las mismas novelas que presenta a personajes lectores de estos mismos textos. Por romance nacional, el autor entiende 'una forma narrativa emergente en los 1840, dominante en los 1850 y 1860 y residual, en diferentes grados desde entonces" (7). Y, más adelante, amplía la definición de la siguiente forma:

> Defino los romances nacionales hispano-americanos estableciendo un diálogo entre la tradición crítica historicista, los discursos meta-textuales del período y los romances mismos. En términos más amplios, el romance es una historia de amor llena de convenciones literarias idealizadas, como la polarizada caracterización de los protagonistas. Contiene una visión teleológica de la historia asociada al liberalismo, la ideología de la clase dominante, que participa activamente en la configuración de las naciones hispano-americanas. (7)

Esta concepción meta-textual de las novelas tiene que ver con un control ejercido por el propio autor acerca de cómo debe ser leído el texto y también con la necesidad de crear una literatura nacional o americana. La metatextualidad tendría una función específica. Incluso, más adelante, el autor llega a plantear la idea de una negociación o transacción entre lo sentimental, lo patriótico y lo histórico, como forma de asegurar una finalidad ejemplarizante: porque los romances nacionales mezclan el placer y la educación como una estrategia sentimental que afecta a la subjetividad del lector para realizar los objetivos morales, políticos y culturales.

En las novelas que integran nuestro corpus, partimos de la base de que la definición de "romance nacional", tal y como la plantean estos autores, sufre modificaciones importantes. En primer lugar, por tratarse de novelas que fueron publicadas a partir de la década de los ochenta del siglo XIX, se alejan de las necesidades patrióticas pensadas por los novelistas de la generación anterior: esas novelas estaban más vinculadas a la instancia fundacional generada a partir de la independencia. Y en ese sentido, podía apreciarse ese sustrato épico donde el varón tomaba parte en alguna guerra. Las novelas publicadas con anterioridad a la década del ochenta, se caracterizan por poner en juego una retórica patriótica que exalta la figura masculina y los valores épicos como la valentía, el honor, la fuerza física, etc. El héroe que lucha por la patria, lo hace imbuido de un sentimiento amoroso similar al que siente por la esposa, la madre y su familia. La imagen que estimula su acción corresponde a la del honor mancillado por el Otro (el tirano), y ese agravio infligido provoca la destrucción de la unidad familiar. Todos los héroes abandonan la familia personal para volcarse de lleno a la defensa de la familia nacional (De

Torres, 26). Ese imperativo patriótico llevaba a concebir la novela como una combinación entre lo sentimental, lo patriótico y lo histórico.

Por el contrario, en las novelas uruguayas publicadas durante este período, observaremos que esta combinación resulta alterada por la sencilla razón de que no se apunta a una conformación moral homogénea. Si en las novelas analizadas por Sommer y Unzueta, no existían dudas acerca del objetivo ético planteado, en el caso uruguayo la idea de nación pone en juego ese mismo objetivo. Por esta razón, las novelas que estudiaremos constituyen romances nacionales que proponen una articulación diferente: la idea de lo patriótico desaparece (apenas sobrevive en los romances de Acevedo Díaz) y, en su lugar, observamos una negociación problemática entre lo sentimental y lo moral. Lo que cambia, entonces, es la relación entre los elementos, ya que, a diferencia de las otras novelas nacionales latinoamericanas, el objetivo moral es puesto en cuestión. Si las novelas latinoamericanas publicadas durante el período que abarca la década del cuarenta hasta la de los sesenta del siglo XIX, plantean una "seducción justificada" como forma de educar a los individuos promoviendo ciertos valores dentro de códigos morales estrictos, en las novelas uruguayas esos mismos códigos se manifiestan en forma variable o fluctuante. En ese sentido, nuestras novelas constituirían un corpus que al decir de Beatriz González Stephan podría calificarse como una "una literatura blanda" por oposición a una "literatura seria y de índole patriótica". De hecho, la autora constata como una preocupación absorbente por parte de los letrados esta existencia simultánea de una literatura varonil y épica junto a una literatura folletinesca que amenazaría la supervivencia de un sujeto letrado viril. De acuerdo a la forma de pensar de estos intelectuales, las novelas como tales no serían "productivas" en el sentido de ser inútiles en la generación de nuevos ciudadanos (González Stephan 2000: 107 – 134). Pero, como se verá, esa aparente "improductividad" hará que los romances nacionales estudiados, aunque no logren llegar a la categoría de "ficciones fundacionales" (Sommer 2004), se presentarán como verdaderas "guías de ficción" (Shumway 1991) en la medida que plantearán un proyecto político y social muy diferente a los intereses reinantes en ese período. Allí radica el interés de este estudio, las novelas son proyectivas pero no en el sentido de plantear en forma consciente un proyecto político, sino porque dichas propuestas se encuentran todavía en un estado de preformación.

Al hablar de esta línea fluctuante, pensamos en lo apuntado por Homi Bhabha en dos de sus ensayos: "Narrar la nación" (introducción al volumen compilado por el propio autor) y "DisemiNación. Tiempo, narrativa, y los márgenes de la nación moderna". En el primero de esos ensayos, "Narrar la nación", Bhabha sostiene que la idea de la nación posee *"una particular ambivalencia"*. La ambivalencia tiene que ver con que la idea de la nación forma parte de una realidad cultural muy transitoria. Para explicar la tensión ambivalente que define a la nación recurre a distintos autores como Michael Oakeshott, Hannah Arendt o Tom Nairn: cada uno de ellos, desde distintos ángulos, sostienen que la nación no puede ser definida como un objeto estable.

Al preguntarse qué efecto tiene esta concepción de la nación sobre la forma de narrarla, Bhabha afirma que hay que poner de relieve *"la articulación de la diferencia en el lenguaje"* (Bhabha, 13). Esto lo lleva a pensar en la diversidad presente en el campo de significados, ya que su proyecto supone explorar las dos caras del lenguaje, la ambivalencia en la construcción del discurso sobre la nación. Para Bhabha la forma narrativa de la nación nos lleva a pensar en lo siguiente:

un proceso de articulación de elementos: donde los significados pueden ser parciales por estar in medias res, y la historia puede estar hecha a medias porque se encuentra en proceso de elaboración, y la imagen de la autoridad cultural puede ser ambivalente porque se la capta en estado titubeante en el acto de componer su imagen de poder. (14)

Estas formas "titubeantes" o "parciales" permiten pensar en lo que Bhabha llama la performatividad del lenguaje (concepto que el propio autor desarrollará más adelante) y que hace referencia a esos quiebres o fracturas inmanentes en las elaboraciones culturales de la nación. Todo esto tira abajo la idea de la cultura nacional como algo unificado o que se piense como una unidad consigo misma. Por el contrario, los discursos sobre la nación poseen esa "significación incompleta" que lleva a negociar los significados.

En el ensayo "DisemiNación...", también incluido en el mismo volumen *Nación y narración,* retoma la idea de la ambivalencia y la relaciona con la tensión existente entre lo pedagógico y lo performativo. Lo pedagógico se refiere a la "presencia histórica a priori" que propone un marco de estabilidad y de continuidad. Lo performativo hace referencia, en cambio, a aquellos "retazos y remiendos de la vida cotidiana" (Gellner 1994, citado por Bhabha), o "la energía no secuencial de la memoria y la subjetividad históricas vividas" (Said, 146, citado por Bhabha). Lo performativo destruiría la certeza y la estabilidad de un discurso monolítico proyectando lo que Bhabha denomina como "temporalidad del 'entremedio'". En esa temporalidad intervienen elementos residuales y emergentes que asedian a lo dominante (Williams 2000).

Previamente sosteníamos que la novela sentimental era un hipertexto por estar compuesta por índices textuales diversos. Una concepción así de la novela sentimental nos permite entonces comprender su carácter performativo, ya que daríamos cuenta de una textualidad escindida en distintas modulaciones que hacen a la naturaleza compleja de la novela (aspecto que habíamos visto en la exposición de Brennan). Incluso podríamos ir más lejos y señalar que ese mismo carácter performativo, al explicar la complejidad de la novela, también permite dar cuenta de otra complejidad: aquella que refiere a la articulación problemática de lo sentimental y lo moral.

Si la nación es susceptible de una construcción dual, el cuerpo femenino -uno de los ejes, junto con la familia para la formación de la nación- admite ese discurso de dos caras que impide ese cierre definitivo de lo pedagógico. Las novelas ofrecen distintas articulaciones de esta ambivalencia.

2. MUJER E IMAGINARIO LETRADO: HACIA LA BÚSQUEDA DE UN CUERPO.

2.1. Espiritualismo y Positivismo: la conformación moral de la sociedad.

Para entender la importancia que tuvo la formación de un sujeto moral en la sociedad, debemos dar cuenta de dos corrientes filosóficos que dominaron la última parte del siglo XIX. Nos referimos al espiritualismo y el positivismo. Cada una ejerció su dominio tanto en la política como en la literatura. Aunque la articulación de estas tendencias se vuelve problemática, ya que hacia el año ochenta del siglo XIX se produce una gran revolución cultural con la consagración del positivismo. Una década antes se había dado el dominio del espiritualismo.

El espiritualismo dominó la escena desde fines de la Guerra Grande hasta comienzos del Militarismo. Su actuación coincidió con ese período de enfrentamiento entre el caudillismo y el civilismo; en esa discordia, el espiritualismo tuvo como misión histórica servir de elemento de cohesión social, política e intelectual. El espiritualismo conformó una minoría ilustrada que, por parapetarse en un extremado teoricismo académico, estuvo divorciado de la realidad del país. Su expresión literaria fue el romanticismo y, en el plano político, se articuló en torno al principismo.

El espiritualismo compartía con el romanticismo "la exaltación psicológica y moral de la conciencia humana, la vida del sentimiento y de la imaginación, el culto de la poesía, el idealismo ético, el liberalismo humanitario, la visión metafísica del alma inmortal y de Dios, ser supremo y providencia infinita" (Ardao 2008: 39). Las dos corrientes compartieron una subjetividad exacerbada que se regía por valores absolutos, una postura, que por ser demasiado tajante, en la mayoría de los casos se volvió inoperante para enfrentar los grandes problemas nacionales.

Su vertiente política, el principismo, "constituyó, más que una escuela, un temperamento, fundado en la afirmación dogmática del liberalismo constitucionalista y en la rigidez absoluta de la moral cívica, sobre un fundamento filosófico espiritualista" (Ardao 2008: 40). Esta defensa de los principios que incluía las libertades públicas, los derechos individuales, hacía que sus representantes pensaran en una república ideal regida por el derecho natural y la razón pura. Un planteo así los llevó a una identificación abstracta entre la moral y la política y, de este modo, proyectaron sobre la escena nacional ese dualismo no menos tajante del bien y del mal. El bien estaba representado por el principio de libertad en todas las manifestaciones de lo político, lo social, lo económico, lo religioso y lo educacional. El mal quedaba identificado con el despotismo.

Entre los dirigentes más conocidos, se encuentra Carlos María Ramírez, quien defendía estos principios desde su cátedra de Derecho Constitucional. En el ámbito de la prensa, el diario "El Siglo", fundado en 1863, fue el principal espacio de combate. Fuera de la prensa y la cátedra, el parlamento fue también un espacio de contienda donde sus legisladores prolongaban sus debates académicos a través de grandes piezas oratorias.

Respecto a la literatura, el contacto de los principistas fue bastante escaso ya que estuvieron absorbidos por la contienda política. Cuando se dedicaron a escribir poesía se hicieron eco de las notas románticas provenientes del modelo francés sin introducir ninguna modificación. Como su entrega al periodismo ocupó buena parte de su tiempo, fue allí donde publicaron sus escasas ficciones privilegiando la modalidad del folletín. Por lo general, sus ficciones literarias eran publicadas en periódicos literarios específicos, y allí su prosa discurre de modo diferente a los escritos políticos. Los rasgos de su escritura muestran una prosa rebuscada y sobrecargada por adjetivos, adverbios y palabras prestigiosas que demoran la frase, adoptando un estilo propio del último romanticismo donde vemos ideas e imágenes prefabricadas y estereotipadas. El exacerbado idealismo se ve en la presentación de jóvenes puras y luminosas que funcionan como sublimes ideales (como los de la Patria, Justicia, la Libertad, etc.). (Rocca 1994: 165 – 184).

Si la literatura asumía estos rasgos, se debía a que buena parte de los dirigentes principistas compartían la concepción romántica que sostenía Juan Carlos Gómez: para él la literatura "lleva al perfeccionamiento de los tipos físicos y morales de la naturaleza por medio de la idealización que crean los modelos" (citado por Rocca 1994: 176). Esta concepción de la literatura se confrontaría luego con las visiones del realismo y del naturalismo. Dichas corrientes se impondrían de la mano de la doctrina positivista.

Durante el período que estamos analizando se ha producido esta polémica entre las dos corrientes filosóficas. Esa polémica proyectada al campo literario representó una forma de concebir la literatura y su utilidad en la conformación moral del ser nacional.

Buena parte de esas discusiones tuvieron lugar en el seno de El Ateneo del Uruguay, institución cultural que surge como una derivación del Club Universitario y que, hacia el año ochenta, concentra a la segunda generación romántica.

Zum Felde señalaba que esta segunda generación se declaraba tan romántica como la de sus predecesores de 1840 (1941: 162). Sin embargo, existían algunas diferencias. La primera generación romántica se debatía entre la búsqueda de una lengua americana propia (diferente a la ibérica que era identificada con una forma imperial) y la construcción de un espacio nacional liberal. Por esa razón, Rocca establece una diferencia concreta entre el romanticismo europeo, que según la óptica de Berlin buscaba derribar las estructuras estables, y su versión rioplatense en la que los intelectuales se debatían entre la apropiación de una filosofía y una retórica en extremo compleja y revolucionaria -bombardeados como estaban por tantas fuentes y textos-, que consensualmente se basa en la puesta en crisis de la idea de coherencia clásica y de las reglas inmutables, al tiempo que luchaban por la edificación de un espacio nacional liberal (2003: 77 – 78).

La segunda generación romántica asume un romanticismo desvaído, carente de novedad e inmovilizado en formas estereotipadas. Ya hacia 1870 lo romántico era identificado con el estereotipo puro; de ahí la crítica que Francisco Bauzá le formulará a Carlos María Ramírez al calificar sus intervenciones de "divagaciones poéticas" cuando abordaba cuestiones políticas. El mismo Bauzá (1885), en sus *Estudios literarios*, consideraba inapropiada a la estética romántica por considerarla demasiado lúgubre y se lamentaba de que muchos hombres públicos se contagiaran de ella:

Los poetas sentimentales, los escritores de novelas fúnebres, los aspirantes a suicidas, lo que miraban la salud como una peste y la riqueza como una maldición; los que reputaban la alegría dote de zafios y la elegancia privilegio de perdularios; todas esas gentes, en fin, que habían escrito y desertado tan primorosamente para convencer a la humanidad que su estado normal debía ser la hipocondría y el desaseo, escalaron repentinamente los puestos públicos (182)

Y al ocuparse del lenguaje empleado por estos hombres públicos, critica ese exceso de las frases pomposas, recargadas por metáforas esclerosadas y un estilo solemne (Bauzá, 182-183).

Podríamos afirmar que, en esta segunda generación, el romanticismo no era asumido a nivel programático (como sí sucedió con los integrantes de la primera promoción), sino como una forma declamatoria en la prédica parlamentaria o el artículo periodístico. Creo que en parte, eso podría explicar el vínculo entre el principismo y el romanticismo.

Esta persistencia del romanticismo llevó a que, desde el Ateneo, se escucharan voces de condena a la estética realista y naturalista (ésta última hallaba su base filosófica en el positivismo). En una de sus intervenciones Melián Lafinur decía lo siguiente acerca del naturalismo: "Zola calumnia a la sociedad, denigra al hombre; su novela no ve más allá que lo sombrío y lo innoble de la vida humana; rebaja los sentimientos del lector y corrompe el gusto literario" (citado por Cotelo, 84). Los hombres del Ateneo pensaban al ser humano desde una ontología del alma por encima de todo determinismo corporal; hablar del hombre fisiológico implicaba una anulación del hombre metafísico. Frente a la delicadeza del vocabulario romántico, las imágenes del naturalismo son vistas como un producto grosero e indecente.

Por su parte, Pablo de María, al inaugurar como presidente del Ateneo las veladas mensuales de la institución, opina acerca del naturalismo lo siguiente:

La literatura, cuyo objeto se reduce a copiar la realidad en todas sus manifestaciones, ya sean nobles, ya sean repugnantes, sin tener en vista un ideal ni proponerse un fin de moralización y de progreso, puede ser un entretenimiento agradable, pero no es una enseñanza capaz de despertar en los corazones el culto de la virtud ni el amor de la abnegación y de la gloria. La literatura útil y benéfica es aquella cuyas obras son, no un deleite fugaz, sino un apostolado permanente; aquélla, cuyos cuadros, fieles, si, y verdaderos, están vivificados por la concepción de un ideal, y son al mismo tiempo que cuadros, en que se retrata la vida de los hombres y de las sociedades, con sus contrastes de flaquezas y de méritos, ejemplos de que surge una enseñanza provechosa, un estímulo para el cumplimiento del deber en la tierra, un consuelo para los corazones que sufren por ser honrados y justos, y un sostén para las conciencias que desmayan en la eterna lucha del bien con el mal. Para mí, la literatura debe ser un medio y no un fin; debe ser un instrumento que sirva para llevar al seno de las almas los ejemplos que educan y las ideas que ennoblecen. (Citado por Zum Felde, 205)

El vínculo entre literatura y moralidad es una constante del siglo XIX. Beatriz González Stephan señala al respecto que el propio concepto de literatura es inseparable de nociones tales como "utilidad", "progreso" o "didactismo". La concepción liberal de la literatura defendida por las distintas figuras letradas pone su énfasis en el grado de autonomía: el carácter nacional de la literatura consistía en que poseyera vida propia y respondiera a ciertas características de cada pueblo (González Stephan 1987: 159-160). En el pasaje transcripto no se habla de la nacionalidad ni tampoco del vínculo con una idiosincrasia popular; sin embargo, sobrevive el valor de la "utillidad" unido a su carácter didáctico: el carácter nacional reposa indirectamente en una alusión velada a la categoría de "ciudadano" (referida mediante metonimias no menos románticas como la de las "almas" o los "corazones"). Podríamos afirmar que el romanticismo americano procede siempre de esta forma: proveer de un repertorio de imágenes tomadas del modelo europeo que pueda servir al pensamiento liberal para difundir su propia ideología. Como vemos, también en este aspecto el proyecto romántico se aparta de lo apuntado por Isaiah Berlin: no se trata ahora de expresar una protesta contra todo universalismo ilustrado, sino de defender ese mismo postulado pero a través de la exaltación de lo propio.

Más allá de estas contradicciones, la insistencia por parte del sector principista en apuntalar su visión de la literatura dentro de una base moral, estaba motivada en la urgencia de combatir el mal del caudillismo, reacio a las disciplinas y también en la cercanía del militarismo.

La entrada del positivismo en el país se produce entre los años 1875 y 1880. Ardao da cuenta de la influencia cultural del positivismo en distintas áreas. Fundamentalmente, hubo dos terrenos en que la influencia positivista se hizo sentir con miras a una transformación orgánica de la nacionalidad: el educacional y el político. En el plano educativo, el positivismo operó a través de las dos grandes reformas que dieron una nueva estructura a la escuela y a la universidad. En el plano político, se produjo un cambio en la mentalidad dirigente que abandonó el academicismo principista y se apegó a la modalidad del realismo económico y social.

En lo que hace a la transformación del lenguaje político hubo dos obras de gran relevancia; una de ellas, *De la Legislación Escolar*, de José Pedro Varela donde su autor realiza el primer estudio sociológico de la realidad uruguaya de acuerdo a un criterio positivista. Porque es a través de ella que se difunde en el ámbito político la palabra "evolucionismo" de inspiración spenceriana. Como han sostenido otras personalidades, tales como Ángel Floro Costa, el evolucionismo fue la fórmula que invadió el lenguaje político; a través de ella, se buscaba explicar los males que atenazaban a la sociedad uruguaya: la sucesión de revoluciones, motines, dictaduras que debían ser superadas para afianzar así la nacionalidad organizando sus instituciones. De ahí en más, las instituciones no se vieron como principios absolutos, sino como frutos del "estado social de cada pueblo, con su índole, con sus hábitos, con su modo de ser propio" (Ardao 2008: 175 – 181).

Pese al avance sobre el terreno político, la influencia positivista tuvo una acción más lenta en la literatura. De hecho, como vimos en las palabras de Juan Carlos Blanco desde la tribuna del Ateneo y a través de su conferencia sobre "La Novela Experimental" e "Idealismo y Realismo", esta corriente filosófica por poner su énfasis en lo material, en la degradación fisiológica, fue objeto de una condena en base a consideraciones de orden moral. Esa resistencia fue atenuada desde la crítica literaria con la actuación de Samuel Blixen y Victor Pérez Petit quienes se encargaron de introducir el naturalismo a través de varios artículos críticos.

La corriente naturalista está presente en Carlos Reyles, Javier de Viana, tímidamente en Acevedo Díaz o Magariños Solsona. Sin embargo, no podemos afirmar que en esta etapa el positivismo haya logrado modificar la escritura literaria, que en muchos aspectos continuó aferrada a matrices románticas. De hecho, las novelas que analizaremos dan testimonio de ello, pues aunque el romanticismo decae como movimiento, persiste bajo la forma de un hábito de escritura. Al respecto, encontramos una interesante observación de Silvia Rodríguez Villamil proveniente de su libro *Las mentalidades dominantes en Montevideo (1850 – 1900)*:

A través de diversas manifestaciones literarias, en especial los folletines, podemos apreciar que las obras que conmovían a la gran masa criolla eran las de tendencia romántica, en momentos en que la élite intelectual, siguiendo la evolución cultural europea, ya casi las había abandonado. Dentro de esta corriente, había una señalada preferencia por los autores españoles, y por algunos latinoamericanos. (2008: 91)

Es muy cierto que buena parte del sector letrado empezaba a sentirse atraído por las tendencias realistas y naturalistas que estaban ingresando en ese momento a impulsos del positivismo. También es muy cierto que los folletines solían incurrir en excesos en su apego a las fórmulas del romanticismo; pero no es menos cierto que buena parte del sector letrado participaba en la elaboración de estos productos.

Una hipótesis que nos gustaría plantear consiste en que la persistencia del romanticismo permitió mantener ciertas oscilaciones en la representación del cuerpo femenino. Si las novelas muestran esas ambivalencias entre un ideal incorpóreo de cuño romántico frente a una representación física condicionada por los imperativos carnales de acuerdo a la visión del naturalismo de la mujer, todo esto nos ayudaría a ver las dudas, las incertidumbres planteadas en el seno de la modernización. Otro aspecto que nos va interesar analizar es cómo el código romántico, por estar más aferrado a la noción de pudor y castidad, sirvió para comunicar una concepción erótica de lo femenino, que de haberse hecho sólo en base a la estética naturalista habría provocado el rechazo por parte del público. Las novelas mostrarán cierto apego a la categoría del pudor, propio de la sociedad civilizada, y eso explicaría la supervivencia de lo romántico y, por otro, el paulatino avance de la concepción naturalista del cuerpo.

El romanticismo osciló entre dos concepciones de lo femenino muy opuestas entre sí. Incluso podríamos decir que el tratamiento de lo erótico se volcó preferentemente hacia una de esas formas. El erotismo sirvió para identificar a la mujer con la naturaleza e imaginar la feminidad en sus facetas instintivas, enigmáticas, sexuales y destructivas.

Junto a esta imagen de la mujer carnal, sensual, que se conoce también con el nombre de la "mujer fatal", vemos aparecer la musa romántica del ángel del hogar. De esta forma, cuando está idealizada, la mujer sirve para remitirse a un mundo de pureza donde no existe la materialidad.

La mujer sensual siempre tuvo esa carga de destructividad y alguna vaga vinculación con la noción de pecado. Este prototipo de mujer, así definida resulta fascinante y a la vez representa un peligro del que hay que escapar, y eso llevó a que se impusiera con más fuerza un ideal incorpóreo de lo femenino.

Esta visión inmaterial de la mujer puede asociarse perfectamente a esa concepción vaga de la belleza que Rousseau popularizó con el nombre de "non so che" (Eco 2010: 312). Para el filósofo francés, con esta expresión, se aludía a una belleza que no podía expresarse con palabras y, en particular, se refería al sentimiento que despertaba en el ánimo del espectador. Con esa búsqueda de lo misterioso, Rousseau insertaba esa vaguedad expresiva dentro de una ofensiva contra la belleza artificiosa y clasicista. Aprovechando el horizonte abierto por Kant con su crítica de lo sublime, Rousseau va a proponer a la naturaleza como lo opuesto al artificio de la historia, porque ella se presenta como oscura, informe, misteriosa: "no se deja captar por formas precisas y nítidas, sino que conmueve al espectador con visiones grandiosas y sublimes" (Eco 2010: 312). De ahí que no se describa la belleza de la naturaleza y se prefiera, en cambio, experimentarla directamente o se la intuyera lanzándose a su interior. Los paseos nocturnos y el vagar inquieto a la luz de la luna dan cuenta de esa inmersión y compenetración con la naturaleza. Este amor por la naturaleza tenía su contrapartida en el rechazo del mundo aristocrático, tan aferrado a las reglas clásicas y las bellezas áulicas, que para los románticos representara un espacio de frialdad.

Uno de los poetas más leídos del repertorio romántico europeo fue Gustavo Adolfo Bécquer. Este poeta logró asentar a través de sus *Rimas* la sacralización de la mujer incorpórea y cuando tiene que describir el cuerpo lo hace a través de comparaciones que denotan negatividad. Así, por ejemplo, en la rima 27, encontramos imágenes que apuntan a un exceso o a un ataque: los labios son como serpientes; el reflejo del sol en los ojos hiere; y la mirada supone una amenaza. La mujer carnal es insufrible para Bécquer; por lo tanto, se la intenta contener y domesticar a través del sueño o el silencio. Y esto coincide con el modelo del ángel del hogar que se impone en la sociedad española de la segunda mitad del siglo XIX.

Esta imagen inmaterial de lo femenino es fuertemente criticada por Ana Hardisson en su libro *Hacia una crítica de la imaginación patriarcal*. Para la autora, el amor ideal del romanticismo oculta la sumisión de la mujer. A través del análisis de cuatro novelas de formación del romanticismo alemán pertenecientes a Goethe, Holderlin, Novalis y Schlegel, observa que el mito del eterno femenino se construye en base a una naturaleza femenina abnegada, dulce, delicada, sensible, sumisa, prudente, débil y agradable. Junto con esto, analiza también las metas sociales de las mujeres y que tienen que ver con el deseo de ser amadas: el deseo de ser amadas y el temor de no llegar a serlo, forman parte de la educación sentimental de las mujeres, y eso trae aparejado el sometimiento.

Si seguimos este razonamiento, no es muy diferente la imagen de la mujer legada por el naturalismo.

Emile Zola en un pasaje de su ensayo "La novela experimental" define sus límites:

Esto es lo que constituye la novela experimental: poseer el mecanismo de los fenómenos en el hombre, demostrar los resortes de las manifestaciones intelectuales y sensuales como nos lo explicará la fisiología, bajo las influencias de la herencia y de las circunstancias ambientales, después de mostrar al hombre vivo en el medio social que él mismo ha producido, que modifica cada día y en el seno del cual manifiesta, a su vez, una transformación continua. Así pues, nos apoyamos en la fisiología, tomamos al hombre aislado de las manos del fisiólogo para continuar la solución del problema y resolver científicamente la cuestión de saber cómo se comportan los hombres desde que viven en sociedad. (1964: 14 y ss)

La novela naturalista es la manifestación del positivismo científico. Su fundador, Emile Zola, toma como fundamento teórico las investigaciones de Claude Bernard desarrolladas en el campo de la medicina experimental. Por otra parte, Zola se apoya en las investigaciones realizadas entre otros por Darwin, Spencer, Taine y

Schopenauer, para indagar en la naturaleza humana y su relación conflictiva con la sociedad. El personaje naturalista aparece descripto como un ser sin voluntad, ni albedrío; es un verdadero producto forjado por una serie de factores como la influencia del medio social y la herencia genética. El individuo actúa condicionado por estos factores sin ser consciente de ello. Cuando el componente genético aflora en la conducta humana se torna avasallante y hace que el individuo se aleje de todo marco civilizado. Se hace mucho hincapié en la fuerza irrefrenable del instinto sexual, que habitualmente emerge con toda su violencia y en el protagonismo del alcohol, que aparece como liberador de oscuras pasiones igualmente sórdidas. El naturalista trata de indagar en esa dialéctica entre un universo externo y el universo interno del individuo e intenta, desde la narrativa, encontrar las leyes que gobiernan el comportamiento humano. Es muy común que, entre esos casos patológicos, emerjan personajes como la prostituta, el demente, el alcohólico, el inadaptado, que suelen aparecer en su propio habitat y empleando un tipo particular de lenguaje. El espacio también ocupa un lugar importante, ya que a través de la descripción de la sociedad urbana podemos observar cómo los más aptos (los corruptos, los arribistas, los violentos) son los que logran sobrevivir.

Otro rasgo importante de la novela naturalista tiene que ver con la pretensión de cientificidad y que, en el plano narrativo, se plasma a través de la presentación de un narrador imparcial que sólo se limita a mostrar el desarrollo de una conducta y cómo operan en ella las fuerzas ocultas. Las acciones del personaje obedecen a una lógica interna y por eso no pueden ser relacionadas con un componente misterioso e inexplicable. Este punto es muy importante, porque Zola siempre quiso establecer una frontera entre las leyes de la naturaleza y toda explicación idealista que nos haría retroceder al romanticismo.

Detrás de esta pretensión de objetividad se puede advertir cierta fascinación morbosa por la exposición de imágenes y situaciones desagradables. Se trata del tan mentado "feismo" naturalista.

La aclimatación del naturalismo fuera de Francia se logra marcando algunas diferencias con el modelo original. De acuerdo a lo que sostiene Javier Ordiz, el naturalismo en España como en Hispanoamérica, acentúan la preocupación en torno a lo moral y eso los lleva a apartarse del llamado determinismo zoliano. En Hispanoamérica, particularmente, el naturalismo contribuyó a reinstalar viejas polémicas como el debate entre americanismo y europeísmo o civilización y barbarie. Por ejemplo, en el caso uruguayo, el autor destaca la labor de Javier de Viana y sus narraciones rurales donde la animalidad forma parte de aquello que debe ser dominado por la civilización. Por otra parte subraya la pervivencia de elementos románticos que pueden verse en la indefinición entre determinismo y fatalismo, o en la presentación de relaciones amorosas sinceras y pasionales alejadas de la impronta instintiva que caracterizan a las obras del naturalismo original (Ordiz, 3). En general, se puede observar que los escritores latinoamericanos imitaron a Zola en algunos aspectos, aunque no se llegó a aplicar con toda rigurosidad el método científico defendido por el novelista francés. Los latinoamericanos dieron cuenta de diferentes "versiones degradadas del ideal" y con ello se metieron en situaciones sórdidas para dar cuenta del destino trágico de los personajes (Franco, 102 – 103). El realismo y el naturalismo ingresan a la literatura latinoamericana prácticamente confundiéndose, sin abandonar las estructuras narrativas del romanticismo.

La novela experimental concibe al hombre como un ser condicionado por los mecanismos biológicos y la influencia del ambiente. Y en lo que hace estrictamente a la mujer, ésta es pensada de acuerdo a un determinismo que la contiene y la cierra en un discurso que carece de opciones que le permitan pensarse de otro modo. La naturaleza la restringe a ser un "suplemento de placer". Ella es dueña de encantos y cualidades que el tiempo destruye, dejando en su lugar un ser incapaz de producir un sentimiento de amor o deseo.

La mujer es descripta acentuando la dimensión corporal y sensual, pero a la vez haciendo notar los indicios de corrupción del cuerpo, degradación y sordidez.

En las dos novelas que se aproximan a esta estética, *Las hermanas Flammari* y *Valmar*, Mateo Magariños Solsona, se verá cómo este tipo de mujer no encuentra cabida. A las heroínas de este autor se aplica perfectamente lo antes afirmado respecto a la pervivencia de motivos románticos. La mujer aparecerá confrontada con su deseo, aunque travestido por el código de la pasión. No obstante, veremos la forma de la degradación manifestada a través de la forma del grotesco, ya que dicha tradición le sirve al autor para el desarrollo de la sátira social.

Por todas estas razones, puede comprenderse cómo esta ambivalencia en el tratamiento del cuerpo femenino permite ver ciertos resquicios, en un momento donde la sociedad buscaba un sentido de nacionalidad a través de una conformación moral estable.

2.2 Mujer y nación.

Al tomar a la mujer como base de la nación, estamos proponiendo un camino muy diferente al transitado por aquellos intelectuales que en este mismo período presentan los primeros diseños de la identidad nacional. Como bien lo establece Carolina González Laurino en *La construcción de la identidad uruguaya*, en las últimas décadas del siglo XIX tanto la literatura como la historia proponen distintos abordajes, y la autora constata la presencia del paradigma primordialista en la primera modernización. En esta etapa, la nacionalidad uruguaya fue definida de acuerdo al modelo de la orientalidad, y para ello se recurrió a figuras representativas de la barbarie como el indio indómito y el gaucho (éste último considerado el héroe anónimo de las luchas independentistas. Este paradigma es diseñado a través de la labor historiográfica de Francisco Bauzá y de Carlos María Ramírez; en el campo de la narrativa, esa labor fue llevada adelante por Eduardo Acevedo Díaz y en la representación pictórica por Juan Manuel Blanes (González Laurino, 22 y ss). Pero en todos los casos analizados, la orientalidad siempre se comporta como un modelo épico masculino. En esos ejemplos, la mujer no tiene un lugar en la representación del panteón.

Quizás podamos tomar como precedente de la identificación de la mujer con la nación, un cuadro de Delacroix, *La liberté guidant le peuple*, que muestra a una figura femenina ocupando el primer plano, semidesnuda (el seno aparece descubierto) y rodeada de un gran número de combatientes masculinos. En su mano izquierda y levantada exhibe una bandera de Francia, y en su mano derecha lleva un fusil. Toda su postura corporal muestra energía, fuerza y dinamismo. Además es la única figura que aparece iluminada en el cuadro. Una representación femenina que se aproxima al modelo francés es *El Altar de la Patria* de Juan Manuel Blanes:

allí "la diáfana expresión del rostro femenino –un legado de Delacroix- alude a la transparencia moral de los contenidos republicanos y patrióticos: un condensado de valores 'civilizados' en el que la figura del caballo –símbolo de la fuerza guerrera y bárbara del caudillismo- ya no tiene pertinencia semántica" (Peluffo, 232). En estas y otras construcciones alegóricas, en particular aquellas que toman por motivo a la mujer, observamos una representación que busca mantener ese pudor republicano. Por ejemplo, la "Alegoría de América", presenta una figura femenina semejante a una amazona que resulta domesticada al atenuar aquellos rasgos que pueden resultar amenazantes en el plano sexual. Esta imagen de la amazona ecuestre, si bien respondía a un modelo de corporeidad originado en las tradiciones artísticas medievales y barrocas, posee la particularidad de reivindicar "las raíces etnoculturales del complejo criollo y las hace tributaria de los valores universales de la república" (Peluffo, 232). Pero el propio autor, agrega que esta imagen resulta inadecuada como mitología nacionalizante debido a que podría provocar una reivindicación de la figura del indígena. Así en el desplazamiento de una a otra imagen observamos un grado de atenuación de lo instintivo, ya que en la iconografía de origen francés, Blanes busca imponernos una modelización corporal más estable y serena al tiempo que desaparecen los rasgos de una sexualidad peligrosa al mostrar todo su cuerpo cubierto por una especie de túnica que no permite realzar ninguna zona erógena (lo único que aparece descubierto es el rostro, el brazo izquierdo y los pies).

No obstante, en América lo que predominó no fue este prototipo de mujer valiente, heroica. La mujer en el discurso nacional se teje en torno a rasgos como la sumisión dentro del ámbito familiar.

Teresa Porzecanski (2005) plantea todo un rastreo antropológico para explicar esta exclusión femenina de la representación; en su opinión, la mujer es inventada a través del silencio, su verdadero ámbito. El silencio tiene que ver, por un lado, con lo impronunciable, y, por otro lado, con la idea del pudor o la modestia (cualidades exigidas para definir a la mujer respetable). Silencio y pudor, en el caso de las mujeres, eran una misma cosa porque se apuntaba a instaurar una honra sexual. De todo esto, Porzecanski señala que las mujeres han sabido sacar provecho de este confinamiento al silencio al crear un universo de lo connotado observable en la generación de ciertas textualidades vinculadas con la intimidad como los diarios, epistolarios o la poesía (Porzecanski, 50-56).

En lo que hace a la literatura uruguaya, encontramos el interesante trabajo de María Inés de Torres *¿La nación tiene cara de mujer? Mujer y nación en el imaginario letrado del siglo XIX*. En este ensayo, su autora analiza cómo se construye un imaginario nacional articulando elementos tales como "nación" o "familia". Siguiendo la afirmación de Doris Sommer, Torres argumenta que el discurso nacional necesitó para formarse de un discurso amoroso. El discurso amoroso aparece de muchas formas en la poesía del Parnaso, mediante la utilización de imágenes que recuerdan a la retórica clásica (la mujer patria referida a través de adjetivos como "doliente", "dulce", "adorada", "bella"). Pero en lo que hace a los rasgos físicos más utilizados, vemos el empleo del seno asociado a la fecundidad, la frente descripta como "preclara" o "augusta". Otras partes del cuerpo representadas son los brazos, las manos ("maternal y cariñosa"), los ojos, el "rostro hermoso". Para la autora todas estas cualidades remiten al campo semántico de la fortaleza. Todas las alegorías femeninas en el Parnaso representan entidades abstractas vinculadas a sentimientos nacionales; se reiteran los rasgos paradigmáticos como la exaltación de la maternidad, la mujer como ser sufriente, la función de homenaje al varón, etc. No obstante, el vínculo que estas imágenes tienen con la retórica patriarcal, el cuerpo de la mujer aparece asociado a la idea de fortaleza y poderío (Torres, 33 – 42).

Lejos de estas versiones épicas de las mujeres, Torres encuentra el universo femenino construido por Petrona Rosende. A su entender, la presencia femenina se manifiesta a través de *"una exaltación metonímica"* ("El alfiler", "La aguja", "El anillo") que logra reivindicar una temática de lo cotidiano. Por otra parte, la circunstancia personal de la mujer aparece incluso en los poemas patrióticos. En su poesía, se le da valor a un espacio intimista y doméstico presentado como un lugar de la educación y de transformación social (Torres, 49 – 52).

La obra satírica de Francisco Acuña de Figueroa, *La Malambrunada,* ocupa un lugar importante en esa lucha por la imposición de un ideal de mujer a cargo del sector letrado. En esa lucha entablada entre las mujeres viejas (representadas como brujas, animalizadas y degradadas) y jóvenes (presentadas como ninfas bellas) por la posesión de los hombres, triunfan éstas últimas. Sin embargo, la obra es analizada por Torres como un poema que ataca el modelo patriarcal al parodiar la épica y burlarse del ideal femenino de la mujer frágil, etérea y desexualizada (Torres, 61 – 66).

Con la entrada del romanticisimo en América, se retoma el tópico de la mujer desarrollado en la literatura europea, idealizándola e instalándola en un lugar de privilegio. Pero la mujer es introducida aquí a través del tópico de la naturaleza, y en este punto la autora cuestiona a muchos críticos por ver en ella una característica central del movimiento y disminuir la importancia que adquiere la temática femenina. Incluso en esta asociación de la mujer con la naturaleza, Torres observa una estrategia de exclusión por parte del sector letrado masculino (Torres 1995: 72). Sin embargo, esta tentativa de exclusión parece alejarse si consideramos la poesía del poeta romántico uruguayo Adolfo Berro, quien a diferencia de su compatriota Juan Carlos Gómez, avanza hacia una consideración de la mujer desde una perspectiva más sensual. Toda la descripción física ofrecida está cargada de deseo, y la impronta erótica se desenvuelve, por más que hacia el final del poema se restituya una imagen de castidad. Lo más importante del poema de Berro es el hecho de que presente esa retórica de la sensualidad sin alejarse demasiado del modelo de la mujer ángel. Y por supuesto que este modelo será incorporado al de la mujer madre, eje de la familia patriarcal, ya que la finalidad es asegurar el objetivo de la reproducción. Como la pasión sexual debe ser llevada al límite familiar y reproductivo, es que tanto en *Tabaré* como en otras obras del período, se ve una descorporeización de la mujer. Así, el cuerpo de Blanca en *Tabaré* es presentado con rasgos espritualizantes (algo que también responde a la tradición católica de Zorrilla de San Martín). Otro aspecto abordado por la autora tiene que ver con la acción del disciplinamiento del bárbaro (la mujer, el gaucho y el charrúa) enfocado en *Celiar* de Alejandro Magariños Cervantes, y luego retomado en *Tabaré*.

La diferencia que podemos ver entre los casos analizados por Torres y los de nuestras novelas, tiene que ver con que en las novelas la relación entre la mujer y la nación ya no se ciñe al carácter alegórico que la autora presupone a partir de su lectura del trabajo de Sommer. A diferencia de los textos analizados por Sommer y Torres, al estudiar a los personajes femeninos observaremos la presencia de un signo ambivalente.

Esa marca de la ambigüedad de la novela hace que los personajes femeninos no sean leídos de acuerdo a una idea tan monolítica como la del sentido ético. Leídas desde la óptica de la ambigüedad, entonces, encontraremos que las mujeres comportan ese doble aspecto de la mujer ángel y la mujer sensual. La marca erótica aparece en todas ellas, incluso en aquellos casos donde predominan los rasgos etéreos (*Minés*, *Brenda*) como un elemento emergente. En ese sentido, nos interesa ver cómo los novelistas se las han arreglado para componer este prototipo de mujeres introduciendo subrepticiamente cargas semánticas de eroticidad.

2.3 La mujer en la modernización: cuerpo disciplinado y domesticidad.

Con este nombre nos referimos a un período que nace a fines del siglo XIX y se extiende hasta comienzos del siglo XX. La nota dominante es la consolidación de un modelo agroexportador impulsado por la Asociación Rural del Uruguay (ARU), obedeciendo a las demandas generadas desde el exterior por las potencias centrales. Las transformaciones en el modo de producción llevaron a pensar el medio rural desde el punto de vista empresarial. Para que esto fuese posible debió verificarse un tránsito desde una sociedad marcada por los signos de la "tradicionalidad" a otra identificada con la "modernidad", cuyas transformaciones inciden fundamentalmente en factores tales como "urbanización, industrialización, superación de pautas tradicionales de comportamiento, eliminación de referentes religiosos de la normatividad social y articulación de una estructura política participativa (Zubillaga y Cayota, citado por Peruchena, 110).

Para llevar adelante estas transformaciones fue necesaria la centralización del Estado, logrado en principio con la creación de una burocracia política que se mostrara fiel a los sectores económicos dominantes. Esta centralización del Estado, que implicaba el dominio de muchas actividades sociales, entró en conflicto con la Iglesia.

La segunda mitad del siglo XIX puede describirse como un magma donde proliferan distintas fuerzas. Para dar cuenta de ellas, me voy a apoyar en la propuesta de Silvia Rodríguez Villamil desarrolladas en su libro *Las Mentalidades dominantes en Montevideo (1850 – 1900)*. Según la historiadora, todas estas transformaciones incidirían en la modificación de los moldes criollos tradicionales a través de dos momentos claramente diferenciados. El primero abarca desde 1875 a 1886 y corresponde a la consolidación de la producción agropecuaria, donde fue surgiendo una pequeña burguesía urbana imbuida en los valores del trabajo y el ahorro (con un claro sentido austero de la vida). El segundo momento, desarrollado entre 1886 y 1890, se caracteriza por una actividad fabril, el comercio exterior, la especulación. En esta etapa, las clases dominantes van desarrollando el hábito del lujo y la ostentación y fueron adoptando costumbres y formas de sociabilidad típicamente europeas. Para Rodríguez Villamil, esta mentalidad liberal por estar ligada a esquemas europeos no plasmó su identificación con un compromiso "nacional"; por el contrario, desarrolló una percepción exclusivamente montevideana del país.

Según Lourdes Peruchena, tanto la "mentalidad criolla tradicional" como la "mentalidad urbana europeizada", constituyen "dos modalidades con elementos comunes aunque no monolíticas -sobre todo la segunda- ni completamente coherentes en la presentación global (...)" (Peruchena, 114). Esta afirmación es sumamente importante para comprender la interferencia de las dos mentalidades como parte de un proceso histórico donde las fuerzas actuantes no logran una hegemonía clara.

Por su parte, Enrique Méndez Vives lee la modernización como una adaptación de las economías de los países periféricos a las necesidades de las economías centrales. Esta puesta al día que implicó la adopción de pautas de consumo europeas, según el historiador, no respondió a las necesidades reales del país y provocó la dependencia respecto de los centros de poder (Méndez Vives, 9).

José Pedro Barrán ubica el proceso de modernización entre los años 1860 y 1890, un período que permitió el desarrollo de una "nueva sensibilidad civilizada" que acompañó las transformaciones en el campo demográfico, económico, político. Esta etapa coincide con lo que el autor denomina el "disciplinamiento" impulsado desde el Estado centralizado, y apoyándose fundamentalmente en la reforma vareliana forjadora de un individuo obediente y civilizado. La adopción de las pautas de cultura y sociabilidad generadas en la capital se fueron imponiendo al resto del país, y eso permite hablar de una "montevideanización" del interior del país (Barrán 2011: 215-220).

Otro aspecto importante vinculado con la modernización es el inicio de todo un proceso de secularización que supone la separación del espacio público del privado. Por un lado, el espacio público aparece identificado como el de la construcción política de una identidad social distanciada de otras matrices identitarias. Y por otro, el fenómeno de la privatización de lo religioso. Este punto lo trataremos en forma más amplia en el capítulo correspondiente a la novela *Cristina*, ya que esta novela participa del debate político en torno a lo religioso.

A los efectos de nuestro estudio, vamos a tomar de la modernización un aspecto que nos parece clave: el disciplinamiento del cuerpo femenino. Y sobre esto debemos hacer una puntualización. Para Nahum, la modernización

significó el esfuerzo del país por ponerse a tono con las demandas exteriores, no sólo en el plano económico sino también en el político y cultural. Ello impuso que fueran abandonando sus pautas tradicionales (primero de consumo, luego de producción), para adecuarse a esos requerimientos externos y operar una mejor inserción /.../ en la economía mundial (170)

La cita presenta una simplificación importante al mezclar tantos aspectos como los económicos, políticos y culturales. Este pasaje no logra ver que los procesos económicos y culturales no siempre van al mismo ritmo y, por esa razón, como subraya Cánova, la situación de la mujer es un buen ejemplo para ilustrar la imposibilidad de ese "abandono de pautas tradicionales". En ese planteo se toma demasiado en serio la perspectiva del marxismo tradicional que pretende una subordinación de la superestructura a los niveles de la base económica. Por estas razones, si analizamos la situación de la mujer durante el siglo XIX nos encontraremos con que las estructuras patriarcales tradicionales se mantienen intactas. La mujer no se "moderniza" por la incorporación de nuevas técnicas de producción; por el contrario, lo que se observa es un notorio disciplinamiento de la sociedad (principalmente en sectores subordinados como la mujer) que acompaña a la modernización tecnológica. Y por disciplinamiento se entendió la represión de las inclinaciones naturales del ser humano, inclinaciones que debían ordenarse para posibilitar mayores grados de efectividad productiva.

Otro tipo de simplificación en el tratamiento de este fenómeno lo podemos observar en las aproximaciones realizadas por los propios estudios literarios. Cuando se estudia la literatura de la modernización, encontramos ciertos autores o corrientes que adquieren un gran protagonismo. Partiendo de la idea de que la modernización provoca una multiplicidad de proyectos ideológicos y estéticos, afirma que

La crítica entiende que la literatura uruguaya que corresponde al período de la modernización (1880-1910) se caracteriza, como en el resto de América Latina, por las normas del modernismo estetizante canónico. Sin embargo, junto a la estética modernista convivieron neo-romanticismo, naturalismo, crollismo y lirismo social (Olivera Williams, 296)

Este enfoque heterogéneo que la autora pretende exponer a través de corrientes literarias muchas de ellas ya señaladas en un estudio anterior de Achugar (1985), en ningún momento considera como pertinente incluir a la novela sentimental, que ni siquiera aparece mencionada en una de esas corrientes como ser la neo-romántica. Por otra parte, el enfoque elegido que privilegia el despliegue de ciertas corrientes literarias no tiene en cuenta que el propio género literario tampoco es homogéneo. En el capítulo correspondiente a la novela sentimental observábamos el funcionamiento de un dispositivo genérico hipertextual y cómo esta característica posibilitaba el empleo mediante su absorción de distintas modalidades textuales.

Como no se puede hablar de los aspectos económicos, sociales y culturales como si fuesen parte de una misma lógica, vamos a ocuparnos fundamentalmente de los elementos culturales que tienen mayor incidencia en nuestro trabajo. Dentro de lo que consideramos la lógica del "entremedio" (Bhabha 2010), existen algunos aspectos culturales que dan cuenta de otros significados parciales. Nos estamos refiriendo a la importancia que para la época adquiere el contacto con los bienes suntuarios.

Gabriel Peluffo, en su artículo "Construcción y crisis de la privacidad en la iconografía del novecientos", analiza los cambios experimentados en lo que hace a la representación de la familia. Una de las constantes apreciadas tiene que ver con la hegemonía del pater familia y la representación de la figura femenina dentro de "un marco decorativo y suntuario de la vida doméstica, repartiendo su tiempo entre el papel de madre y de calificador estético de la privacidad familiar" (Peluffo, 63).

De acuerdo a lo apuntado por el autor, podríamos encontrar toda una estetización de lo femenino que intenta dejar atrás esa dicotomía que divide a la mujer entre un ideal etéreo y otro demonizado. Si bien el criterio del "buen gusto" que comenzó a imperar estaba ajustado a pautas estéticas y morales de la sociedad, el estilo suntuario burgués puede explicarse como una orientación compensatoria frente al ascetismo impuesto a las conductas sociales. Frente a la represión de la sexualidad operada por la moral burguesa, surge una dimensión libidinal en la fruición femenina por el sentido ornamental y artificioso de los objetos. Y aquí encontramos que las nuevas tiendas que ofertaban artículos para damas ponían en escena un espacio público liberador de la mujer y, por otro lado, reforzaba su función social de madre y ama de casa. Siguiendo este razonamiento, podría pensarse en un posible desplazamiento metonímico de la mujer hacia esos objetos, en la reducción de la mujer a la categoría de objeto ornamental. Esta operación metonímica fue practicada fundamentalmente a nivel de los folletines sentimentales y consistió en una estetización ornamental de lo femenino como un medio de escapar a las coerciones que se vienen ejerciendo en materia sexual. Así, el aura seductora de las mercancías se traslada ahora a la figura femenina dando lugar a una nueva cultura del mirar.

Silvia Rodríguez Villamil, en su artículo "Vivienda y vestido en la ciudad burguesa", realiza apreciaciones similares a Peluffo, pero en su trabajo se observa una línea de continuidad entre la presencia del lujo en el mobiliario y la arquitectura por una parte, y las modas y la imagen del cuerpo por otra:

Sin pretender un análisis a fondo del fenómeno de las modas con todas sus connotaciones, interesa destacar algunos aspectos en que la preocupación por la apariencia exterior de hombres y mujeres se emparentaba con la importancia simbólica atribuida a las fachadas de las viviendas o la decoración escenográfica de los interiores. La alusión al teatro parece pertinente dada la importancia fundamental que se asignaba entonces al ver y al ser visto. Tal como actores caracterizados para encarnar determinado rol, hombre y mujeres burgueses debían presentar ante los demás (e incluso ante ellos mismos) una imagen acorde con la posición social que ocupaban y con las concepciones dominantes sobre lo masculino o lo femenino (1996: 101-102).

    Y al referirse concretamente a la mujer en el apartado "La mujer como objeto y la importancia del mirar", se ocupa de señalar cómo las modas femeninas debían adaptarse a ciertos cánones de belleza como la "cintura de avispa" conseguida mediante el uso del corsé. A la hora de evaluar el uso de estas prendas, Villamil observa una profunda contradicción entre los cánones de la moda y la moral puritana a la que se debía ajustar la mujer. Porque si por un lado se reprimía la sexualidad femenina exigiéndole recato y parsimonia, por otro lado se alentaba abiertamente al exhibicionismo y al narcisismo debido a la complicada preparación antes de mostrarse en público. Acicaladas y sofisticadas en el vestir, estas mujeres constituían todo un espectáculo visual: debido a que las normas ascéticas regulaban el contacto entre las personas, la condición decorativa y ornamental de la mujer se acentuaba notablemente. Por otra parte, Villamil apunta que ese exhibicionismo no resultaba totalmente inocente, ya que la indumentaria femenina era provocativa e insinuante, sobre todo por los vestidos muy ceñidos que marcaban las partes del cuerpo. Una modalidad que tenía su respuesta en el voyeurismo masculino que asomaba en cualquier ocasión, en particular en el teatro, ya que las mujeres solían ubicarse en esos lugares y despertaban el deseo de aquellos hombres que proyectaban miradas ardientes (Rodríguez Villamil 1996: 106-108). Todo este espectáculo visual propone un marco ambiguo de represión e incitación que deriva en una exacerbación del erotismo.

    La visión del corsé como prenda que sirve como estímulo erótico se aparta de otro tipo de consideraciones que insisten en la exaltación de un modelo de belleza basado en ciertas normas de delgadez. El corsé fue pensado desde sus inicios como un instrumento de restricción y negación del deseo. El cuerpo femenino comienza a ser objeto de una representación visual tratando de jerarquizar aquellas cualidades físicas asociadas a lo reproductivo (caderas redondas, senos abundantes). Pero esta necesidad no logró controlar el emergente erótico presente y camuflado en la visión del observador masculino.

Todas estas transformaciones permitirían considerar otro aspecto de la modernización, y que podríamos denominarlo como la "secularización del cuerpo femenino". El proceso de secularización representa uno de los fenómenos más importantes en el campo de reformas introducidas desde el Estado, básicamente consiste en un conjunto de reformas liberales que tendieron a suprimir la influencia de lo religioso en muchos planos de la vida nacional. Entre estas reformas, se pueden mencionar a grandes rasgos la municipalización de los cementerios, la aprobación del decreto del Ley de Educación común, la creación del Registro de Estado Civil, la imposición obligatoria del matrimonio civil previo al religioso, la ley de conventos, la ley de divorcio, etc. Todas estas medidas adoptadas tendieron a hacer del espacio público el espacio de lo estatal. El lugar de lo religioso quedó confinado a la esfera de lo privado.

Este retroceso de lo religioso a la esfera privada se contrapone al avance de lo político que tendió a absorber cierta sacralidad, llevando a que el Estado se constituyese en una "religión civil laicizada". "El altar de la Patria" de Juan Manuel Blanes sería el ejemplo de esta "alegoría nacionalista que anticipaba la progresiva creación de una suerte de religión civil como soporte del Estado y de una sociedad secularizada" (Geymonat, 18-19).

Frente a esta sacralidad del Estado (que toma para sí ciertas simbologías religiosas) y a la reacción del catolicismo (que tendió a exacerbar el modelo mariano creando un bando femenino evangelizador), el erotismo aparecería como un intento de contrarrestar estas fuerzas. El culto al cuerpo que desarrollan las novelas estudiadas aquí responde a cierta tendencia puritana presente tanto en las formaciones liberales como en las católicas.

Como puede deducirse, la defensa del modelo angelical como base de la nación moderna se inscribe en ese mismo proyecto. Sin embargo, el contacto con los elementos suntuarios provenientes de Europa, abren la puerta a otra consideración diferente del cuerpo que lo aleja de los presupuestos más rígidos (Turner, 238).

2.4. El ámbito de la domesticidad: del cuerpo bárbaro al ángel del hogar.

Uno de los más importantes tratados fue el que dio a conocer Manuel Antonio Carreño en 1854. Beatriz González Stephan en su trabajo "Modernización y disciplinamiento. La formación del ciudadano: del espacio público y privado", señala que este texto contribuyó a la formación del buen ciudadano: "La cuestión era ser un hombre o mujer de apariencia civilizada, que sus modales no dejarán traslucir ningún rasgo o gesto que recordara viejos usos rurales, probablemente tildados de inciviles o bárbaros por esta nueva sociedad cada vez más estirada como moderna" (1995: 194)

El cuerpo ingresaba dentro de lo que el Manual consideraba como "bárbaro", por eso era necesario ejercer un férreo disciplinamiento: porque ser civil implica una progresiva negación del cuerpo. El cuerpo posee zonas abyectas que son necesarias corregir, por lo que toda cultura basada en la sensualidad de los sentidos es calificada como impropia y grosera.

Esta negación de la cultura del cuerpo se ajustaba a los deseos de ascenso social de ese sujeto burgués que intentaba diferenciarse de la conducta espontánea, expresiva y sensual de los sectores populares. El disciplinamiento de las inclinaciones vitales lleva a la adopción de una naturaleza artificial y codificada. Según González Stephan, el Manual construye el nuevo orden a partir de un cuerpo desmembrado y encubierto. Esto nuevos ciudadanos, graves, serios, empaquetados debían moverse como actores de ese gran teatro urbano compuesto de plazas y avenidas, los nuevos signos de la modernización: aquello que Josefina Lerena de Blixen denominó como "la fiesta de las calles" constituirá la nueva escenificación del cuerpo en la ciudad.

El ámbito doméstico era concebido como un lugar apolítico y separado del mundo exterior, y por lo tanto, la mujer doméstica sería aquella que carece de ambiciones mundanas (básicamente las que tienen que ver con el mundo político y económico). Nancy Armstrong señala al respecto cómo a través de "prácticas domésticas frugales", la mujer era preparada para que funcionara como madre, un rol que implicaba la asunción de funcionales magisteriales dado que el hogar era visto como una escuela dirigida a la formación de nuevos ciudadanos (1991: 80).

El discurso del ángel del hogar sitúa lo femenino en la esfera de lo espiritual, y este paradigma converge paradójicamente con el modelo científico que busca situar a la mujer dentro de los condicionamientos biológicos. Susan Kirkpatrick sitúa la aparición del modelo del ángel del hogar durante la década de los cuarenta en España, y sostiene que sería el ideal femenino imperante a lo largo del siglo XIX. En el tratamiento de la génesis del concepto, afirma que fue Pedro Sabater, más tarde esposo de Gertrudis Gómez de Avellaneda, quien definió a la mujer como "especie de ángel descendido del cielo", cuya principal característica sería el amor (capacidad que podría ser útil en la función doméstica que está llamada a cumplir). La psique femenina no tendría ninguna otra cualidad más allá de la capacidad de dar amor, descartando de ese modo cualquier otra cualidad en el orden intelectual y sexual: específicamente el deseo físico, "ese torpe vicio de la voluptuosidad y el sensualismo", quedaría neutralizado. Su condición de objeto de deseo es atenuado por su función de criadora y redentora dentro del hogar (Kirkpatrick, 63-65). Este modelo femenino que asumió rasgos misóginos no era nuevo en el siglo XIX ya que podemos encontrar una formulación previa en el tratado renacentista de Fray Luis de León, *La perfecta casada* (Aldaraca, 72-73). Como puede verse, se trata de un modelo estigmatizador de lo femenino porque la relega a la irracionalidad, al cerco del corazón.

Estos discursos de la domesticidad, en sintonía con el cientificismo imperante, también le otorgan a la mujer un cuerpo natural y con tendencia a lo patológico. Mientras la ciencia busca los defectos morales en lo orgánico, el angelismo realizará otro movimiento tendiente a ubicarla en un plano espiritual.

Este entrecruzamiento entre los discursos de la domesticidad y los del cientificismo es analizado por Bram Dijsktra en *Ídolos de perversidad. La imagen de la mujer en la cultura de fin de siglo*. De acuerdo al planteo de este autor, entre finales del siglo XVIII y mediados del XIX, se desarrolló un culto a la imagen de la "monja hogareña". Las monjas eran exaltadas por su capacidad de sacrificio, su entrega a los otros y por resistir cualquier tipo de tentación, ya que están sometidas a un juramento de castidad. Estos mismos valores fueron exigidos a las mujeres para conformar el prototipo angelical, porque esa era la imagen anhelada por el sujeto masculino. En su esfuerzo por acomodarse a este ideal, las mujeres llegaron a ciertos extremos comprometiendo su salud física y emocional. Al estar encerradas en el claustro del hogar, reducidas a la condición de simples objetos decorativos, las mujeres comenzaron a enfermar. A partir de allí, se desarrolló todo un culto a lo patológico que se manifestó en una exaltación de la moribunda, ya que la muerte fue interpretada como el extremo de sacrificio que una mujer podía hacer como prueba de sumisión frente al varón. Dijkstra se refiere en este caso a la aparición de un culto a la invalidez que estuvo presente en buena parte de las representaciones pictóricas de fin de siglo; entre ellas una de las figuras entronizadas fue la de Ofelia concebida como "ejemplo de mujer autosacrificada y enloquecida por amor que demostraba de la manera más perfecta su devoción a su hombre descendiendo a la locura, que se rodeaba de flores para mostrar su parecido con las mismas" (Dijkstra, 42).

En muchas ocasiones, ese culto a la invalidez asumía dimensiones morbosas si tenemos en cuenta las distintas versiones pictóricas donde muchas veces el grado de sufrimiento incluye cierta voluptuosidad en la representación de los cuerpos. Aquí apreciamos un desborde del tópico de Ofelia en el que se realza la visión de la belleza. La mujer muerta se convierte en un objeto del deseo: la representación de bellas mujeres muertas había sido una de las formas favoritas encontradas por el siglo XIX para mostrar el valor espiritual trascendente del sacrificio femenino pasivo. Y aquí debemos preguntarnos por qué se le atribuía tanta importancia a la muerte. A modo de respuesta, podría decirse que la muerte aparte de simbolizar ese grado de sumisión hacia el hombre, la propia muerte asumía dimensiones heroicas. Morbosamente, entonces, el hombre construye una épica invertida para la mujer al trasladarle los valores patriarcales asociados al honor, la valentía y la fortaleza al ámbito femenino. La mujer se transforma en una heroína cuando desempeña el rol de una sufridora burguesa. Para construir esta imagen, el hombre contaba con un rico panteón de personajes femeninos perteneciente a la literatura y la mitología clásica.

Pero la voluptuosidad ingresa cuando el propio hombre empieza a sentir cierta fascinación por las mujeres muertas y agonizantes al mezclarlas con un erotismo morboso. Esto se ve en aquellas representaciones pictóricas de fines de siglo, que comienzan a exhibir retratos de mujeres moribundas con el torso desnudo en poses lúbricas. Muchos pintores comenzaron a asociar la intensidad del sufrimiento con el éxtasis que experimenta la mujer enamorada. De esa forma, el varón estableció una ecuación casi literal entre la pasividad virtuosa, el éxtasis sacrificado y la muerte erótica como forma de realización de un ideal femenino (Dijkstra, 54).

Si bien el feminismo incipiente reaccionó contra estos modelos, el discurso científico dio un nuevo cauce a este culto al presentar toda una teoría de la degeneración humana que involucraba a las mujeres y a las razas no caucásicas. Según el paradigma científico, la mujer se convirtió en la representación de la degeneración de la especie, y tal punto llegó esta concepción que se exaltó su parecido con las bestias. Paralelamente, la ciencia comienza a atribuirle enfermedades como la histeria o la ninfomanía. Estos dos modelos comienzan a amenazar a las madres quienes comenzaron a ser vistas como corruptoras de sus hijos.

Espiritualidad y moralidad femenina son una cuestión corporal. No obstante, la domesticidad pretende situar a la mujer en el ámbito de la virtud y, para ello, debe eliminar el cuerpo transformándolo en un lugar de la ausencia necesaria. Aunque se la requiere para el buen funcionamiento del núcleo familia/ sociedad, no debe hacer notar su presencia, debe naturalizar el cuerpo de tal manera que no sea visible. Naturalizar el cuerpo no significa eliminarlo, sino codificarlo bajo una determinada representación según la cual la mujer se convierta en una fuerza etérea que se ocupe de la buena marcha de la esfera privada, reflejo y unidad básica de la esfera pública (Aldaraca 1992).

Los fenómenos vinculados al derroche, al consumo, que ligan al cuerpo femenino con lo artificial, aparece también en la narrativa decimonónica. Esta veta confirma la idea de un cuerpo femenino patológico confirmado por los discursos morales que insisten mucho en la austeridad como ideal a seguir y censuran severamente toda inclinación al lujo.

El vínculo entre la mujer y el ámbito doméstico es comprensible a partir de la importancia que adquiere la idea de familia dentro de una sociedad patriarcal. Dentro de esa sociedad la mujer asume roles muy rígidos como el de esposa sumisa, guardiana del hogar o madre abnegada (Rodríguez Villamil 2006: 270). Ese rol debía ser asumido por ella desde la infancia, y eso se lograba a través de los libros de lectura. Sin duda que dentro de los diversos roles, el más importante y definitivo es el rol materno, ya que en él se cifraba la "sagrada misión" de educar a los hijos, "suavizar las costumbres, moralizar y cristianizar las sociedades" (Samper, citado por Rodríguez Villamil 2006: 275).

Esa labor educadora hizo que, desde distintos lugares como ser el de la prensa, se insistiera en el papel de la mujer dirigido a hacer latir "la fibra del patriotismo". En un artículo aparecido en *La Tribuna Popular* fechado el 25 de mayo de 1881, titulado "La mujer oriental" se lee lo siguiente:

nunca ha enseñado a sus hijos a ser cobardes (...) cuando predican el cumplimiento del deber, el ejercicio de la propia defensa, e imitando a las célebres mujeres de la epopeya americana inflaman el corazón de los ciudadanos con el santo ardor del patriotismo, entonces son dignas de su misión. (Citado por Rodríguez Villamil; 2006:278)

La mujer es entonces aquella encargada de "inflamar el corazón del ciudadano". De alguna forma esta idea siempre ha estado presente, sin embargo, es hacia el siglo XVIII y particularmente durante el siglo XIX que este vínculo se afirma y se fortalece. Al historizar el concepto de la "maternidad", Lourdes Peruchena siguiendo el planteo de Ivonne Knibiehler, distingue cuatro etapas: la primera tiene que ver con la Antigüedad donde aunque la noción existía, no había un término para designarla en las lenguas de la cultura (griego y latín); en una segunda etapa, hacia el siglo XII, aparece el término "maternitas" inventado por el clero donde se desarrolla el culto mariano; un tercer momento, coincide con la Ilustración, allí emerge paulatinamente el modelo terrestre de la buena madre, valorada como tal por el hecho de alumbrar a los hijos; la última etapa se desarrolla en el siglo XX, período que asiste a una crisis del concepto de maternidad (Knibiehler, citado por Peruchena, 116 – 117).

A los efectos de nuestro estudio, nos interesa más la etapa desarrollada a partir del Siglo de las Luces por ser, a nuestro juicio, la que más influirá en la mentalidad de la clase dirigente criolla. La Ilustración presentó una concepción de lo femenino en la que la mujer quedaba sujeta a las prescripciones de la naturaleza, y eso llevó a consolidar la función reproductora como la más importante a cumplir por ella. En la concepción ilustrada, las mujeres eran vistas "como diferentes pero complementarias de los varones, por tanto adscriptas al reino de la privacidad y de los sentimientos, mientras aquellos (los varones) lo estaban a la vida pública y a la razón" (Peruchena, 120). Es aquí, entonces, donde se consolida el arraigo doméstico de la mujer y su dedicación a la familia. Incluso, como vimos en el apartado anterior, la medicina fue un agente muy servil a esta concepción ya que de acuerdo a las características fisiológicas, la aptitud para la maternidad se convierte en una especificidad moral. La misma ciencia médica apeló a la Naturaleza con un fuerte trasfondo político: para ellos, el ideal burgués de la mujer "natural" servía para oponerla a ese otro ideal artificioso de la mujer aristocrática (modelo a ser desechado por la liviandad moral de la cortesana). La frugalidad burguesa aconsejaba la tranquilidad doméstica, la dedicación exclusiva a la maternidad, la regulación de los ejercicios físicos, la alimentación, todo ello sumado a la simplicidad y austeridad en el vestido de acuerdo a férreos principios morales.

Es a partir de la Ilustración que se comienza a hablar del amor maternal, un amor radicado en el instinto de las mujeres y considerado como parte del carácter "natural" de éstas. Si las mujeres tenían en su cuerpo la disposición natural para ser madres, de ello se desprende que su misión social más importante sería la formación moral de sus hijos. Sobre todo es esa misión educadora la que más se realza y, como prueba de ello, nos encontramos con *El contrato social* o el *Emilio* de Rousseau. El filósofo francés aplica a las mujeres el concepto naturaleza con un sentido prepolítico, y ello implica hablar de dos sentidos de esa asociación: el vínculo naturaleza – sexo está dirigido a despertar el deseo del varón; por otra parte, como madre, implica la subordinación a los imperativos de su especie que la lleva a mantenerse próxima a sus hijos. Y aquí aparece un nuevo eje vertebrador que sería el interior de la casa ("el reino de la mujer"), su verdadero locus, el lugar de la esposa virtuosa, compañera del ciudadano – productor (Peruchena, 127 – 128). Así, para Rousseau, la utilidad social de la mujer se medía de acuerdo a sus virtudes como madre del futuro ciudadano: la mujer debe mantener el orden familiar que permitirá el desarrollo del mundo público y político.

Siguiendo el modelo de Rousseau el hogar fue considerado un nido en el que la familia se aísla de las perversidades mundanas. La felicidad de este hogar modesto será exaltada como el modelo del nuevo estado burgués. En él la actividad doméstica se vuelve un fenómeno sumamente complejo que requiere una especialización, y esa tarea corresponderá a las mujeres. Desde muy pequeñas, las mujeres son educadas en la importancia de ser ama de casa, y para lograrlo, es necesario ser laboriosa, mantener el orden, la limpieza, la prudencia y la economía.

Desde la independencia hasta principios del siglo XX, la familia fue invocada como un ideal a seguir en toda América Latina. Francine Masiello señala al respecto, la importancia que tenía la familia y el hogar en la configuración de la nación poscolonial (1997: 29). La familia como medio para llegar a la estabilidad tras las luchas independentistas, se transformó en el modelo ideal para la transmisión de valores nacionales. Incluso, para la construcción de las nuevas naciones se recurrió a un lenguaje donde predominaban los referentes familiares. El orden doméstico aseguraba la prosperidad nacional y nos alejaba del caos.

De esta forma, la maternalización de la mujer -un proceso iniciado en Francia y España-se hizo presente en el Río de la Plata. Desde mediados hasta fines del siglo XIX, en Uruguay tanto el catolicismo como el racionalismo espiritualista coincidieron en la elección de la madre como símbolo de la mujer deseada. Graciela Sapriza sostiene que en las élites urbanas la mujer tuvo que someterse a un tipo de educación, a una silueta de moda, aunque la belleza no se limitaba a la apariencia física, sino que se le exigía la adquisición de ciertas dotes espirituales (1983: 126).

Por otra parte, el discurso de la prensa trataba de fomentar en forma sostenida la importancia del hogar en la formación del futuro ciudadano. Sobre este punto, Lourdes Peruchena, a través del estudio del suplemento "El hogar" (anexo al periódico *El Ferro-Carril*) observa cómo se construye el referente "hogar" y, a partir de éste, la asignación de determinados roles. De acuerdo a esto, la vida doméstica funcionaba como un medio que preparaba para la vida social. O dicho en otras palabras, en el mundo privado doméstico donde se puede encontrar el origen verdadero de las naciones. Incluso, a los efectos de nuestro estudio, el suplemento no sólo va construyendo la identificación entre mujer y hogar, sino que se extiende hacia la asociación entre el "madre" y "ángel del hogar".

El prototipo de la mujer ángel defendido por Carlos María Ramírez se sustenta en este mismo ideal de mujer doméstica. Si analizamos su discurso, veremos que se acentúan los mismos rasgos que presenta Rousseau: dulzura, devoción, sensibilidad.

Pero estas mismas ideas son reformuladas por Ramírez a partir de un concepto tomado de la historiografía francesa: la sociabilidad. Aunque su acepción más antigua provenga de un texto florentino del siglo XVII, es durante la Ilustración que su uso se afianza relacionándose con la idea de filantropía y beneficencia. La filantropía permite definir la virtud pública que caracteriza al hombre sociable cuyas cualidades más importantes serían el bien a la sociedad, la suavidad del carácter, la humanidad. Por estar vinculado con las virtudes públicas, el de este concepto no es ajeno al surgimiento de la teoría política moderna que afirma la existencia de un estado pre-social del hombre – individuo. El problema planteado es el de cómo mantener la cohesión de la sociedad. Hacia fines del siglo XVIII se registra una acepción que luego se verificará en el Río de la Plata: la sociabilidad. Dicho concepto es entendido en su acepción de virtud privada, conteniendo tanto una referencia cristiana de benevolencia hacia nuestros semejantes como una referencia mundana que la vincula con la idea de civilidad. Otra acepción más filosófica hace la sociabilidad una virtud de moral política que nos lleva a subordinar nuestro interés particular a un interés general: en este caso se vincula con la noción de asociación, en tanto aprendizaje de la vida en sociedad.

Ramírez sitúa el concepto de sociabilidad en su obra *La guerra civil y los partidos de la República Oriental del Uruguay,* aparecida en 1871 al proponer una reflexión sobre el caos provocado por las guerras civiles. En este trabajo, repasa uno por uno todos los inconvenientes ocasionados por las revueltas como la parálisis de la economía, particularmente de la industria, aunque el autor se centra en el caos moral que afecta a las familias por la ausencia de la figura masculina. En un pasaje correspondiente al capítulo 4, Ramírez dice lo siguiente:

Las mugeres están abandonadas y solas como una reunión inmensa de viudas y de huérfanas; abandonadas y solas entre los desórdenes de la lucha armada.
La santidad del hogar queda a merced del primer libidinoso que ata su caballo bajo la enramada de las casas.
Toda una generación nace bajo los auspicios de la profanación y del libertinaje.

(1871: 11).

En la cita propone su propia versión del "ángel del hogar" tomando algunas características ya observadas en el caso español, aunque insistiendo en esa imagen de indefensión de la mujer frente a la agresión externa. Aparte del fondo trágico que las envuelve, ellas aparecen desde el primer momento asociadas a la figura del hogar como el único lugar posible de su existencia. Por otra parte, el propio hogar es visto como un "santuario" y lo que hace posible esa naturaleza es la presencia de la mujer.

Pero lo que verdaderamente llama la atención en esta representación de lo femenino, es la presentación de las dos figuras antagónicas: la santidad del hogar amenazada por la presencia del libidinoso. Por un lado, se recurre a imágenes impactantes que provienen del ámbito religioso como, por ejemplo, esa identificación entre "hogar" y "santidad". Por otro lado, la interposición de la figura del libidinoso que supone una referencia fuerte y escalofriante a la noción cristiana de pecado. Y lo que se destaca aquí, es esa construcción de lo femenino como algo distante de la atmósfera sexual. Algo que es concebido como incompatible con la figura del deseo y, que por lo tanto, no es capaz de sucumbir frente a la invasión de la irracionalidad. Y empleo este término porque el libidinoso es doblemente condenado como una amenaza al orden civil de la sociabilidad (y aquí claramente se lo identifica como un agente de la barbarie), y como una amenaza al orden de la virtud. En otras palabras, por un lado se condena a la lascivia porque representa un atentado a las fuerzas de la razón y el orden, y porque también sería una forma de avalar la fuerza del instinto sexual que sólo busca la satisfacción del placer. Bajo un aspecto deformante, se presenta la idea del goce como algo monstruoso. E insistimos en esa imagen porque es la que la que clase patricia intentará imponer en su visión de lo femenino. Entonces, ese fuerte antagonismo al que antes hacíamos referencia no hace más que delimitar zonas que nunca deben cruzarse, ni invadirse. El prototipo de mujer oriental será construido, siguiendo ese molde que impone la civilización, como alguien asexuado y ajeno al placer. El placer, aparte de condenable desde el punto de vista religioso, en lo que hace a la vida civil se lo ve como un desgaste improductivo: algo que nos aparta de la utilidad y de la búsqueda de rendimiento social.

Esta parte de la exposición de Ramírez nos sirve también para corroborar cómo, a pesar de las diferencias mantenidas por católicos y liberales, en los aspectos más sustanciales poseen muchas coincidencias.

En el capítulo 5 de la misma obra, nos ofrece una imagen un tanto diferente de la mujer:

> Y esa mujer bien educada, cuyo corazón sólo debiera rebosar en sentimientos delicados de moderación y de hermandad, cuyos labios sólo debieran proferir palabras de melancolía y de desvelo ante las sangrientas luchas de los hombres, cuyas manos sólo debieran hacer piadosas vendas para curar las heridas que unos y otros abren en el campo (...) esa mujer demente guarda en su corazón latidos de animadversión y de ira (...)
> Yo he visto a las matronas y las vírgenes abandonar el digno silencio del hogar y lanzarse a la arena turbulenta de los bandos, pálidas y furiosas, agitando la tea de los odios y exhortando a la orgía de la guerra, como aquellas bacantes desgreñadas que en la cima del Aventino llenaron de estupor y de verguenza a la vieja República romana (1871: 32)

En la primera parte de la cita encontramos una construcción de lo femenino que toma como metonimia corporal el corazón, una imagen que sirve como clisé para representar la sensibilidad. De hecho, la mujer ideal imaginada por Ramírez privilegia una clase de sentimientos: aquéllos que son delicados, tiernos, etc. La primera parte de su exposición reproduce todo un arquetipo romántico de lo femenino, porque la delicadeza, la melancolía son rasgos que aparecen en este tipo de mujer. Quizás la delicadeza posee una antigüedad mayor y nos traslada al prototipo de la dama cortesana que también sirvió de imagen para la confección de la novela sentimental en los albores del Renacimiento.

Otra característica que comparece es la de la hermandad, que se une naturalmente a la capacidad de sanar a los heridos. La mujer al ser piadosa, arrastra la vieja imagen medieval de la "donna angelicata"; el romanticismo se apropia de este modelo y lo desarrolla junto con su par antagónico que es el de la mujer satanizada.

De hecho, el pasaje establece una contraposición entre dos ideales de mujeres; uno deseado que es el de la mujer ángel, y el otro considerado como negativo que es el representado por la metáfora de las "bacantes".

Las bacantes o las ménades eran aquellas mujeres que danzaban en forma frenética durante las dionisíacas: estas mujeres, llevadas por el desborde instintivo se mantenían en una especie de trance donde proliferaban las distorsiones corporales que daban cuenta de la energía instintiva que las recorría, olvidándose de sí. No hay que olvidar que, en el mundo griego antiguo, lo dionisíaco se opone al universo solar de lo apolíneo. Mientras que lo apolíneo, al estar asociado a la luz tenemos un correlato de la claridad, la racionalidad -que para el pensamiento liberal constituye la garantía del bienestar y la seguridad de la república-, lo dionisíaco nos sumerge en un estado de indeterminación e indiferenciación. Y además, como todo el discurso político procede por isotopías diseminadas a lo largo del alegato, podemos ver cómo ahora la imagen del libidinoso es sustituida por la de las bacantes.

En estos dos campos semánticos, las "matronas" o "vírgenes" se oponen a las bacantes, y a través de estos pares antitéticos se restituye la oposición que funciona como un tópico en el pensamiento liberal del siglo XIX: la civilización opuesta a la barbarie. Claramente la civilización está representada por el "digno silencio del hogar", que como en la cita anterior aparece como profanado, aunque esta vez serían las propias mujeres devenidas en bacantes.

Y por último, aparece la referencia a la "República romana", como emblema de la civilización occidental, y que en el discurso se transforma en el símbolo ideal del orden republicano deseado. El efecto retórico es muy claro: del mismo modo que las bacantes escandalizan a la república romana, ahora las mujeres, al abandonar sus hogares, debilitan la base de la nacionalidad. Entonces, para fundar una nación es necesario extirpar el componente instintivo asociado a lo bárbaro, y la mujer debe dedicarse a formar a los futuros ciudadanos dentro del hogar.

La imposición del tópico de la mujer ángel no está alejada de los propósitos impuestos por el proceso de modernización. Ya habíamos visto con Barran que la modernización, aparte de ser un proyecto que incide en la reforma de las estructuras políticas y económicas del país, constituye también un proyecto de disciplinamiento. Como este proceso pone en funcionamiento tecnologías que controlan el cuerpo, se tendió a modelar un cuerpo femenino asexuado. El nuevo modelo que se impone, entonces, excluye la noción de placer en beneficio de la reproductividad.

El proceso de desexualización de la mujer implica que ésta sea visualizada no como dueña de un cuerpo propio, sino como una entidad más espiritual (ser buena, abnegada, frágil, pura) y reproductora (el destino de toda mujer es ser madre). Como vimos todas estas estrategias forman parte de lo que Foucault denomina como "dispositivo de alianza".

Si se quiere, la publicación de *Tabaré* de Juan Zorrilla de San Martín en 1888 constituye un buen ejemplo. El poema representó una instancia muy importante en la consolidación de la mujer ángel, lo que en palabras de María Inés de Torres se observa "una espiritualización máxima que acarrea una descorporeización y consiguiente asexuación de la imagen de la mujer. Esta espiritualización se eleva a la jerarquía máxima a través de la sacralización de la figura de la mujer madre, eje simbólico del poema" (1995: 107).

Ahora bien, ¿por qué esta obra resultó tan importante en la consolidación de tal modelo? En primer lugar, aunque la figura de la mujer madre predomina a lo largo del poema, la presencia narrador se vuelve omnipresente porque representa la voz del patriarcado: ese narrador es la encarnación del pater familia, que a su vez es intermediario entre Dios y la Patria. Esto último se explica por el vínculo de Zorrilla con el sector católico de la sociedad uruguaya. Y en tal sentido, *Tabaré* es una obra fundacional porque reproduce la postura de la Iglesia Católica uruguaya (Torres; 1995).

El culto a la mujer madre se desarrolla primero a través del personaje de Magdalena (la cautiva madre del charrúa) y luego a través de Blanca (la mujer española en la cual Tabaré proyecta su recuerdo de la figura materna). Otra manifestación importante de la maternidad la vemos en la naturaleza porque es el lugar que le sirve de refugio a Tabaré.

La primera de estas figuras, Magdalena, cumple con la postura católica cuando da a luz al protagonista y luego bautizarlo. De esta forma, el personaje le confiere dos alumbramientos: el físico y el espiritual. Una vez cumplidas estas dos funciones, desaparece aunque su influencia se irradia simbólicamente a lo largo de la obra. Magdalena es la representación de la mujer madre española, sufriente, que desconoce el deseo y que es víctima de la lujuria del hombre salvaje.

El mayor grado de espiritualización lo encontraremos en el personaje de Blanca, que será en el poema la verdadera encarnación de la "mujer ángel". Según Anderson Imbert, Blanca funcionará como una especie de mensajero de Dios que llega de España a Uruguay para cumplir una finalidad trascendental: comprender a Tabaré y ayudarlo a comprenderse a sí mismo (Anderson Imbert; 1968: 26, citado por Torres).

Blanca se ajusta perfectamente a la imagen de la mujer ángel porque su cuerpo aparece con rasgos difusos. En la descripción que se ofrece de ella predomina lo etéreo, lo luminoso, características que justifican su vínculo con la noción de pureza e inocencia. Además, en todo momento, Zorrilla separa a este personaje de toda acción sangrienta mediante el sueño o la pérdida del sentido, mostrando así como el personaje está ajeno al mundo circundante. Y eso permite elevar el grado de su espiritualidad.

Por otra parte, ese mismo grado de espiritualización provee otra característica que se integrará al modelo: estas mujeres angelicales, por estar ajenas a la guerra, debían ser el reposo del guerrero; ellas debían esperar a sus esposos cuando éstos regresaran al hogar. Así, este ángel del hogar, le dará al guerrero sosiego y descanso de la guerra tanto como de la función pública (negocios, la política, etc.) (Peruchena, 182). Como vemos, esta imagen de la mujer como reposo del guerrero es la anhelada por Ramírez, ya que en su visión el hogar y la mujer constituyen ese paraíso de sentimientos delicados.

De acuerdo al arquetipo femenino que consolida Zorrilla, la mujer madre católica es lo opuesto a otro tipo de representaciones como deseo, cuerpo, sexualidad, muerte, categorías todas que pertenecen al espacio de la barbarie. La categoría de lo angélico excluye, por lo tanto, la representación de lo erótico.

Si bien existía cierto consenso en torno a la exaltación de la maternidad, ya hacia finales del siglo XIX se produce una explosión del modelo demográfico suscitado por el aluvión migratorio. Para Barran y Nahum, estas transformaciones demográficas provocaron visiones encontradas y contrapuestas respecto a la forma de valorar la materia sexual:

El modelo demográfico, en realidad, no rechazaba al sexo sino a la fecundidad. El puritanismo era una reacción primaria frente a ese modelo y hallaba su única justificación práctica como fundamento moral del retraso en la edad matrimonial. El erotismo fue la reacción inversa pero también funcionó dentro del modelo. A

éste le era indiferente que el sexo volara por sí mismo, siempre y cuando lo hiciera separado de la procreación, para escándalo de la Iglesia Católica.
El erotismo escandalizó a los contemporáneos que advirtieron. Fue la respuesta subversiva de la élite culta a la represión de la sexualidad en los jóvenes por una sociedad que deseó así evitar los esplendores de la fecundidad. Pero fue una forma de rebeldía absorbida por el modelo. Amor y sexo eran reivindicados -allí estaba la rebeldía frente al puritanismo- pero al no vinculárseles a la procreación y la familia, se consolidaba el triunfante patrón demográfico (1979: 81-83)

Para los historiadores, entonces, la maternidad continuó siendo un valor cultural respetado pero la fecundidad indiscriminada representó un verdadero peligro que había que combatir. Por otra parte, hay que destacar el hecho de que los autores por momentos manejan las nociones de erotismo y puritanismo de acuerdo a significaciones un tanto convencionales que amenazan con limitar la interpretación del fenómeno demográfico. No debemos limitarnos a la interpretación del erotismo como algo asociado únicamente al sexo, en su lugar hay que tener en cuenta el uso estético que la noción tiene durante el siglo XIX. Por otra parte, el erotismo como factor emergente aparece justamente cuando la fertilidad deja de ser el objetivo social deseable por excelencia.

Como hemos señalado, en otros apartados, el modelo de lo angélico en nuestras novelas no siempre se presenta como una plena espiritualidad estable. Las fuertes referencias al deseo y las alusiones corporales, nos deja ver que el modelo de la "mujer ángel" no se presenta como una totalidad estable y sin fisuras.

Apéndice: Los cuerpos de la nación en la literatura escrita por mujeres

¿Cuál es el cuerpo de la nación? En los casos reseñados previamente la representación de lo nacional apelaba de algún modo a la figura del cuerpo femenino como objeto de alegoría. A todo esto, debo agregar que quienes escriben estas novelas son varones, prohombres de la nación; hombres que al hablar de ella lo hacen con un lenguaje masculino basado en la idea de fraternidad. Como lo diría Mary Louis Pratt (1990), el nacionalismo moderno está basado en una cualidad androcéntrica porque recurre al ideal heroico para imaginar la Nación-Estado. Si los hombres son héroes o soldados, las mujeres serán las madres de la patria. Para decirlo con una expresión acuñada por Paula Halperin, *"las mujeres eran la nación; los hombres el Estado"*, su lugar de ciudadanas consistía en formar y elegir a los mejores hombres para dirigir los destinos nacionales (Halperin, 123). Lucía Guerra ya nos advierte acerca de cuan difuso es tomar el cuerpo para producir un género, dado que en las elaboraciones masculinas, el cuerpo femenino siempre aparece dividido y fragmentado ya sea como objeto de deseo u objeto de veneración (Guerra, 155).

El nacionalismo moderno, y ahora podría decir con propiedad "androcéntrico", parte de valores absolutos presentados como compartimientos estancos a la hora de definir la "virilidad" y la "femineidad". Si, como habíamos visto en el apartado anterior, Renan pensaba a la nación como una comunidad donde los individuos celebran una especie de acuerdo, esto es posible porque el pensador francés parte de la idea del contrato social rousseauniano. En los términos del nacionalismo moderno, el contrato social implica un contrato sexual que define los lugares que deben ocupar los sexos; y partir de este contrato sexual surgen también las marcas genéricas.

La literatura del siglo XIX aparece definida por las marcas diferenciales del género. Por lo general, la literatura para las mujeres y de las mujeres está dominada por ciertos tópicos como el cuidado de la honra inmaculada, el orgullo de las familias y los sentimientos morales. La mujer es territorializada en el ámbito de la sublimidad del amor espiritual. Esta última característica aliada a los desvanecimientos, amores imposibles, la fuerza del destino conformarán toda una herencia que posteriormente se trasladará a la novela sentimental del próximo siglo como texto de felicidad (Sarlo 2000).

Esta percepción de lo femenino se ve justificado por una serie de paradigmas culturales que tendrán una gran influencia en el siglo siguiente. Según Dijkstra (1986) la misoginia decimonónica propagada por Occidente tuvo su origen en las obras científicas finiseculares, como por ejemplo *El origen del hombre y la selección sexual* de Charles Darwin (1871), *La inferioridad mental de la mujer* de Julius Moebius (1900) y *Sexo y carácter* de Otto Weininger (1903). En todas ellas se tiende a reforzar una imagen desventajosa de la mujer. A partir de allí, se fue creando todo un universo de opiniones que redujeron lo femenino a la gracia ornamental, una imagen asimilable a la intuición, la docilidad, el sentimiento y el sacrificio.

Durante el siglo XIX uruguayo, puede encontrarse a un conjunto de escritoras, cuyas obras si bien plantean una alianza con la "mitología burguesa", dejan asomar otras perspectivas en torno a los hechos sociales y políticos. Se trataría de novelas de "ficción doméstica", de acuerdo a la expresión acuñada por Armstrong para hablar de aquellos textos que constituyen documentos de carácter político de la historia cultural. Estas autoras asumen en sus obras un "dispositivo pedagógico" debido fundamentalmente a que ellas pertenecen al magisterio; por esa razón sus discursos literarios no escapan a esa tendencia disciplinante que caracterizó a la modernización uruguaya. Así, estas "maestras escritoras" se convirtieron en voceras privilegiadas para advertir acerca de los peligros a que podía exponerse la naturaleza femenina cuando se dejaba llevar por pasiones inconvenientes. Según Bedrossián, esta figura de la "maestra escritora" resulta por demás importante para "aquellas que deseen emprender trayectorias literario intelectuales y a partir del cual resulta menos conflictiva una representación femenina legitima de la figura de autor" (Bedrossián, 81). Todas estas escritoras permite observar la existencia de una red que llegó a constituir una subcultura literaria femenina que establecía lazos con otras escritoras contemporáneas como Juana Manuela Gorriti pertenecientes a la generación del '80 (Gilbert y Gubar, 27).

Dentro del escenario rioplatense, numerosos trabajos de investigación entre los que se pueden contar los de Silvia Molloy, Francine Massiello, Graciela Batticuore, Liliana Zucotti o Gabriela Mizraje, se han ocupado de estudiar el papel de la mujer inmersa en esa dicotomía que separa lo público de lo privado. Dichos trabajos se ocupan, en especial, de estudiar cómo se configura el género en el contexto de la modernización continental.

En general todas las escritoras uruguayas que escriben en un período histórico dominado científicamente por el positivismo y el realismo en literatura (Ardao, *Espiritualismo y positivismo en el Uruguay*), su estilo se mantiene fiel a la retórica del romanticismo. En este punto coinciden con los escritores varones que integran el corpus de esta tesis.

Como señala la propia Bedrossian apoyándose en los planteos de Dijkstra:

En sus discursos literarios, las representaciones de lo femenino siguen la dominante de estereotipos que van desde la monja cautiva del hogar como ofrenda en sacrificio al dios burgués y salvaguarda casera del alma del hombre, hasta la mujer como flor de la virtud en el jardín doméstico, sacerdotisas de la humanidad, objeto de deseo por antonomasia si está enferma o agonizante, símbolo universal de fenómenos naturales o espectro de degeneración (Dijksra, citado por Bedrossian, 25).

Estas escritoras uruguayas se ocupan de una serie de tensiones sociales, encaminando su reflexión a los temas de la guerra y las consecuencias para las mujeres (un punto sobre el reflexionará el propio Carlos María Ramírez en su ensayo *La guerra civil y los partidos políticos de la República Oriental del Uruguay.*), el matrimonio, la maternidad, el amor, la Patria, el advenimiento de la modernidad y su impacto en la educación y el papel de la mujer.

A pesar del lugar marginal que ocupan en la sociedad, se animan a abordar ciertas cuestiones desde una óptica más femenina. Micaela Rodríguez deconstruye la atmósfera idílica del campo, en tanto Méndez Reissig exaltará el carácter asesino del indio, y otras escritoras le dan la voz a personajes relegados por la burguesía urbana, como por ejemplo Eyherabide que le da voz al peón o Zulma quien da voz a las madres solteras o a las amantes de hombres casados. También aparecen cuestionamientos a la honra patriótica en el discurso masculino, la conducta de los esposos en el interior del hogar. Cabe agregar también el hecho no menos excepcional de que algunas escritoras, como Micaela Díaz, María H. Sabbia y Oribe o Celina Spikermann y Mullins, si bien pertenecen a facciones políticas tradicionales (lo que las haría tributarias o reproductoras del discurso falocrático vernáculo), se preocupan por inscribirse como sujetos femeninos patrióticos.

Al igual que en la mayoría de las novelas de la época, sus protagonistas son personajes femeninos que se desenvuelven en espacios domésticos, y en una realidad histórica marcada por los conflictos políticos derivados de las guerras civiles. En el desarrollo de estos temas se reitera la función pedagógica de las escritoras, a través de extensas disgresiones sobre la finalidad de la mujer, el valor del matrimonio y la maternidad. Por esa razón, las heroínas serán el espejo de la moral cristiana (Rama 1968), y se mantendrán alejadas de la densidad e intensidad del deseo. El combato contra los requerimientos de la carne nos aleja de toda tentativa erótica (línea por la que transitarán las novelas de esta tesis).

En ese sentido, las novelas constituyen una continuación de aquellos manuales destinados a la educación de la mujer. Como diría María Fernanda Lander, las novelas "modelan corazones", y eso puede percibirse en un detalle: en los relatos aparece la voz autorizada del sacerdote o del médico, agentes encargados de preservar la moralidad. Estos agentes se mueven dentro de los esquemas maniqueos clásicos al distinguir a la mujer como ángel o demonio, y para evitar el segundo extremo recomendarán la vida hogareña y la consagración a la familia. Las novelas mantienen una preocupación constante por preservar las conductas virtuosas.

Y aparte de esto, se conservarán algunos estereotipos que posteriormente serán retomados por la novela rosa o "textos de felicidad" al decir de Sarlo. Mientras que el pobre se caracteriza por la resignación y la humildad, al rico le corresponderá una actitud paternalista. Cuando la pobreza es el resultado de un descenso injusto, éste conservará ciertas actitudes nobles que tienden a redimirlo. El rico debe siempre ayudar al pobre, y éste debe preocuparse por ahorrar para llegar a ser virtuoso. La enfermedad es una amenaza que se cierne sobre los enamorados (la pasión es un desborde que se penaliza). Por otra parte, la mujer que se descarría es castigada con el suicidio o la entrada al convento.

En las novelas, el amor suele ser presentado como el motor que mueve a las acciones más heroicas y nobles. Las escenas amorosas suelen ser vagarosas, plenas de exclamaciones, suspiros, puntos suspensivos. Una vez superado el obstáculo, el climax se logra con la unión de los amantes, el reencuentro de los hijos perdidos o el arrepentimiento de la mujer que fue tentada por el pecado. Ese carácter vagaroso y espiritualizado se corresponde naturalmente con su posición anónima dentro del curso de la historia.

Todos estos clisés son puestos en funcionamiento por estas escritoras para quienes lo único importante es servir de "recreo del bello sexo" o "revelar sentimientos patrióticos". Ellas mismas eran conscientes de su falta de pericia en el quehacer literario y lo demuestran permanentemente en sus prólogos en los que solicitan indulgencia por parte de sus lectores. El hogar es concebido como un espacio productivo para las prácticas femeninas de las que emanan la belleza sencilla y la convivencia pacífica. Si bien no existen reflexiones teóricas sobre lo literario, pueden encontrarse comentarios sobre el acto de escribir; todas estas disgresiones puede leerse como relatos de justificación de una práctica de escritura.

Lola Larrosa de Ansaldo, autora uruguaya que ha residido en Argentina y mantenido contacto con la intelectualidad femenina de ese país, buscó plasmar en sus novelas los modelos virtuosos del ángel del hogar. La escritora llegó a oponerse a la emancipación, ideal que comenzaba a vislumbrarse por parte de las feministas, porque la consideraba incompatible con la idea del pudor. Incluso llega a señalar que la inteligencia debe ser limitada para que no opaque su verdadera finalidad que es la educación de los hijos.

El vínculo entre estas escrituras y los modelos de la virtud, parece tener una continuidad en la tendencia moralizante de la crítica literaria masculina cuando se refiere a la literatura de mujeres. Uno de los críticos que se ocupó de ella, Setembrino Pereda, a la hora de definirla cae en ciertos clises que constituyen toda una construcción del género: mujer "distinguida y desgraciada, de noble talento y noble corazón, de estilo ameno y lozano por la ingenuidad y sentimiento que imprimía, rostro bondadoso y simpático como en sus ojos pardos retratábase el alma angelical". Este grado de idealización parece disminuir el carácter contestatario que estas escritoras asumían en temas de gran notoriedad. Ese profesionalismo es demostrado en algunos artículos periodísticos en los que desafía a su sociedad por el maltrato que sufre la mujer.

Si bien estas escritoras se movieron dentro de los formatos dominantes que marcaba una tradición masculina, supieron utilizar el espacio doméstico (único medio de acción visible) para poder darse a conocer e interactuar, a veces en forma cuestionadora, con el poder de los hombres. Aunque estuvieron parapetadas literariamente en la retórica romántica, ya decadente para la época, insertaron lo político en el interior de la casa. Al decir de Nancy Armstrong, estas escritoras generaron el sujeto moderno. En su ensayo *Deseo y ficción doméstica: una historia política de la novela,* la autora reflexiona acerca del lugar político de la casa, en el sentido de que la intimidad doméstica es un espacio de carácter político.

En Uruguay, tras la aparición de Petrona Rosende de la Sierra, se produce un silencio de casi treinta años que será apenas roto en 1860 cuando Marcelina T. De Almeida publique su novela *Por una fortuna una cruz* (obra en la que su autora, reflexiona acerca de la situación desventajosa de la mujer frente a los matrimonios por interés). Ya hacia finales del siglo XIX, las voces de las mujeres comienzan a ser escuchadas en un momento en el que se producen grandes debates entre liberales y católicos.

En el resto de América, podemos encontrar una buena cantidad de novelas, diarios, cartas, poesías, crónicas y ensayos escritos por mujeres. Aparte de que todo esto permite hablar de cierta efervescencia en la producción literaria femenina, sus intervenciones surgen en un contexto histórico en el que se producen perturbaciones políticas que sacuden a los Estados-Nación. Marie Louis Pratt (1990) señala que estas circunstancias políticas coadyuvaron al surgimiento de un nuevo circuito de producción y difusión de textos de distintas autoras. Argentina se mostró muy prolífica en estas producciones, pues este país ya contaba con publicaciones periódicas desde 1830. Petrona Rosende dirigió el periódico *La Aljaba* en 1830 durante el período rosista, y su actividad se extendió a lo largo de dieciocho números semanales. Otros ejemplos se irán sumando como *La Camelia* (1851), posiblemente dirigido por Rosa Guerra, *Álbum de Señoritas* (1854) de Juana Manso, *La Alborada del Plata* (1877) de Juana María Gorriti y Josefina Pelliza de Sagasta y su continuación *La Alborada literaria del Plata* (1880) que en su segunda época tuvo como directora a Lola Larrosa. Francine Massiello (1994) consigna la existencia de abundantes publicaciones femeninas de mujeres argentinas en los que se abordaban los temas político- partidarios como los literarios y aquellos otros vinculados con la moda.

En todos los textos del siglo XIX, ser mujer es, básicamente, adecuarse a los códigos culturales de comportamiento y ejercer una autocensura en su propio lenguaje. Este período se caracteriza por la circulación de discursos pedagógicos cuando no misóginos (Dijkstra, 1986). Respecto a la función pedagógica de estos textos, Susana Zanetti señala lo siguiente:

Las novelas iban articulando tipologías, inducían lógicas de lectura, diseñaban lectores ideales, alentaban la lectura placentera o afinaban los resortes del didactismo en procura de dirigir las conductas públicas y privadas. (...) Valiéndose de las representaciones del acto de leer calibraban también sus mecanismos de seducción, propiciando el encuentro de las afinidades electivas, que rara vez durante esta etapa llegan a la puesta en escena de la lectura como impulso a la escritura. (2002: 108)

Si bien se defiende la idea de la ilustración de la mujer, también surge la necesidad y la preocupación por controlar algo que se teme se escape de las manos. Eso lleva a elaborar límites y presentar un catálogo de lecturas recomendables, advirtiendo al mismo tiempo acerca de la peligrosidad de determinadas lecturas encantadoras y seductoras. Se parte de ciertos ideologemas en torno a la naturaleza femenina y a partir de allí se elabora un dispositivo de lectura que no es otra cosa que una derivación de aquel otro dispositivo mayor de saber y poder foucaultiano orientado hacia el cuerpo femenino.

La observancia de lo pedagógico es muy patente, en particular porque las escritoras uruguayas siguen los modelos literarios que de por sí insisten en la función moral de la literatura. Por ejemplo, Ángela Grassi es una autora española de gran difusión en Montevideo hacia 1878, y en una de sus novelas, *El copo de nieve,* aconseja que "hay que quemar los libros para que la mujer no se contamine con su veneno". Las citas que encabezan los capítulos pertenecientes a autores célebres dan cuenta de la presencia masculina que vehiculizan el contenido moralizante de la obra. Este carácter pedagógico sobresale en las valoraciones que los críticos uruguayos hicieron sobre la literatura de mujeres. Muchos de ellos atribuyen esta emergencia de la escritura femenina a la influencia de la reforma vareliana. Así lo hace notar Setembrino Pereda en un artículo en el que comenta las virtudes creativas de Lola Larrosa de Ansaldo.

Sin lugar a dudas, el aporte de la reforma vareliana es decisivo para que la mujer tenga contacto con la escritura y logre posteriormente desarrollar su pensamiento. Pero cuando Pereda destaca las elevadas prendas morales de la autora, no hace otra cosa que encorsetar a la Lola Larrosa en un constructo de género funcional al proyecto ideológico del falogocentrismo: la mujer como refugio moral y espiritual del hombre.

Las escritoras uruguayas si bien se ubican en el lugar del emocionalismo, elaboran ciertas tácticas para arrojar una mirada personal sobre "los horrores de la patria" y sobre la importancia de la educación de las jóvenes. En la mayoría de los casos, ellas le dan una vuelta de tuerca a la retórica patriótica al apartarla de los ideales heroicos y volcarse hacia ideales pacíficos y armónicos. Con su escritura, reelaboran el contrato sexual que las relegaba del espacio público, y parapetándose en la domesticidad oponen la armonía del hogar a la agresividad de la guerra. Al asumir esta postura pacifista llegan a trastornar ciertos tópicos como la visión idílica del campo. Las realidades sociales más tenebrosas y despóticas emergen en sus narraciones, por ejemplo, cuando se habla de la violencia que ejercen los padres contra sus hijos, atribuido muchas veces a la ignorancia que impera en la campaña.

Por otra parte, aunque conciben la maternidad desde una visión moral y disciplinadora, también en sus obras aparecen ciertos desvíos al presentar madres egoístas, dominantes, adictas al lujo. La maternidad se convierte en un espacio de discusión política, del mismo modo que el matrimonio, en un momento en el que se difuminan las fronteras entre lo público y lo privado.

Ya se trate de las "Tretas del débil" (Ludmer) o del "discurso revertido" (Foucault), las autoras usan las mismas categorías del discurso masculino que sirvieron para confinarlas al silencio o marginalizarlas, pero con una perspectiva o condición propia. Si bien defendieron el ideal del ángel del hogar, incurrieron en la desmesura de publicar, de hacerse oír lejos de ese ámbito doméstico. Incluso supieron manipular distintos géneros, como los propiamente femeninos (el sentimental) y los correspondientes a la ficción histórica, para privilegiar una voz narrativa que denuncia y expone problemas sociales, políticos, y económicos. Según Bedrossián, un ejemplo de ese itinerario inverso ofrecido por estas escritoras tiene que ver con la exposición y embellecimiento de la muerte en un período que el propio Barran caracterizó como "civilizado" y cuya nota más importante es el ocultamiento de la muerte. Es en ese trayecto inverso que va de lo civilizado a lo primitivo donde posiblemente las autoras construyen su propia condición de visibilidad (Bedrossián, 226).

Todas las escritoras uruguayas de este período muestran características heterogéneas, aunque sus posturas son similares en lo que hace a la defensa de modelos femeninos correspondientes a la sociedad finisecular, por lo que sus ideas se enmarcan en los discursos modernizadores que exaltan ciertos anhelos patrióticos y la fe en el progreso. En ningún momento se asiste a la defensa de un modelo identitario femenino respecto a la adquisición de ciertos derechos políticos y ciudadanos, pero sus miradas femeninas permitieron hacer visibles ciertos matices sobre la conformación problemática de la Patria.

En el caso del siglo XX, nos encontramos con nuevos escenarios creados por nuevos sujetos que desafían las construcciones modernas. La mirada "otra" interpuesta por estas escritoras mujeres permite desvelar esa zona conflictiva presente en la articulación de los espacios privados y públicos, políticos, ideológicos y éticos. La postura beligerante frente a las tradiciones culturales que insisten en mantener la universalidad emanados de la organización patriarcal, nos pone en contacto con otros procesos de subjetivación que privilegian otro tipo de niveles como ser los la "experiencia", "afectividad", "intelección", "memoria", marcados por toda una historia de marginación (Moraña, 331).

Muchos de estos niveles estudiados tienen en cuenta la dimensión del cuerpo, posiblemente porque es donde se ha sentido más intensamente el impacto de esos discursos oficiales que pretendieron darle una forma. Las modelizaciones corporales hechas por un discurso masculino que se pretende hegemónico fueron cuestionadas en tanto construcciones contingentes e historizadas. Para considerar la dimensión política del cuerpo, muchas pensadoras partieron de las nociones de género presentadas previamente (los planteos de Simone de Beauvoir o la performance del género de Judith Butler, entre otras) que permitieron ahondar en las nuevas perspectivas de los procesos identitarios. Buena parte de estos estudios confrontaron las conexiones entre la corporalidad femenina como un lugar simbólico de alteridad y el cuerpo de la nación construido por el sujeto moderno masculino.

En los ensayos reunidos en *El salto de Minerva. Intelectuales, Género y Estado en América Latina*, se discute acerca de las relaciones entre el género y la nación en los discursos nacionales contemporáneos. Una de las editoras María Rosa Olivera Williams explica el por qué de la elección del nombre de Minerva. Esta diosa de la sabiduría y de la victoria en la guerra, nace de la cabeza de su padre Zeus ya madura y portando los símbolos de la fuerza (el escudo de Zeus), de la sabiduría y de los compromisos familiares que la unen a lo doméstico. Presentada así, la diosa es una figura compleja porque porta atributos femeninos y masculinos, sin embargo, Olivera Williams agrega que al descender de Metis (divinidad asociada al pensamiento), Minerva logra preservar la inteligencia creativa, el pensamiento y la argucia que acompañan a su nacimiento adulto. De esta forma, señala la autora:

El salto de Minerva alegoriza la acción intelectual de la mujer. El pensamiento y la acción de Minerva no promueven ni una subjetividad rígida, ni la división absoluta de los arquetipos femenino/masculino. Por el contrario, en ella se integran los dos: la serpiente de la Gran Diosa y el escudo de oro de Zeus. Esta confluencia de poderes masculino/ femenino le dan la sabiduría y la fuerza para poder guiar, asistir, defender a héroes, familias y ciudades. En Minerva se integran los tres términos de nuestra investigación: intelectuales, género y Estado. (2005:14)

Claramente, la elección de Minerva se transforma en una metáfora con la que se pretende superar la rigidez del discurso falogocéntrico clásico que encasillaba a la mujer en una posición de inferioridad negándoles el acceso al pensamiento. Ya habíamos visto cómo la noción de Sujeto era privativa de una entidad masculina que se pretendía universal. Por otra parte, se intenta inscribir la noción de identidad de género más allá de los límites restrictivos de los posicionamientos feministas tradicionales; para ello, como aconseja Moraña, la cuestión del género debe inscribirse en contextos mayores para promover lo que la autora denomina como el "retorno de lo político" (Moraña, 31-36).

Las políticas del género que se defienden evaden los esencialismos patriarcales como aquellos otros derivados de los feminismos de los sesenta y setenta (un feminismo fisiológico, en palabras de Doris Sommer). En lugar de ello, se defiende una noción de género que se basa en lo alterno e intermitente; culturalmente se toma el "queer" para definir los nuevos desbordes e inestabilidades de los diseños identitarios. Anclándose en estos "géneros problemáticos", Sommer al analizar el caso de los portorriqueños defiende esta alternancia cultural queer bilingüe que deja atrás la idea herderiana de la nación basada en la "autenticidad cultural y lingüística de cada nación", como aquella otra de Benedict Anderson que unifica la pertenencia nacional con la identidad sexual (Sommer, 37-45).

Tal parece que la política del género se entendería a partir del exceso o de los horizontes ilimitados, aquello que nos alejaría del ser como ontología sustantiva porque nos recluiría en proyectos autoritarios. Si Sommer hablaba de desencadenar el suplemento peligroso, Porzecanski dirá que la escritura femenina se define a partir de la existencia de tres marcas: desborde, ruptura e intersticio. Con estas tres marcas, Porzecanski planta que la escritura femenina debe proponerse como un vuelo de libertad frente a los discursos oficiales, buscando nuevos puntos de partida y nuevas formas de conceptualizar lo real privilegiando aquello que en esos mismos discursos quedó relegado. Esto último la lleva a plantear una nueva noción de minoridad al relacionarlo con aquello que no fue tenido como importante: "Escritura entonces de lo 'no importante', que trae a primer planto personajes y situaciones 'menores', que no llamarían de otro modo la atención, ocupados en rutinas menores dentro de contextos no relevantes para la mirada del discurso patriarcal" (Porzecanski 2005: 56).

En la escritura femenina latinoamericana, encontraremos abundantes ejemplos de estos lugares menores que pueden ser utilizados en un sentido revolucionario. Muchas escritoras utilizaron la cocina y el hacer doméstico como inscripciones subversivas (Sor Juana Inés de la Cruz, Rosario Castellanos, Mariela Álvarez Peñaloza, Rosario Ferré, Laura Esquivel, Dulce María Loynaz, etc.). El utilizar la cocina y el quehacer doméstico en general como un arma de combate, constituye lo que Josefina Ludmer ha denominado como "la treta del débil".

Es muy común el hecho de que las autoras del siglo XX hayan optado por la exhibición del cuerpo abyecto como un medio por demás subversivo para derribar aquellas categorías angelicales en el que el discurso patriarcal las ha encorsetado. En la exaltación del cuerpo abyecto, categoría impulsada por Kristeva desde su ensayo *Poderes de la perversión*, muchas feministas encontraron el camino para reeditar la noción del cuerpo como impronta de la subjetividad. Para Kristeva, la delicuescencia del cuerpo femenino convierte a la mujer en un sujeto abyecto; un cuerpo incapaz de contener sus propios flujos es un cuerpo apto para vulnerar cualquier límite corporal. Lo abyecto es ante todo una ambigüedad, lo inasimilable, aquello que se opone al yo, constituye un afuera de ciertas reglas de juego.

En esa línea, aparte de la ya mencionada Carolina Muzzilli, encontramos también a Nellie Campobello o Armonía Sommers. En el caso de Campobello, un erotismo orgánico y desacralizador que cohabita con la muerte deshace las imágenes tranquilizadoras e inmutables de una donna. Otro tanto sucede con Armonía Sommers, en particular en su última novela, donde lo femenino constituye una experiencia de lo abyecto. Una experiencia que se transforma en poética narrativa desconcertante para la lectura. En *Solo los elefantes encuentran mandrágora*, la autora se vale de esa realidad delicuescente del cuerpo para establecer una diseminación de historias múltiples; el cuerpo abyecto es el verdadero logos.

3. LA FORMACIÓN DE UN PÚBLICO LECTOR

3.1 El folletín y el lector del siglo XIX.

Cuando se habla de un nuevo público lector debemos considerar la importancia que tiene la emergencia de una sociedad burguesa. Críticos como Arnold Hauser ubican este cambio en Inglaterra a mediados del siglo XVIII, donde tras el abandono de las antiguas formas aristocráticas se tiende hacia una nivelación cultural que se expresa en la formación de un nuevo público lector. ¿Cuáles eran esas formas aristocráticas que daban forma a lo que entendían como cultura artística? El gusto clasicista de la vieja aristocracia estaba marcado por la presencia del ingenio, la sutileza, las ocurrencias agudas y la técnica virtuosista. Frente a estos hábitos intelectuales, la burguesía va a imponer los suyos: el ingenio juguetón será sustituido por el sentido común; la elegancia formal por el sentido directo. Por supuesto que estas mismas tensiones que caracterizan al gusto cortesano y al gusto burgués, serán reemplazadas por otro tipo de tensiones como ser la oposición entre una literatura que nuclea a una minoría culta y otra que agrupa al común público lector. Esta fractura del gusto literario es la que dará origen a la literatura de entretenimiento (Hauser, 53-54).

Este nuevo público comienza a crecer gracias a los periódicos, ya que les permite acceder a la lectura de libros y disfrutar de la literatura seria. Los cambios introducidos por la sociedad burguesa afectan también al escritor, quien ya no cuenta con la protección de un mecenas: el escritor ahora convierte su pluma en un arma útil al mejor postor y, con ello, empieza a depender de las nuevas leyes del mercado que concibe al producto literario como una mercancía. En esta dirección el mecenas es sustituido por la figura del editor y, a través de él, el escritor queda inmerso en esa circulación anónima de bienes. Con la figura del editor comienza la emancipación del gusto burgués de las normas aristocrática y surge la vida literaria en su sentido moderno, caracterizada por la circulación regular de libros, periódicos y revistas, la aparición de una figura como la del crítico literario que representa el patrón general de valores y a la opinión pública (Hauser, 60-61).

Otro aspecto importante en lo que hace al cambio del gusto literario, tiene que ver con cierta confluencia del individualismo burgués y el emocionalismo del prerromanticismo. El propio Hauser lo explica de esta forma:

> El subjetivismo de los poetas del prerromanticismo es, al menos en parte, una consecuencia del número creciente de escritores, de su dependencia inmediata del mercado de libros y de la competencia que han de sostener entre sí, lo mismo que el movimiento romántico, sobre todo como expresión del nuevo y enfático sentido burgués de la vida, es el producto de una rivalidad espiritual y un medio en la lucha de la burguesía contra la mentalidad de la aristocracia, clasicista y tendente a lo normativo y a lo universalmente válido. Hasta ahora la clase media había pretendido apropiarse del lenguaje artístico de las clases superiores; ahora, por el contrario, cuando se ha vuelto tan rica e influyente que puede hacer una literatura propia, quiere oponer a estas clases su propia peculiaridad y hablar su propio lenguaje, que, por pura oposición al intelectualismo de la aristocracia, pasa a ser un lenguaje de tonos sensibleros. (2009: 62-63)

De acuerdo a este planteo, encontraremos que una constante de la literatura burguesa en el siglo XIX será la presencia de ese mismo "tono sensiblero" que veremos especialmente en las novelas. Aunque como lo advierte el propio ensayista, este emocionalismo no se desarrollará en forma aislada sino que tenderá a fusionarse con un tono moral y didáctico: un ejemplo de ello son las novelas de Samuel Richardson.

De esta forma, esta confluencia entre el ideal burgués y el gusto romántico provocan que tanto para el autor como para el público, la obra sea concebida como la "expresión de una situación espiritual". Frente a la obra, el lector sólo se conmueve aquello que considera como un suceso excitante en torno al drama individual: la sucesión continua de dramas persiguen la búsqueda de la sorpresa, la estupefacción, el efecto final (ingredientes que posteriormente tomará el folletín sentimental).

En síntesis, uno de los cambios más importantes introducidos por la concepción burguesa del arte tiene que ver con la imposición de una "cultura del sentimiento". Esta nueva cultura se diferenciara, en principio, del llamado "buen gusto" de cuño aristocrático: el nuevo ideal artístico se plantea la exigencia de conmover, subyugar, trastornar y desgarrar los corazones.

Para Martin Lyons, el siglo XIX asistió a una masiva alfabetización del público lector. Estos avances, propiciados por el avance de la Ilustración, crearon un número bastante amplio de nuevos lectores, particularmente de periódicos y "ficción barata". El proceso de alfabetización se desarrolla en forma masiva, a tal punto que las diferencias entre hombres y mujeres en este aspecto disminuyen. También aquí el crecimiento de la lectura se vio favorecido por la extensión de la educación primaria y la reducción de las horas laborales (Lyons, 475-476).

Este nuevo público devoraba las novelas baratas, modificando la percepción que se tenía de este género en el siglo anterior. En los primeros años del siglo XIX, la novela no alcanza tiradas considerables; esa situación cambia alrededor de 1840 cuando la publicación de ejemplares superan los 1000 o los 1500 volúmenes. Poco a poco la novela se convierte en la forma de expresión que identifica a la nueva clase social en ascenso: la burguesía (Lyons, 476).

Entre los años 1820 y 1830, Walter Scott logró jerarquizar la novela como género. Cuarenta años más tarde, Julio Verne se transforma en el autor que acapara a esa nueva masa lectora. A partir de allí, la producción de obras de ficción baratas fue conquistando nuevos lectores.

Pero lo que contribuyó a crear este nuevo mercado de lectores fueron las publicaciones mensuales por entregas, fenómeno que lograba llamar la atención de un público más amplio. Esta serialización de la ficción en la prensa periódica creó un nuevo mercado del que se beneficiaron autores como Eugenio Sue. La aparición de esta ficción barata es lo que dará lugar a una nueva denominación, la "literatura industrial" (expresión acuñada por Saint Beuve en 1869): en un ensayo este autor advertía que la industrialización de la literatura nunca producirá un arte verdadero (Saint Beuve, citado por Lyons, 477). Reacciones de este género son las que empiezan a demarcar los territorios de una cultura masiva y una cultura de élite.

Esta literatura industrial a la que se refiere Saint Beuve, será conocida con el nombre de folletín, una denominación que adquirirá matices despectivos por parte de la crítica literaria. De acuerdo al rastreo del término que hace Álvaro Barros Lémez en *Vidas de papel. El folletín del siglo XIX en América Latina* (1992), el folletín aparece como un artículo de crítica o literatura ubicado en la parte inferior de un periódico.

Normalmente esos espacios estaban destinados a tratamientos de temas diversos (crítica teatral, crítica literaria, notas de sociedad, noticias de moda, charadas, humorismo, etc.). Como el momento de aparición de esta publicación coincide históricamente con la era napoleónica, algunos autores como Nora Atkinson sostienen que el folletín generó un ámbito de discusión política (Atkinson, citado por Barros Lémez, 23). Otra línea mencionada por el autor, es la defendida por Dizionario Enciclopedico Italiano, sostiene que el folletín aparece en los periódicos cultos como una sección ubicada en la parte inferior bajo el título de "Cosas cultas". Para Marlyse Meyer, el término puede referirse tanto a la crónica mundana como a la crítica literaria (de teatro y de óperas). Pero la distinción principal que realiza es la siguiente: hay un término general "folletín", que se refiere al modo de publicación fragmentaria en periódicos y revistas, usado desde el siglo XIX y durante mucho tiempo referido a cualquier romance (un romance en folletín); por otro lado, aparece el término específico "romance folletín", referente al romance que posee una determinada estructura y temas recurrentes (héroes románticos, mosqueteros y vengadores, héroes canallas, mujeres fatales y sufrientes, crianzas alteradas, raptadas abandonadas, de ricos malvados y pobres honestos, peripecias desdobladas en mil formas, etc.) (Meyer, 16).

Dejando de lado la cuestión del origen, lo cierto es que el folletín aparece primero como *"forma de divulgación cultural múltiple"*, para más tarde consolidarse como una expresión literaria: una narración literaria que se va desarrollando por entregas diarias o semanales. El año 1836 sería el que marcaría la transición porque en ese momento, Emile de Girardin, editor del "Journal des Connaissances Utiles", decide crear un nuevo periódico y opta por la publicación de un texto narrativo en forma secuencial para captar nuevos suscriptores (el texto elegido será el *Lazarillo de Tormes*) (Barros Lémez, 24-25).

En lo que refiere a la publicación, se aplicarán dos sistemas. Por un lado, la publicación en forma serializada de novelas ya conocidas y editadas previamente en forma de libro. Muchas veces, esos mismos autores dieron a conocer su novela a través de la prensa antes de ser publicada como libro.

Pero la forma más específica del género será la creación de la obra, capítulo a capítulo, sin que exista un plan previo: el rumbo de la novela tratará de seguir la búsqueda del impacto en el público (una técnica que caracterizará en el futuro a las propias telenovelas). La búsqueda de ese efecto se logra a través de algunos elementos que se consideran fundamentales en la producción folletinesca: 1) misterio; 2) teatralidad; 3) apariciones inesperadas, 5) horror; 6) suspensión de la intriga y cambio temático inesperado; 7) simplificación de los personajes; 8) vida exclusivamente superficial de los personajes; 9) existencia de una heroína bella y perseguida, de un hombre de honor que aparece para protegerla, y de un villano que la acecha.

Además de estas direcciones señaladas por Barros Lémez, el autor destaca el carácter industrial de la producción folletinesca. Para el citado crítico, dicho carácter tiene que ver con la coincidencia histórica de la revolución industrial y la difusión del folletín; una relación que incluso puede verse en la concepción de la obra como un producto colectivo: de acuerdo a esto, la obra no sería creada por un solo autor, sino por varios que trabajan en una especie de "línea de montaje" (Barros Lémez, 33-40).

El folletín captó rápidamente al sector femenino. Y sobre este punto, Lyons comenta que hacia el siglo XVIII, las mujeres sabían leer pero no necesariamente firmar su nombre. Por lo que da cuenta de una discrepancia importante entre el dominio de la lectura y la escritura. La lectura siempre había sido estimulada por parte de la Iglesia católica ya que era muy importante que los feligreses supieran leer la Biblia y el catecismo. El dominio de la escritura, en cambio, era considerado como un hábito que podía desarrollar una independencia no siempre deseada. La función de la lectura en la mujer se hace muy importante en las familias: de acuerdo a la rígida división sexual de las tareas, a la mujer le tocaba la tarea de leer, en tanto el hombre se encargaba de la escritura y la contabilidad.

Si bien en Europa la educación de las mujeres estuvo siempre retrasada respecto a la recibida por los hombres, desde mediados del siglo XVIII se observa un avance notaria en lo que hace a cobertura educativa para las niñas. Ya hacia 1880 en Francia, más de dos millones de niñas estaban escolarizadas. Este proceso de escolarización es presentado por Lyons como una consecuencia de la feminización del público lector: la emergencia de este público se justifica por el incremento de oportunidades laborales para la mujer (Lyons, 479).

Otro fenómeno coadyuvante fue el florecimiento de las revistas femeninas que, a su vez, favoreció la aparición de la figura de la escritora. En este rol la figura de George Sand es muy relevante.

El papel de la lectora había existido aunque con una función diferente: la mujer mediante la lectura salvaguardaba la costumbre, la tradición y el uso familiar. El libro por excelencia es la Biblia, pero alternaban otros libros como la *Vida de los santos*. Por lo tanto, la imagen tradicional de la mujer lectora tendía siempre a conformarse en el modelo de la lectora religiosa.

Pero esa situación cambia cuando ingresamos en el siglo XIX, donde las nuevas lectoras reclaman otros gustos más seculares dando lugar a la aparición de otras formas de literatura para su consumo. Entre esos géneros aparecen los libros de cocina, las revistas y la novela popular barata.

Los libros de cocina dictaban pautas de comportamiento que debían seguir los comensales. Aquí nos encontramos con toda una regularización de los gestos y maneras frugales específicamente burgueses: el papel del esposo y la esposa en la mesa, los asuntos que eran convenientes ser tratados en una mesa, la forma de tratar los alimentos en la mesa, etc.

Las revistas para mujeres proporcionan recetas y consejos sobre la etiqueta. Pero junto a esto también aparecen noticias vinculada con el mundo de la moda. Poco a poco, esas mismas revistas incorporaron novelas ofrecidas como regalo. Al principio, esos textos eran interrumpidos por anuncios ilustrados, proponiendo una lectura fragmentada que se adecuaba perfectamente con el ritmo de trabajo de la ama de casa.

Los editores de la época no tardaron en ver al público como femenino como un consumidor de novelas. Incluso, escritores como Stendhal, se dieron cuenta de la importancia que tiene el público femenino para el novelista. Para el novelista francés, la lectura de novelas es el principal pasatiempo de la mujer francesa de provincia.

A pesar de que las mujeres no eran las únicas en leer novelas, se las consideraba como las principales destinatarias de esta ficción popular y romántica. Incluso, la feminización del público lector de novelas, sirvió para alimentar algunos prejuicios relacionados con la inteligencia de la mujer. La base de estos prejuicios consistía en relacionar los gustos por las novelas y ciertas capacidades intelectuales: las mujeres fueron vistos como seres dotados de una gran imaginación, de una capacidad limitada y además eran frívolos y emocionales.

No hay que olvidar que esto también se debía no sólo a la reedición de prejuicios atávicos, sino que también contribuía la propia percepción que se tenía de la novela como ámbito de la imaginación. La novela era pensada como la antítesis a la literatura práctica e instructiva; a diferencia de este tipo de escritos, la novela exigía poca elaboración intelectual en lo interpretativo y se asociaba al entretenimiento. Los mismos periódicos perpetuaban esta división al separar, por un lado, los acontecimientos políticos reservados para la lectura masculina; y por otro, las novelas, que trataban de la vida interior y formaban parte de la vida privada a la que estaban relegadas las propias mujeres burguesas.

Asimismo, ese ámbito de confinamiento supuso una amenaza para el marido jefe de familia burgués. Porque la novela podía excitar las pasiones, despertar ciertas ilusiones románticas y hasta despertar ciertos deseos que podrían poner en peligro el orden de los hogares. Esto fue también la razón que explicaba la asociación de la novela con las cualidades femeninas de la irracionalidad y la emocionalidad. Tampoco fue casual que apareciera el argumento del adulterio como símbolo de la transgresión social (algo muy bien representado por novelas como *Madame Bovary* o *Ana Karenina*).

El impacto que la novela puede tener en una mujer sensible es perfectamente descripto en el testimonio de Charlotte Browne citado por Richard Altick en su trabajo *The English Common Reader*:

> Me bebí una gran copa intoxicada que trastornó mi mente durante varios años (...) me deleité con la terrible excitación que produjo en mí; cada una de sus páginas quedó impresa con una retentiva prodigiosa, sin esfuerzo alguno, y durante una noche entera en vela me recreé con los perniciosos dulces que introdujo en mi cerebro...La realidad me parecía insípida, casi odiosa; cualquier conversación que no fuera la de los hombres de letras... un pesado fardo; comencé a sentir el desprecio más absoluto por la mujeres, los niños y los asuntos domésticos, atrincherándome detrás de una barrera invisible. ¡Oh, cuántas horas desperdiciadas, cuánto trabajo sin provecho, cuánto mal infligido a mis pares debo agradecer a libro tan tramposo! Mi mente se acobardó, mi juicio se

pervirtió, mi opinión de las gentes y las cosas se torció...Los padres no saben lo que hacen cuando, por vanidad, inconsciencia o exceso de indulgencia, fomentan en una muchacha lo que se ha dado en llamar el gusto poético (Altick, citado por Lyons, 484)

Este pasaje nos sirve para ver cómo la novela sentimental es valorada de acuerdo a un potencial de seducción. Y la lectura, entonces, puede ser vista como un asunto erótico, capaz de excitar el deseo que por naturaleza queda asociado como algo fuera de lo permitido, y por lo tanto, contrario a lo religioso.

Lo cierto es que la aparición de este tipo de literatura revolucionó el propio escenario de la lectura. La mujer que cuenta con un espacio muy reducido empieza a conquistar un lugar propio. Por ejemplo, mujeres que nunca habían comprado un libro improvisan su propia biblioteca en base a textos recortados de los periódicos y muy a menudo compartidos con sus pares. Poco a poco, empezaron a ser asiduas clientas de las bibliotecas públicas.

Lyons valora el cambio que supuso la aparición de la mujer lectora en el siglo XIX como el desarrollo de una lectura silenciosa e individual, que va relegando la lectura en voz alta. Además agrega que la lectora fue algo así como "una pionera de las modernas nociones de privacidad e intimidad" (Lyons, 489).

En el caso del folletín uruguayo, la obra concebida como un artículo comercial salido de una "fábrica literaria" (Hauser, 261), no parece ser la marca dominante. Si bien, buena parte de nuestras novelas aparecen primero bajo la forma de folletín literario (primero en la prensa periódica y luego en forma de libro impreso), parece existir desde el principio una impronta individualista que alejaría toda posibilidad de creación colectiva. Tampoco está presente el carácter improvisado, ya que en general la obra está ya terminada aunque se dé a conocer de modo fragmentario y el carácter episódico, que obligaría a pensar en la idea de una entrega, es casi inexistente (a lo sumo, el narrador al final de un capítulo, se las ingenio para mantener en vilo la atención de su lector). En cambio, aparecerán otros ingredientes ya mencionados como el tópico de la heroína bella acechada por un villano (un rasgo que no siempre es constante), el misterio, la teatralidad, etc. Vale decir, que en nuestros novelistas existe cierta economía en el empleo de los recursos folletinescos, y esto se debe fundamentalmente a que ellos no se ven a sí mismos como escritores de folletín. Esta distancia respecto al folletín que supone la concepción de un escritor de clase media, se explica la sencilla razón de que ellos son en principio políticos, hombres de estado que incursionan en la literatura: estos hombres viven fundamentalmente de las funciones públicas (son abogados, profesores universitarios, periodistas, ocupan cargos políticos). Por lo tanto, no viven de la literatura. Dadas estas circunstancias, el empleo de la forma folletinesca se deba quizás a que posibilita una mayor difusión en el público lector. El folletín, en principio, sustituye al escaso desarrollo del mercado editorial.

3.2. El ingreso de las lectoras al mercado literario.

Antes de empezar a hablar acerca del público lector, debemos considerar otro aspecto importante que la hace posible: el nivel de alfabetización.

Por lo general siempre se ha dicho que el Uruguay tuvo un bajo nivel de alfabetización durante el siglo XIX. Incluso los primeros censos que se realizaron en el país, los de 1852 y 1860, resultaron bastante imperfectos en sus estimaciones (Barrán y Nahum 1979: 139). Estas estimaciones resultarían imprecisas dado que se basan en las inscripciones escolares a los colegios, y no tienen en cuenta otro tipo de instrucción muy generalizada en la época: la enseñanza impartida a través de los preceptores en las casas de familia. Los preceptores impartían enseñanza tanto a niños como a niñas. Para Cánova, este tipo de instrucción no convencional es muy importante a la hora de reflexionar acerca de las primeras formas de alfabetización de la mujer y de la población en general (Cánova 1998: 42 – 43).

Por otra parte la lectura femenina es otro elemento importante a considerar, y esto fue posible gracias al desarrollo de la prensa y la imprenta en Uruguay. Sobre este punto hay escasos estudios, incluso algunos la desestiman.

Sin embargo, si seguimos las noticias presentadas por Dardo Estrada en su *Historia y Bibliografía de la Imprenta* (1912), la información presentada por Antonio Zinny en *Historia de la prensa periódica de la*

República Oriental del Uruguay (1883), *La imprenta y la prensa en el Uruguay desde 1807 a 1900,* de Benjamín Fernández y Medina, nos encontraremos con un auge en el desarrollo de la prensa. En los primeros años de vida independiente, circulaban más de cincuenta diarios y periódicos: una cifra que resulta muy alta si tenemos en cuenta que la población de Montevideo no superaba los 74.000 habitantes.

Camou y Pellegrino, al examinar los expedientes matrimoniales de la Curia de Montevideo entre los años 1860 y 1880, encontraron datos interesantes referidos al nivel de alfabetización de la población uruguaya. Según los datos recogidos, los hombres alcanzarían un nivel de alfabetización de 86,5 %, las mujeres orientales un 75,7 %, y las mujeres extranjeras un 44 %. Los dos investigadores sostienen que dentro de la población oriental la proporción de alfabetización es bastante igualitaria, en tanto que el bajo nivel de alfabetización de las mujeres europeas se debe, en parte, al hecho de provenir de zonas rurales. (Camou y Pellegrino; 1993: 95, citado por Cánova). Todas estas cifras desmienten el alto nivel de analfabetismo que constatan Barrán y Nahum. Por su parte, Larrobla confirma este bajo índice de alfabetismo en la población de origen español, y basándose en la Crónica de Isidoro de María en *Montevideo Antiguo,* comenta que la instrucción lectora estaba más dirigida a la población masculina porque "el aprender a leer y escribir las señoras era para escribirse con los novios" (Larrobla, 20).

Todo esto nos permite ver que las mujeres, en los primeros años de vida independiente, lograron modificar la situación imperante durante la vida colonial y se alfabetizaron con bastante rapidez. Muchas de esas madres acompañaron a sus hijas durante las lecciones impartidas en el ambiente familiar, lo que constituyo un proceso de educación espontánea que abarcó a dos generaciones de mujeres. Al examinar este proceso, Larrobla comenta que las hijas que se educaron en la época de Varela se volcarían con muchas ansias a la lectura de folletines y las noticias impresas (Larrobla, 21).

Para poder observar cómo se fue desarrollando la educación entre las mujeres propongo un breve recorrido por la prensa de la época. El periódico *El Pueblo,* del 7 de marzo de 1866 publica un artículo dedicado a la primera escuela para niñas en Montevideo en el año 1795 (concretamente el 13 de febrero de 1795 fundada por María Clara Zábala y su esposo Eusebio Vidal. A esta iniciativa se agrega la acción de las escuelas lancasterianas que ya en la época colonial impartían enseñanza a varones y niñas, la existencia de preceptores, escuelas privadas fundadas por extranjeros, escuelas de la masonería, etc. Por su parte, Heraclio Fajardo en su obra *Montevideo bajo el azote epidémico*, destaca la importancia que tuvo el Hospital de Caridad durante la epidemia de fiebre amarilla, ya que en ese centro funcionaba una escuela para niñas pobres.

A partir de estos datos, podemos inferir que la educación no iba únicamente dirigida a las clases altas de la capital. Y no sólo en Montevideo, sino también al interior del país. Por su parte, tanto los masones como los pensadores liberales ejercieron un papel importante en la formación del sexo femenino. Una muestra de ello es la fundación de la Sociedad Filantrópica en el año 1857 en Montevideo y, al año siguiente, la instalación de la Escuela Filantrópica en Salto. Estas escuelas, desde su fundación, poseían un carácter mixto.

La temprana formación de la mujer permitió que hacia 1876, la reforma vareliana contará con un importante caudal de maestras. Este hecho es importante para constatar, a su vez, el temprano ingreso al mercado laboral por parte de las mujeres (Cánova 1998: 50).

Si bien la instrucción de la mujer es un hecho verificable desde muy antiguo, la forma en la que debía ser educada dio lugar a distintas polémicas.

La primera de esas polémicas se desarrolló entre Marcos Sastre y Francisco de Curel. La discusión se origina a partir de la fundación del Colegio Oriental de Señoritas en el año 1830. Al leer el programa de estudios, Marcos Sastre critica la ausencia de una materia tan importante como la Lógica, una materia que ayudaría a la mujer a expresar metódicamente sus ideas y coordinar su pensamiento. Esta idea de una educación racional para la mujer constituye una idea muy avanzada para la época, un punto de vista que luego será defendido por otros intelectuales como M. Piñeiro, Eduardo Acevedo Díaz y José Pedro Varela. Sin embargo, esta idea pionera es cuestionada en la respuesta que le dan Antonio Felipe Díaz, director de El Universal, y Francisco de Curel. Ambos sostienen que la formación en Lógica es más apropiada para el hombre porque éste está destinado a los empleos públicos, a desempeñarse en la cátedra, en la tribuna, donde se discuten asuntos importantes; en tanto que en el caso de las damas, sus talentos deben ser de otro orden. Como las mujeres están destinadas al ámbito doméstico, el de los sentimientos, la lógica no es importante para ellas. La preocupación de Sastre por una formación que incluya la educación científica tiene que ver con el papel que le asigna a la mujer: como madre educadora y como profesional que sustituya a los extranjeros en la enseñanza. Esta sería una condición necesaria para desarrollar los valores nacionales independientemente de la metrópolis europea.

El debate prosigue a lo largo del siglo XIX, y hacia 1855 nos encontramos con la figura del canónigo Piñeiro quien en sus "Estudios familiares", publicadas en las páginas de *El Album,* retomó la importancia de una educación racional de la mujer a la par del hombre. Incluso va más lejos al oponerse a ese modelo de mujer buscado por la educación tradicional: "Luego la educación que solo enseña a la muger a leer y a escribir, a coser y bordar, a cantar y bailar, a peinarse y caminar, a hablar con finura y hacer una cortesía elegante, es una educación mezquina, es una educación indigna de la grandeza de esa mitad del linaje humano" (Piñeiro, citado por Cánova 1998: 57)

Este tipo de crítica nos hace ver el relieve adquirido por el racionalismo teísta en el ámbito del clero uruguayo. Esta difusión de la educación racional que prende en ciertos sectores de la Iglesia uruguaya (particularmente entre los franciscanos), puede verse en la actuación de los intelectuales antes mencionados: José Pedro Varela en 1869 y 1874; Eduardo Acevedo Díaz en 1872; y Jacobo A. Varela en 1882. Todo esto demuestra la vigencia que mantiene el tema durante la segunda parte del siglo XIX.

José Pedro Varela, incluye el tema de la educación de la mujer en un capítulo de su obra *La educación del pueblo*. El autor aborda con suma cautela un tema muy espinoso, habida cuenta de la resistencia generada por parte de la Iglesia católica y de los vínculos del autor con la doctrina racionalista.

Eduardo Acevedo Díaz en un artículo "La mujer uruguaya y su educación religiosa", publicado en 1872, también se dedica a denunciar la esclavitud de la mujer sometida a la tutela religiosa. Al igual que Piñeiro, Acevedo Díaz se aparta del modelo tradicional de la mujer que la presenta como *"la expresión de la debilidad"* y propugna su educación racional.

Por su parte, Jacobo Varela va a defender la necesidad de la educación de la mujer en ocasión de un congreso pedagógico, al que Varela asistiera como representante del gobierno nacional.

A través de todos estos autores, se puede apreciar cómo la figura de la mujer es construida aquí ya no sólo en su faceta doméstica y sentimental.

Como hemos visto, el desarrollo del proceso de alfabetización en la mujer produjo cambios importantes en la sociedad uruguaya. El más importante, a los efectos de nuestro trabajo, tiene que ver con la formación de un público lector femenino que ingresa al mercado de libros impresos. Estos cambios comienzan a manifestarse con la aparición de distintas publicaciones dirigidas exclusivamente a la mujer. Poco a poco las revistas literarias y periódicos van incluyendo a la mujer en su círculo de lectores, y eso llevó a que las publicaciones incorporaran folletines, artículos de moda, poesías, novelas, etc., pensados para este nuevo público.

Ya en el año 1831, Marcos Sastre instaba a las mujeres a integrarse a la cultura letrada. Casi treinta años más tarde, en 1860 el redactor del *Semanario Uruguayo*, define con mayor claridad la importancia que tiene "el bello sexo" en las tareas del propio periódico e incluso las estimula para que se manifiesten a través de la escritura.

Los escritores de las novelas ya no podrán omitir a este nuevo público femenino, ya que en muchos casos se convertirán en un factor decisivo para el éxito de sus novelas. Cuando Alejandro Magariños Cervantes publica la novela *La estrella del sud* (1849), aparte de mostrarse condescendiente con los gustos del nuevo público, también hace gala de los recursos efectistas empleados en las novelas:

Que tal, queridísimas lectoras, no os parece divino, encantador, edificante y sublime este desenlace romántico? No es verdad que puesto en escena sería muy bonito? No es verdad que deja en el alma una impresión saludable de terror, y que hiere fuertemente el corazón, y lo predispone a la virtud, y despierta el horror al vicio? Etc. He imitado servilmente a los grandes maestros y no he escaseado ni las situaciones trájicas, ni los golpes teatrales, ni las frases de efecto. He tratado de plegarme al gusto dominante, siguiendo el consejo de Lope en su arte nuevo de hacer comedias;
Porque como las paga el vulgo, es justo,

Hablarle en necio para darle gusto (vi, 172-173)

En este pasaje, Magariños presenta con mucha ironía lo que concibe como gusto femenino de acuerdo a lo que Umberto Eco concibe como "provocación de efectos", un fenómeno que el ensayista italiano asocia a la estructura del mal gusto por entender que provocar un efecto sentimental, significa "ofrecerlo ya provocado y comentado, ya confeccionado" mediante una técnica de reiteración permanente (2010: 98). De esta forma, Magariños confiesa ante su público ser un experto en la confección de estímulos. La ironía empleada muestra a las claras cierta incomodidad y desagrado por parte de Magariños al plegarse a esta tarea que claramente la sitúa fuera del círculo privilegiado del arte.

Pese a este tipo de apreciaciones, la novela burguesa que se desarrolla durante el siglo XVIII y XIX, lo hace manteniendo una relación fluida con un público lector femenino. En muchos casos, como señala Nancy Armstrong esta alianza entre la novela y la mujer es inseparable. La lectura constituirá un acto de distracción para la mujer y, al mismo tiempo, consolida el rol que le es asignado en la sociedad. Sin embargo, este tipo de pasatiempos no estará libre de discusiones y cuestionamientos.

Por ejemplo, en lo que hace a la sociedad uruguaya, la mujer lectora fue vista como una amenaza social por parte de los sectores conservadores. Uno de los argumentos más esgrimidos establecía que la lectura predisponía en la mujer actitud de rebeldía frente a su papel como ama de casa, madre de familia, etc. En su obra *Historia de la sensibilidad*, Barrán presenta el modelo burgués de la mujer basado en el ideal de "la mujer con dedal", todo un modelo de sumisión de la mujer limitada a las labores domésticas y al ejercicio de la virtud (Barrán 2011: 347 – 356).

La lectura de novelas por parte de las mujeres se transforma en una acción nociva y corruptora. Al respecto, podemos ver ejemplificada esta situación en el cuento "La caja de costura", un texto que según Cánova puede considerarse hasta el presente como el primer cuento escrito con un seudónimo femenino. En ese cuento, a través de un diálogo entre una muchacha y su madre, la primera le manifiesta la pasión que siente ante la lectura de los folletines de Sue o Alejandro Dumas. Eso provoca la protesta airada de la madre que no puede entender cómo su hija prefiere la lectura en lugar de los trabajos de aguja. Este cuento publicado en 1857 en *La Semana*, pone en escena el temor experimentado por la sociedad patriarcal ante el fenómeno de las mujeres lectoras: esta sociedad pensaba que las mujeres al dedicarse a la lectura, desatenderían las labores del hogar, perderían interés en sus maridos y sus hijos.

Sin duda, se atribuye a la novela un efecto desestabilizador al proponer mediante la fantasía otros mundos posibles. En el Uruguay, la prédica contra las novelas y las mujeres lectoras estuvo a cargo de la acción de Mariano Soler y de varias publicaciones católicas, de acuerdo a cómo lo consigna el propio Barran en su ya citado trabajo:

> La burguesía uruguaya era la gran consumidora de novelas y folletines de los diarios, sobre cuyo contenido aún falta un estudio científico. Ya en 1875 lo había advertido, disgustado, el católico "El Mensajero del Pueblo": 'Las mujeres (...) devoran los libros ya sea para contentar la curiosidad, (ya) para satisfacer las necesidades de emoción que las atormentan o ya para disipar el fastidio que engendra la ociosidad'. Lo reiteraron, también con preocupación, Livia Bianchetti y Monseñor Mariano Soler en 1890: 'Primer peligro. La lectura de libros o periódicos que atacan la fe y la moral. Si ha habido algún tiempo en que haya sido imperioso advertir la necesidad de huir de las malas lecturas, es precisamente hoy. (2011: 365)

Por un lado se puede advertir cómo en las últimas décadas del siglo XIX se produjo un aumento del público lector femenino. También se puede inferir que la lectura femenina no sólo formaba parte de la mujer burguesa uruguaya. Aparte de la lectura peligrosa de la mujer, acto considerado como pasatiempo inútil, se produjo otro fenómeno no menos revolucionario como lo fue la aparición de la mujer escritora. Este aspecto no va ser desarrollado aquí porque excede los límites de este trabajo, pero según las indagaciones de Virginia Cánova realizadas a la fecha, las primeras mujeres escritoras de novelas en Uruguay serían Marcelina Almeida, autora de *Por una fortuna una cruz* (1860); Adela Correge, *Tula o Elena o sea el Orgullo y la Modestia* (1885) y Dolores Larrosa de Ansaldo, *¡Hija mía!* (1888) y *El lujo* (1889) (Cánova 1998: 72).

Para aquilatar el crecimiento de la mujer lectora, podemos repasar la importante empresa cultural forjada por el diario *El Siglo*. En su trabajo "La Biblioteca '*El Siglo*' y las mujeres burguesas", Isabel Wschebor estudia, a través de la publicación de los folletines literarios, el papel de la lectura y las mujeres burguesas en la última parte del siglo XIX.

El diario *El Siglo* había sido fundado en 1863 y tres años más tarde anuncia su intención de publicar a autores franceses mediante la técnica del folletín. El empleo de esta modalidad supuso una gran novedad técnica porque aparte de divulgar la lectura en amplios sectores de la sociedad, ayudó a consolidar un proyecto de cultura escrita que ya venían realizando la imprenta y las librerías. Para Wschebor, estudiar el papel de la lectura servirá para ver cómo se representaban los uruguayos aquellas transformaciones que se venían desarrollando en la sociedad. En ese sentido, la autora argumenta que como la modernización tomaba modelos franceses, era muy natural que las lectoras hicieran suyas aquellas historias que leían (Wschebor, 90-91). Wschebor se concentra particularmente en explorar las transformaciones culturales llevadas adelante por el proceso de modernización:

> La modernización no sólo había transformado las estructuras del poder político o económico, sino también cultural. Esto puede ser estudiado a través de la Reforma educativa o a través de la modernización de los medios de prensa como el diario El Siglo. El progreso técnico en la impresión, la multiplicación de la información y del tiraje de los diarios, los costos reducidos de los mismos y la masificación de los lectores, le da una nueva relevancia social a la prensa como un elemento decisivo en la modernización cultural del país (2001: 94)

De esta forma, las novelas contribuyeron a forjar identidades individuales dentro de un proceso paralelo de asimilación de modelos europeos. De ser cierto lo dicho por la autora, debería tomar con otra seriedad la importancia de la divulgación folletinesca.

Por su parte, *La Razón* cumplió una labor importante en la conformación de un público femenino receptivo a este tipo de iniciativas folletinescas. Desde su fundación, podemos encontrar un conjunto notable de avisos publicitarios destinados al bello sexo como el que puede verse en la edición del 13 de diciembre de 1878 donde se anuncia un periódico de señoras y señoritas dedicado a la moda (incluyendo todos los figurines parisinos), pero incluyendo secciones donde se habla de novelas, crónicas de salón, bellas artes y música. Y en su difusión participa la librería y editorial Barreiro y Ramos, afianzando desde este ángulo su papel en desarrollo de la incipiente industria cultural. Esta tipo de publicidad trataría de promover un ideal de mujer refinado a través del contacto con los bienes suntuarios y por la referencia a París como centro cultural de la época. Esta postura de asociar a la mujer con el lujo se opone a aquellas prédicas religiosas que apuntan más a fortalecer los ideales de frugalidad y austeridad.

En otra edición de *La Razón* correspondiente al 3 de enero de 1880, en la sección Variedades, aparece un artículo titulado "La mujer" que defiende la importancia de su educación para que pueda desempeñar más eficazmente su labor doméstica. En una parte del artículo se dice lo siguiente: "La mujer es el alma del hogar. Es el puerto en donde el hombre busca refugio y consuelo en las tempestades de la vida". Si la mujer tuviera una instrucción menos limitada sería no sólo la compañera del hombre y su igual en lo que hace a la educación de los hijos en el hogar doméstico. Y retomando un viejo estereotipo, el articulista se pregunta si acaso la belleza física realzada por los conocimientos perdería algo de su atractivo.

Así el tópico del ángel del hogar se reescribe en los términos de la mujer como "alma del hogar". Si bien, las funciones tradicionales de la mujer se mantienen inalteradas, hay un llamado y una necesidad por incorporarla a la cultura letrada.

Al final de la sección se aclara que el artículo es tomado de *La Alborada del Plata*, semanario argentino de literatura, ciencias y artes, teatro y modas dirigido por Juana Manuela Gorriti y Lola Larrobla, conocidas activistas defensoras de los derechos femeninos. Este semanario contaba con un sistema de suscripciones a través de la imprenta Dornaleche y Reyes. La gama de ofertas en el plano intelectual refuerza la idea tendiente a eludir el estereotipo de la mujer identificada con la belleza exterior.

Una variante de esta versión del "alma del hogar", aunque con algunos ribetes literarios, es presentada por Mateo Magariños Cervantes en otro artículo titulado "La mujer en el Uruguay" publicado el 9 de octubre de 1884 y dirigido a los lectores europeos. En este trabajo, la mujer es examinada desde distintos aspectos que incluyen su conducta en el hogar, en las ciudades, en los campos, en el templo, en los espectáculos, en el taller y en los salones.

En el primero de los aspectos, la mujer es vista como hija extremada y amante esposa. Las fibras de la pasión no entorpecen el desarrollo de sentimientos delicados, y por eso a la mujer se le rinde un verdadero culto debido a que su carácter es visto como dulce. Al compararla con las mujeres europeas señala que las orientales las aventajan en pudor e inocencia. Por eso el carácter angelical se puede observar incluso en el cuidado de los enfermos. El poder de la mujer se ve en la fuerza del amor y no en el empleo de los atavíos. Y cuando tiene que ocuparse de las cualidades corporales, el autor destaca su sencillez, su natural donaire y el continente seductor: "no descuellan las bellezas plásticas, pero sí las hechiceras por su gracia y donosura y por la delicadeza de sus formas".

El grado de civilización se ve incluso en las mujeres de la campaña, y para caracterizar la delicadeza de espíritu utiliza como ejemplo la leyenda de Maldonado. La insistencia en ese carácter dulce, delicado y apasionado constituye un rasgo importante para concebir a la mujer lectora de los folletines sentimentales.

Puede verse en todo este testimonio de Magariños Cervantes una construcción del cuerpo femenino como un medio para la construcción de un género (Butler, 58). Hasta podría llegar a pensarse que los periódicos delimitan el espacio de los géneros dado que las mujeres parecen estar identificadas con ciertas páginas literarias (como los folletines, el arte, etc.) y los avisos publicitarios que refieren a la belleza corporal (casi siempre limitada al rostro): la publicidad dedicada a generar un tipo particular de belleza constituiría un vaso comunicante con el ideal de belleza promovido desde los propios folletines. Y, en cambio, los hombres serían los destinatarios de los artículos políticos y filosóficos. Tal delimitación podría corresponder a una reproducción de los espacios dominantes de los géneros; los temas políticos pertenecientes al espacio público serían usufructuados por los hombres, en tanto que, el arte, la moda y ciertas manifestaciones de la literatura, por estar destinadas al solaz, diseñarían el espacio doméstico de la mujer.

Sin embargo, estos mismos espacios fueron desafiados por algunas voces como la de Casiana Flores quien en una conferencia pronunciada en el Ateneo, publicada unos días después por La Razón (10 de octubre de 1885), desarma esta construcción del género. La conferencia de Flores tiene todo su interés porque representa uno de los pocos intentos desde una voz femenina disidente por desarmar los estereotipos masculinos en torno a la mujer. Aparte de rechazar toda reducción de lo femenino a la belleza exterior (la mujer comparada con Venus), ataca también otras cualidades que habitualmente concurren en esa construcción del género como la comparación con los ángeles por su bondad. En otra parte de su discurso confronta a la mujer deseada promovida desde su discurso (la mujer intelectualizada) con aquella otra generada a partir de los libros de moda o "las alabanzas que hace la crónica después de un baile". Como podemos ver, Casiana Flores ataca el estereotipo femenino que los propios folletines extranjeros y uruguayos se encargarán de promover. Su discurso pretende ir más lejos al extender los objetivos de la educación femenina apartándola del mero adorno: para Flores, la mujer debía convertirse en un ser crítico de las actuales condiciones en las que está llamada a vivir. Y por supuesto que todo esto se opone a esa otra visión patriarcal que ve a la mujer como un objeto, un adorno. Lo que importaba más es el modelado exterior de la mujer, a través del aprendizaje del piano o del francés, de forma tal que el burgués pudiera lucirla ante la sociedad con orgullo. La estructura del ser se mantenía inalterada. Quizás deba verse en este hábito burgués de la mujer objeto, o la mujer – adorno, un prototipo femenino que luego se proyectará en la novela sentimental.

La voz de Casiana Flores no era la única que se escuchaba en ese momento si nos remitimos al detallado catalogo de textos impresos especialmente para el público femenino desde 1855 hasta 1873 diseminados por la prensa periódica. Además muchas de esas publicaciones mantienen una correspondencia fluida con las propias lectoras. Muchos de esos artículos defienden la necesidad de educar a la mujer (Cánova 1998: 219 – 242).

En otro artículo publicado en la edición del 12 de enero de 1890, se enfoca la importancia de la higiene de la mujer ("La higiene y la mujer", Año XIII, N° 33333, 12/01/1890), firmado por el Dr. E Monin. El artículo comienza dirigiéndose a las mujeres como sus "lectoras" y destaca la importancia que tiene la higiene en la formación de una buena madre. El curso de anatomía propuesto es presentado como un medio de emancipación femenina, y en la jerarquización de esta nueva profesión, el autor se permite la metáfora (hasta ahora lexicalizada) de la mujer como un ángel guardián de la salud nacional: la mujer conserva su rol doméstico en lo que hace a la crianza de los hijos, una función que se ve enriquecida al incorporar la higiene como un modo de alcanzar la virtud. En otra parte del artículo se hacen una serie de valoraciones acerca de esta nueva función; para el autor de la nota, la mujer se ocupará de los enfermos con más corazón y caridad e incluso llega a preguntarse si no es más útil para la mujer sanar a un herido que ocuparse de otros menesteres intelectuales como la filosofía.

Debemos tener en cuenta que esta nueva visión de la mujer no se la puede separar de la importancia que está teniendo el avance de la medicina en la sociedad uruguaya del momento. La aparición de un artículo que trata el tema de los nervios como uno de los males de la civilización moderna constituye una prueba de ello.

Desde distintos ángulos, *La Razón* asedia a ese nuevo destinatario de la lectura y lo va moldeando de acuerdo a sus parámetros culturales. Como vemos, casi todos ellos coinciden en plasmar la imagen de una mujer ángel, calma y sumisa, que se apropie de la lectura desde el ámbito inofensivo del hogar. Por esa razón, voces como la de Casiana Flores no es del todo silenciada, pero no constituye un prototipo que este periódico prefiera para sus lectoras.

Si cotejamos estos artículos con otros aparecidos por la misma época en el diario *El Siglo*, nos encontraremos con algunas dificultades a la hora de establecer el ideal angelical como visión hegemónica.

3.3. El nuevo proyecto cultural-nacional: imprentas y editoriales.

El mercado cultural se dinamiza en las últimas décadas del siglo XIX, prueba de ello es la aparición distintas imprentas, tipografías y librerías.

De acuerdo a lo planteado por Benjamín Fernández y Medina en su libro *La imprenta y la prensa en el Uruguay desde 1807 a 1900*, las primeras imprentas en el virreinato del Plata surgen a principios del siglo XVIII, y están vinculadas a la labor de las misiones jesuíticas en Paraguay, Buenos Aires y Córdoba. En Montevideo, la primera imprenta surgió simultáneamente con el primer periódico, *La Estrella del Sur* en el año 1807 y coincidió con la presencia inglesa en el Río de la Plata. Tanto esta primera imprenta como aquella otra impulsada por la princesa Carlota o la Gaceta de Montevideo, se ocupaban más que nada de difundir bandos guerreros. Fuera de estos primeros esbozos, quizás los mayores acercamientos a la esfera cultural corrieron por cuenta de la imprenta de la Caridad, aunque ésta editaba preferentemente libros religiosos. En ningún momento, constituyeron verdaderos emprendimientos culturales (Fernández y Medina, 7-22).

Cuando Fernández y Medina da cuenta de la aparición del diario *El Siglo*, señala que junto con este periódico aparece una imprenta a vapor. Si bien destaca el hecho de que esta publicación introdujo como novedad técnica la imprenta a vapor, no se detiene demasiado en la consideración de este hallazgo, y se concentra más en ponderar el papel que le cupo al diario en la defensa de las libertades políticas (Fernández y Medina 1900: 36-37). No aparece ningún comentario referido a la labor de difusión cultural desarrollada por este diario, y esta omisión quizás debemos vincularla con la prioridad que tenía la prensa de carácter político. Durante este período la prensa fue valorada más como un arma de combate en el que se podía continuar con los debates políticos.

En 1869 el autor comenta que surge *El Ferrocarril*, un diario que, a diferencia de los otros, incursiona en "el periodismo puramente noticioso y popular" y destaca como particularidad que la idea fue de un tipógrafo llamado René Saint Lanes, "a quien mucho debe el progreso de la imprenta en nuestro país" (Fernández y Medina 1900: 38-39). Tampoco en este caso, se fundamenta cuál fue la labor realizada en esa dirección.

Otro silencio apreciable se pone de manifiesto cuando da cuenta de la aparición de *La Bandera Radical* en 1871 por iniciativa de Carlos María Ramírez. Fernández y Medina señala, como al pasar, que su director publicó mediante la técnica folletinesca *Los palmares*, una novela que deja inconclusa. También aquí se valora más la prédica política contra los partidos tradicionales que la difusión de una novela por entregas.

Después de los primeros intentos llevados adelante por la imprenta de *La Caridad*, *El Universal* y *El Siglo*, el progreso de esta tecnología se advierte a partir de 1880. A partir de ese año se puede constatar la actividad de algunos pocos emprendedores, como por ejemplo Ríus y Bechi con la imprenta *El Siglo Ilustrado*, la imprenta y litografía de Alfredo Godel (éstos serían los que más avanzaron en ese campo). A estas figuras, puede sumarse la labor de Antonio Barreiro y Ramos que ya para ese entonces era el editor más importante: en esos años editó *Palmas y Ombúes* de Alejandro Magariños Cervantes, *Artículos* de Daniel Muñoz, *Estudios literarios y Estudios constitucionales* de Francisco Bauzá y *Artigas* de Carlos María Ramírez. Aunque, de todas estas, la *Imprenta Artística*, fundada por Dornaleche y Reyes aparece como aquella que supera a las anteriores por sus recursos materiales y técnicos (una hegemonía que se extiende hasta el final del siglo XIX). En sus once años de existencia fueron muchos los libros que salieron de sus talleres, entre ellos pueden enumerarse *Obras completas* Franciso Acuña de Figueroa; *Cobre Viejo e Historia de la Literatura Contemporánea* de Samuel Blixen; *Entreactos de la vida oficial* de Teófilo E. Díaz; *Camperas y Serranas* y *Uruguay* del propio Fernández y Medina; *Historia de la Dominación Española* de Francisco Bauzá; *Estudios relativos al puerto de Montevideo; Memorias de la Cruz Roja; Diccionario Geográfico del Uruguay; Anales de la Universidad; Boletín de Enseñanza*. A estas ediciones pueden agregarse la confección de libros de textos para la Universidad, la escuela pública, los códigos vigentes, etc. (Fernández y Medina 1900: 64-65).

Por su parte, Isabel Wschebor, a través del examen de las distintas ediciones de los *Anuarios Estadísticos de la República Oriental del Uruguay,* da cuenta del avance de la industria cultural a partir de los años sesenta del siglo XIX. Junto con el paulatino crecimiento de imprentas, tipografías y librerías tanto en la capital como también en el interior del país, la autora destaca el trabajo de distintos diarios (*El Siglo, La Bandera Radical, La Paz, La Democracia, El Uruguay, La Patria, La Razón, El Bien, La Tribuna Popular*) en lo que hace a la publicación de literatura mediante la modalidad del folletín. Asimismo agrega que muchas imprentas quisieron participar de la misma iniciativa (Imprenta La España, Imprenta Oriental, Imprenta Latina, Imprenta a Vapor de "La Popular", Imprenta Francaise, Imprenta Liberal, etc.), y publicaron obras extranjeras traducidas (o no) al español. Sin embargo, de todas ellas, la única que logró montar una verdadera empresa cultural que funcionó como una editorial en el momento en que éstas no existían fue el diario *El Siglo* (Wschebor, 97).

El diario *El Siglo*, junto con su Biblioteca, fue uno de los impulsores de la cultura escrita a fines del siglo XIX. Su labor de edición no se limitaba únicamente a la literatura, también se ocupaba de imprimir textos filosóficos, históricos, científicos, etc. Si bien en su mayoría editaba textos extranjeros (preferentemente los de lengua francesa), hubo algunos libros de autores uruguayos que salieron de sus talleres: *Momentos de recreo* de Luis Otero (1868); *Violetas y ortigas* de Alejandro Magariños Cervantes (1880); poesías de Adolfo Berro; obras de Gregorio Pérez Gomar. La razón de tan escaso número se debía al hecho de que la literatura nacional no era leída con el mismo entusiasmo que sí recibía la literatura extranjera (Wschebor, 98).

El diario funcionaba con un sistema de suscripción, manejando precios muy baratos en la venta de sus ejemplares, lo que permitía poner a disposición de un público masivo sus productos.

El proyecto de la Biblioteca de literatura era una estrategia empleada por el diario para vender la publicación y atraer mayor cantidad de suscriptores. En cada ejemplar se anunciaba la entrega de una novela gratis. Básicamente, el diario utilizaba dos mecanismos para la difusión de su biblioteca: la publicación de folletines literarios al pie de la primera plana y la publicación de novelas por entregas. Con este tipo de estrategias *El Siglo* se anticiparía al modus operandi de las primeras editoriales: la publicación de folletines constituye una especie de política editorial que permite, por otro lado, examinar los gustos literarios de un público que no necesariamente se restringía a la élite patricia.

En el estudio de estas novelas, Wschebor ordena los textos entre aquéllos que pertenecen a la primera época y aquéllos que pertenecen a la segunda.

En el primer grupo predomina una "omisión del sujeto femenino", en el sentido de que no existe una construcción social de la mujer burguesa (las mujeres pertenecen a la aristocracia o poseen poderes sobrenaturales). Por lo tanto, los relatos se ubican en una época anterior a la modernización (las épocas privilegiadas son la Edad Media y el Renacimiento).

La segunda época, que comienza hacia la 1890, se caracteriza por una mayor penetración de la nueva sociedad burguesa en las novelas. Las novelas tendieron a centrarse en el problema de la representación social de la mujer, donde incidían con mucha fuerza los modelos de María y Eva. En lo que hace a la actitud adoptada por las lectoras, la autora apela al tópico del bovarismo.

Para Wschebor, el trabajo realizado sobre la "Biblioteca de *El Siglo*", permite observar otros aspectos de la modernización cultural. Entre ellos, el que tiene que ver con la formación de los bienes simbólicos, concretamente materiales de lectura de diverso tipo generados a partir de una demanda interna. Por otro lado, el consumo del folletín permite observar las variaciones de la representación social de la mujer burguesa.

Otro iniciador de la industria editorial es Antonio Barreiro y Ramos, un inmigrante español que hacia 1871 abre la Librería Nacional para satisfacer las demandas de la reforma vareliana editando libros escolares. Su vínculo con el ambiente intelectual uruguayo se estrecha cuando se convierte en editor del historiador Francisco Bauzá, Carlos María Ramírez (de éste último, publicará su *Artigas* y *Los amores de Marta*), Clemente Fregeiro, Juan Zorrilla de San Martín, Justino Jiménez de Aréchaga, Samuel Blixen, Alejandro Magariños Cervanetes, etc. En 1882 se vincula como administrador a una empresa cultural de corta duración: la "Revista del Plata", un medio destinado a la publicación de textos jurídicos. En 1893, Barreiro y Ramos comienza a publicar una colección de pequeños libros bajo el rótulo de "Biblioteca Popular de Historia Nacional" como parte de un proyecto difusor que buscaba la integración cultural y nacional. Así lo expresa en un prólogo a dicha colección:

> Sabido es de todos que entre nosotros las obras de carácter histórico no llegan hasta las clases populares, ni menos a manos de la infancia, debido al hecho de ser aquéllas excesivamente costosas, demasiado extensas, al par que su estudio requiere cierta preparación especial que, por desgracia, ni todo el pueblo posee, ni se suministra a la infancia (...); lo que nos induce a creer que todo empeño hecho en el sentido de difundir la historia patria entre las clases sociales de posición humilde, tendrá buena acogida, por más que ésta, por grande que sea, no compense lo bastante la magnitud de la empresa que abordamos (Barreiro, citado por Zubillaga, 139-145)

Las palabras de Barreiro dan cuenta de una conciencia social en torno a una industria cultural incipiente con afán integrador. Quizás Barreiro y Ramos amplía, va más lejos, en el objetivo de crear una industria nacional. Además, el hecho de preocuparse por llegar a las clases humildes, sugiere un propósito masificador de la cultura bastante novedoso para la época.

Otro aspecto relevante de la Librería Nacional tiene que ver con otra estrategia de difusión cultural: la realización de las tertulias culturales (la tertulia de Barreiro). En ellas participaban distintos intelectuales (políticos, ensayistas, periodistas, filósofos), y uno de sus asiduos concurrentes, Gervasio Guillot recuerda esos encuentros: "Cuando se llegaba al debate, éste se desarrollaba en plano elevado y daba lugar a que se lucieran los polemistas vocacionales como en un parlamento en miniatura. Tengo la seguridad de que, más de una vez, la tertulia de Barreiro reflejó el clima de nuestra representación nacional" (Zubillaga, 139-145).

Más tarde, el éxito empresarial obtenido llevó a Barreiro a instalar talleres gráficos, completando así la labor editorial (edición, impresión, comercialización). Esto convirtió a Barreiro en una de las industrias más importantes del país.

Como vemos, la empresa cultural iniciada por Barreiro y Ramos, fue la que llegó más lejos en lo que hace al interés por forjar una cultura nacional. No hay que desmerecer la labor realizada por la imprenta de *El Siglo*, a quien si se quiere le cupo la importante de tarea de crear un público lector fuera de las publicaciones políticas que tanto frecuentaba la prensa. Hasta se podría pensar en que la Biblioteca de *El Siglo* fue pionera en lo que hace una industria del ocio, del entretenimiento organizado. La difusión de autores franceses estaba orientada a la creación de un gusto literario. Aunque, sin duda que el trabajo de Barreiro se distingue por el hecho de asumir una conciencia en torno a lo nacional. Y esta postura en torno a lo nacional se traduce en actos concretos: la confección de libros de textos destinados a centros de enseñanza, la preocupación por difundir a los autores nacionales más reconocidos y la organización de encuentros entre los intelectuales más renombrados.

De acuerdo a lo planteado, los emprendimientos de *El Siglo,* y de Barreiro contribuyeron a plasmar esa idea del capitalismo impreso de la que tanto habla Benedict Anderson.

4. ¿UNA LITERATURA NACIONAL?

4.1. La relación entre prensa y literatura: folletines en la prensa periódica del Uruguay (1850-1896).

Prácticamente, hasta fines del siglo XIX el género narrativo es indisociable de la prensa. La presencia de autores uruguayos es muy escasa. Es posible que la aparición de los folletines desplazara al público masculino más adicto a los artículos políticos y promoviera un nuevo público femenino. Este aspecto lo estudiaremos más adelante.

Si seguimos la recepción de la prensa periódica uruguaya desde su etapa como república independiente, encontraremos que los primeros periódicos publicados en torno a la década del treinta privilegiaban los temas militares o políticos. Son escasos los periódicos que incluyen temas literarios; Antonio Zinny menciona a *El Constitucional* (1829), *El Correo* (1830). En la década siguiente, *El Conservador* (1847-1848), además de sus noticias políticas incluye en su parte literaria a "Arturo" de Eugenio Sue que comienza en el número 9 y termina en el 153. A este periódico habría que agregar al *Diario Nacional* (1852), el *Eco de la Juventud* (1854 – 1855) y *La Mariposa* (1851- 1852). Este último era un periódico semanal de literatura que publicó en el número 18 el folletín "El bosque misterioso. Leyenda Nacional" de Gregorio Pérez Gomar; e "Inés de Lara", una leyenda de Fermín Ferreira (Zinny 1883; Scarone 1940). Más tarde, en 1859, el propio Pérez Gomar publicará en *La Nación* de Montevideo su folletín *La fuerza de un juramento,* y en 1860 en *La Democracia, Misterios del corazón.*

Por su parte, Arturo Scarone en su trabajo *La prensa periódica del Uruguay,* obra organizada a partir del año al que arribara Zinny, observa que buena parte de los diarios aparecidos entre la década del cincuenta y sesenta se proponen como objetivo la defensa de la patria o la legalidad institucional: *La Actualidad* (1863), *Artigas* (1864 – 1865), *La América* (1861). En el primero de ellos se publica el folletín *El caballero de Hermental* de Alejandro Dumas. El diario *El Comercio* publicará también folletines franceses como *Curso familiar de literatura* de Lamartine, o las *Impresiones de viaje* de Dumas. El ya mencionado diario *La Democracia,* aparte de la obra citada de Pérez Gomar, publica las *Veladas de invierno* de Alejandro Magariños Cervantes y *Los amores de Montevideo* de Antonio Díaz (hijo). Ésta última también será publicada por *La Aurora* en 1862. *La Discusión* (1861-1862), diario que al igual que muchos otros aboga por la paz interna, el progreso moral y material del país, publica como folletín las siguientes obras: "Diálogo patriótico interesante entre Jacinto Chano, capataz de una estancia en las Islas del Tordillo, y el gaucho de la Guardia del monte"; *La maldición de una madre* y *la pasión de una reina* por Julio Nombela; *Los hijos del amor* por Eugenio Sue; *Antonina o los ángeles de la tierra* por Alejandro Dumas (hijo) (Scarone, 214 – 218).

Entre las revistas y publicaciones literarias encontramos un número variado que han tenido una existencia pasajera como *El joven literato* (1854 – 1855), *Sol Oriental* (1854), *La República* (1854), *La Regeneración* (1857), *La semana* (1857 – 1858), *La Aurora* (1862 – 1863) y *El Iris* (1864 – 1865). *La Aurora* difunde bajo la modalidad del folletín las novelas de Antonio Díaz *Los amores de Montevideo*, y *Una mujer como hay pocas* de Mateo Magariños Cervantes.

En 1871 aparece otro diario de vida efímera llamado *La Bandera Radical* fundado por Carlos María Ramírez. El periódico, toda una tribuna política a favor de las ideas fusionistas, contaba con un plantel de colaboradores proveniente de la facción principista como Francisco Bauzá, Gregorio Pérez Gomar, Gonzalo Ramírez, José Pedro Varela, etc. En ese periódico, su fundador publicó sus conferencias sobre Derecho Constitucional y su primera novela titulada *Los palmares,* obra que al decir de Fernández y Medina "acaso deba preferirse, aunque incompleta, a la que publicó más tarde con título de Los amores de Marta" (Fernández y Medina, 39).

En la segunda mitad del siglo XIX, hubo otros diarios que, aparte de su peso intelectual y político, también se ocuparon de la publicación de folletines.

El primero de ellos es el diario *El Siglo*, que inicia su trabajo el 1 de febrero de 1863 y se mantiene hasta el 30 de noviembre de 1924. Aparte de su formación liberal y su incidencia en el desarrollo del pensamiento, este diario supuso un avance respecto a los anteriores por haber inaugurado una imprenta propia, con máquina de reiteración, que le permitió desarrollar un interesante proyecto editorial (un antecedente importante lo encontramos a mediados de los cincuenta con *El comercio del Plata*). Otra nota de distinción fue el plantel periodístico que contaba con las figuras políticas e intelectuales más importantes del momento como Elbio Fernández, Fermín Ferreira y Artigas, José Pedro y Carlos María Ramírez, Julio Herrera y Obes y Pablo de María.

Como se trata de un diario eminentemente político, la literatura es relegada al espacio del solaz. El vínculo entre literatura y política es muy escaso, por lo menos en el tema que nos ocupa que es la narrativa. Por esa razón, la difusión de la literatura se produce a través de la modalidad del folletín, una modalidad que permite delimitar una frontera entre la prensa como espacio del combate de ideas y la literatura como reino de la fantasía.

En sus primeras décadas de vida, *El Siglo* publica folletines de procedencia gala o española. Entre los autores más importantes figuran los nombres de Jorge Ohnet u Octavio Feuillet junto a Emile Zola y Eugenio Sue (para mencionar algunos de los que integran la genealogía de folletinistas franceses).

El diario *La Razón* es un periódico de tendencia liberal fundado por Daniel Muñoz el 13 de octubre de 1878, cesando el 23 de marzo de 1929. Desde su fundación, este periódico declara como objetivo el análisis político y social poniendo énfasis en la prédica anticlerical y en su oposición a la dictadura del general Santos.

La Razón parece plantear un vínculo mayor entre la literatura y la prensa política si consideramos que en sus páginas se han publicado los artículos de Sansón Carrasco (seudónimo de su fundador Daniel Muñoz). El artículo o la crónica están a medio camino entre lo literario y la exposición de las ideas.

Entre los folletines publicados por el diario *La Razón* se aprecia un cierto predominio de la narrativa francesa (aparecen algunos títulos españoles, uno de los más importantes es una novela de Benito Pérez Galdós titulada *El audaz*). Así, podemos ver que en la edición del 13 de diciembre de 1878, el diario publica el folletín *El confesor* por El Abate, una novela que guarda cierta relación con las ideas anticlericales de la publicación. Y a través de su heroína se propone un acercamiento sensual a los referentes sagrados. En el folletín *El proceso Lerouge* de Emile Gaboriau, publicada el 2 de julio de 1879 hasta el 17 de agosto del mismo año, la mujer es presentada como un ser nocivo por su apetencia al lujo.

En *La azulina* de Gustavo Haller, publicada el 20 de agosto de 1879 hasta el 17 de setiembre del mismo año, su protagonista René se debate entre dos tipos de mujeres, una que describe como un modelo angelical (para lo cual utiliza cierto estereotipo proveniente de la influencia del romanticismo español becqueriano) y otra que es presentada como un ejemplar más sensualizado y embriagador. La novela está recorrida por cierta ráfaga de erotismo que luego se dispersa, y eso sucede cuando el protagonista siente atracción por el cuerpo femenino descripto como "varonil y temerario".

En estas novelas y en algunas otras publicadas en este diario, podemos ver cierta inconstancia en la presentación de los prototipos femeninos. La fluctuación producida entre la mujer angelical y la mujer destructora (ésta última identificada con la inclinación al lujo y a la sensualidad), nos lleva a pensar que a través de estos textos se plantean algunas de las preocupaciones respecto al modelo de mujer buscado por la modernización. Las novelas parecen realizar casi de modo fragmentario las aspiraciones expresadas en otros artículos y que no serían otra cosa que balbuceos de la mujer doméstica. Los folletines toman ciertos rasgos angelicales desarrollados en otros artículos periodísticos, pero no logran plasmarlos en construcciones estables: el trayecto hacia la consolidación de la familia se bloquea por distintos motivos relacionados con el ámbito del vicio o la inclinación al lujo.

Basta revisar algunos de los artículos publicados en esas mismas fechas para ver la relación entablada entre las distintas textualidades. El 12 de setiembre de 1879, se publica una conferencia de Prudencio Vázquez y Vega titulada "La belleza de la virtud". La virtud como expresión suprema de la belleza es exaltada en oposición a otro tipo de expresiones materiales. El 20 de octubre de 1880 aparece un artículo de Eduardo Acevedo Díaz titulado "El estilo. Una disertación sobre estética". Según Acevedo, el estilo buscaría modelar los altos caracteres de la belleza, por lo que su meta es alcanzar un ideal absoluto. Estas mismas ideas encuentran su eco en las reseñas críticas desarrolladas por Julio Herrera y Obes acerca del naturalismo de Zola. Como Herrera parte de la idea de que la verdad debe combinarse con la belleza moral (una identidad platónica entre belleza y moral), considera que el naturalismo es una depravación en la medida que se aproxima al materialismo. El inventario minucioso del cuerpo, y en particular aquellos detalles que apuntan a una lubricidad bestial merecen su reprobación. No obstante, cuando tiene que dar cuenta de la primera descripción física del cuerpo de Naná, su pluma se deja embelesar.

Estos artículos citados ya plantean una concepción de la literatura que es dominante en el siglo XIX: la literatura debe tener una utilidad social. La relación entre la literatura y la prensa se establece a través de la promoción de ciertos valores conferidos a la primera. La literatura debe dedicarse a ennoblecer el espíritu. Esa sería su utilidad social asignada, y de ahí la dura condena que recae sobre la obra de Zola; todo lo que tiene que ver con la exaltación del cuerpo en su dimensión puramente biológica es no sólo considerado un atentado al sentido de la decencia, sino que llega a ser asimilado a otras prácticas sociales como el despotismo político o la corrupción de las costumbres.

Ya habíamos visto el sentido moral asumido por buena parte de la prensa uruguaya en el siglo XIX. Como todavía se trata de una nación en formación (un gesto patente en muchos intelectuales), la literatura es leída desde la tribuna de la prensa de acuerdo a un sentido moral. La corriente filosófica que ingresa en esos años, el positivismo, no modifica aún la percepción y el valor que se tiene de la literatura.

Pocas obras del naturalismo se publicarán en esos años. En 1883, *La Razón* publica una novela de Alphonse Daudet titulada *La evangelista* (romance parisiense), precedida de una reseña crítica acerca del propio autor. En dicha reseña, se establece que el escritor francés es aceptado, pese a su pertenencia al naturalismo, por su capacidad de emplear el lenguaje de acuerdo a un estilo artístico que le permite disfrazar las crudezas de la vida social. Incluso se esgrimen algunos juicios de valor que retoman el vínculo entre verdad y belleza al decir que Daudet es "culto, discreto y ameno". Por su parte, *El Siglo* publicará de Zola la novela *Una página de amor*.

En ese mismo año, el diario anuncia las publicaciones de las novelas de Carlos María Ramírez y Daniel Muñoz como folletines originales de propiedad exclusiva de *La Razón*. Respecto a esta labor, el propio diario destaca lo siguiente: "ya es tiempo de que el periodismo entre nosotros se ponga a la altura que ha alcanzado en otros países, bastándose con sus elementos sin necesidad de recurrir a las reproducciones que hasta cierto punto quitan a un diario el carácter propio que debe tener". Estas palabras son de particular importancia, ya que el propio diario manifiesta la necesidad de buscar una autonomía en el plano cultural, y dicha meta se asocia aquí a la tarea de publicar a los autores nacionales, algo que en opinión del diario le daría ese "carácter propio". Además, dicha autonomía no es inseparable de la exaltación de obras y autores que en el correr del tiempo han perdido su importancia. Antes de ser publicadas como libros independientes, el articulista está promocionando a *Los amores de Marta y Cristina*, novelas que serán editadas recién en 1884 y 1885 respectivamente.

Pero el lugar asignado a literatura nacional en las páginas de *La Razón* puede apreciarse incluso unos años antes. Cuando Carlos María Ramírez publica como folletín *Los palmares* (aparecido por primera vez, como vimos, en La Bandera Radical en 1871) en el diario El Plata, con el N° 17 en 1880, La Razón le dedica una serie de artículos críticos a cargo de distintos autores.

Eduardo Flores en su artículo titulado simplemente "Los palmares", publicado en dos entregas correspondientes al 28 de octubre de 1880 y 29 de octubre del mismo año, comienza señalando que la literatura no ocupa el mismo lugar de importancia que sí posee la política. Y a continuación señala que el criterio seguido para evaluar la obra es determinar "si su lectura deja una impresión favorable al perfeccionamiento del alma". Para fundamentar la importancia de estos parámetros morales, el autor se apoya en la figura de Mme de Stäel y sostiene que la moralidad de un romance reposa en los sentimientos que inspira. Flores desarrolla una crítica negativa porque, en su opinión, los personajes no tendrían fisonomía propia ("son un falso testimonio de nuestras costumbres sociales").

Uno de los aspectos que irrita al autor de la nota es el pasaje que muestra a Eduardo presentándose en un baile de sociedad con una apariencia del todo desaliñada. También le reprocha "el lenguaje lascivo" con que se dirige a María Angélica, una conducta que a su entender alejaría a Eduardo del comportamiento civilizado. Pero en otra parte de su artículo realiza algunas valorizaciones que tiene mucho que ver con el tema de este trabajo: nos referimos a la confrontación entre dos personajes femeninos, María Angélica, que por su nombre y su descripción representaría al modelo angelical; y por otra parte, nos muestra a Adela, que representa a la mujer de ciudad, coqueta y galante.

Luis Melian Lafinur en su artículo, publicado el 31 de octubre de 1880, "Los palmares, apuntes para un artículo crítico", valora como un aspecto positivo el hecho de que la novela posea lo que denomina un "colorido local". Pero en el resto del artículo se dedica a establecer la misma valoración moral que veíamos en Flores, al ocuparse de los dos personajes femeninos. En este punto, Melian Lafinur profundiza las diferencias existentes entre ambas al identificar a María Angélica con ciertas la trazas de lo nativo contrapuestas a la artificiosidad de la mujer de ciudad. Destaca de María Angélica su carácter generoso y abnegado, la mujer ángel de belleza modesta que busca flores para la virgen del Carmen, en tanto Adela es señalada por su egoísmo cruel. También la lectura moralista se ve en el reproche que le hace al autor por la poca resistencia que ofrece María Angélica a su seductor; defecto que parece salvarse con la intervención de Miguel que evitaría que la novela se aproximase a *Fanny* o *Madame Bovary*, novelas identificadas con ciertas formas de lo pornográfico. El personaje de Miguel es concebido como la representación de la nobleza gaucha frente al carácter veleidoso del hombre de ciudad.

Para Melian Lafinur, la obligación de todo novelista es hacer simpática a la inocencia, noble y generosa a la virtud; odioso y vil el crimen. De acuerdo a estos parámetros morales, María Angélica y Eduardo pagan sus faltas con la muerte.

La última de las críticas la realiza Belisario Montero en otro artículo con el mismo título de los anteriores y que aparece publicado en dos entregas correspondientes al 19 y 20 de noviembre de 1880. Las valoraciones de Montero no difieren sustancialmente de los anteriores en el sentido de privilegiar la moralidad como principio estético. También la caracterización de los personajes está atada a construcciones dicotómicas: María Angélica como un personaje becqueriano representa a una mujer ángel y Adela, en cambio, es algo así como una belleza plástica, hueca. En este punto disiente con Flores quien había sostenido que Adela podría ser la representación de la mujer oriental, mientras que para Montero sería el símbolo de la juventud vana y trivial que sólo se preocupa por la moda y el juego. Por otra parte, divide la obra en dos partes: el idilio y el drama social. Éste último se produce en la estancia cuando Eduardo entra en contacto con la naturaleza y sucumbe a los amores violentos; y al hacerlo, rompe los vínculos sagrados de la sociabilidad.

Estos estudios críticos aparecidos en la prensa nos permite ver una reiteración de ciertos valores, como puede apreciarse en la caracterización de los dos tipos femeninos dominantes; por un lado, el modelo angelical enfrentado a la mujer de salón que daría lugar a una oposición entre la mujer doméstica y la mujer aristocrática tal cual lo postula Armstrong para la novela inglesa. Las lecturas críticas recién trabajadas parecen volcar su preferencia por ese ideal de mujer doméstica basado en ciertos rasgos de austeridad. Como vemos la imposición de una lectura moral y ejemplarizante, hace que estos críticos intenten buscar en la novela comentada aquellos rasgos que definirían a la "mujer oriental". Y en esta faena el lujo es el enemigo a combatir. Curiosamente, el ideologema "civilización – barbarie", se presenta bajo otras coordenadas más conflictivas al proponer como problema a combatir el lujo que está asociado a la cultura urbana. Frente a esto, ¿dónde ubicamos a la mujer oriental? ¿En el ámbito de la naturaleza o en el ámbito urbano? Al ubicar a la mujer en el plano de la naturaleza, preservaríamos cierto ideal rousseauniano de pureza en contraposición a la corrupción de la ciudad, pero al estar alejada de la civilización quedaría sujeta a aquellos comportamientos instintivos que justamente estos mismos patricios desearían erradicar. Así, el ejemplo que aportan estas lecturas aparte de ponernos al tanto de las inquietudes de la clase dirigente en la etapa de la primera modernización, también nos hace ver la fluctuación experimentada entre un ideal austero y otro aristocrático del cuerpo femenino. Esta fluctuación se trasladará posteriormente a las novelas estudiadas.

4.2. La narrativa uruguaya en el siglo XIX: La novela nacional y la intrusión de lo sentimental.

En este capítulo nos proponemos examinar el desarrollo de la narrativa en Uruguay durante el siglo XIX y observar qué lugar ocupa las narraciones sentimentales.

En el período que estamos estudiando surgen las primeras voces que intentan definir las posibilidades de una "novela nacional". Al respecto, Samuel Blixen en un capítulo de su libro *Cobre viejo*, que lleva por título "La Novela nacional", se lamentaba del escaso desarrollo de la novela en la joven república, y que, en cambio, haya florecido el artículo de prensa política o el verso. Éste último parece haber tenido mayor influencia en el hombre político quien debía ostentar aparte de las dotes intelectuales cierta inspiración sagrada. Para Blixen la novela tendría su utilidad a la hora de dar a conocer al exterior los detalles de nuestras costumbres y cifraba sus esperanzas en la novela realista que debía sobreponerse al romanticismo literario. Al examinar el desarrollo de este género en el Uruguay señala lo siguiente:

> Entre nosotros, los ensayos se reducen a una novelita sentimental de Daniel Muñoz, a quien no le da seguramente por ese lado, y a la novela de Carlos Ramírez, obra sin duda alguna de mucho mérito, pero que contiene extrañas fluctuaciones entre el romanticismo y el naturalismo, más de una escena en que la fantasía ha suplantado a la observación, y más de dos personajes que se empeñan en ser inverosímiles. De Brenda no hablemos, porque pertenece a la época trasnochada del romanticismo bona fide, y tiene tan poco de nuestro, que no vale la pena ocuparse de ello (Blixen 1894: 224).

En esta crítica ya podemos notar cómo el escribir una novela sentimental (género asociado al romanticismo) implicaba un demérito, y además las obras de los dos primeros autores ni siquiera son nombradas. Por otra parte, cuando sí nombra a la obra novela lo hace para emitir un juicio lapidario. Resulta por demás curioso este rechazo de la novela sentimental cuando esas mismas novelas tienden a plasmar muchas de las consignas que el propio Blixen defiende en otra parte de ese mismo artículo. Por ejemplo, al referirse a las obras de Antuña le critica el que haya concebido el amor como una forma tranquila y sosegada y destaque la atracción física como un ingrediente del discurso amoroso (un aspecto que es enfocado en las novelas mencionadas). Por otra parte, se contradice a sí mismo cuando aboga por la inclusión de la mujer, algo que a su entender constituiría un "elemento esencial de la novela, y sin el cual no se concibe en ésta atractivo alguno para el sentimiento, parte la más interesada, después del espíritu, en la apreciación del género de literatura de que tratamos" (217).

Otro autor preocupado por la formación de las nacionalidades es Francisco Bauzá, quien no vacilaba en criticar a aquellos que hacían de la literatura un entretenimiento inofensivo (léase los principistas). Para Bauzá, la literatura no era asunto de diversión o de solaz, sino que debía emparentarse con aquella "sanción moral" conferida a ciertos hechos singulares de la historia (Bauzá 1885: 34-35).

Un estudio interesante que aborda esta temática es el de Leonardo Rossiello en su obra *La narrativa breve uruguaya (1830 – 1880). Formas y direcciones,* donde el autor se ocupa de estudiar las primeras narraciones breves aparecidas en la prensa. Rossiello se centra en los componentes formales del relato y en la correspondencia entre la intencionalidad del discurso y los signos lingüísticos que lo configuran.

En lo que hace al punto de vista, el autor encuentra que buena parte de las narraciones privilegian la forma del narrador extradiegético. Un elemento recurrente es la catálisis y las formas digresivas del narrador que van conformando un discurso valorativo y normativo regido por la ideología del autor. Cuando aparece el narrador intradiegético, hay una cantidad de textos relatados por personajes testigos. En el caso del narrador extradiegético, una parte importante se sitúa en el punto de vista omnisciente. Dichas características responderían a los códigos narrativos vigentes en la época. Lo que el autor comprueba aquí es cómo el dominio de la sociedad por parte de los autores pertenecientes a las élites políticas y económicas, se proyecta en el dominio del mundo narrado por parte de los narradores. Esta articulación es estudiada por Rossiello en tres tendencias: la folletinesco sentimental, la histórico-patriótica y la filosófico-didáctica.

Otro fenómeno observado por Rossiello es la casi ausencia de narradores femeninos. Su presencia es aún mayor en las narraciones folletinescas, donde suelen observarse narradores metadiegéticos femeninos en textos breves.

Si bien en lo formal, hay una rígida observación de la estructura que se puede ver en la preocupación por la división en capítulos y la subtitulación, el autor nota cómo también se produce la mezcla entre verso y prosa, así como el uso de la técnica epistolar (este último recurso muy presente en la narrativa folletinesca). En todo esto, Rossiello señala que se advierte un deseo por jerarquizar cada unidad en sí y la obra en su conjunto.

Por otra parte, el autor considera que las narraciones breves de estos primeros cincuenta años de vida independiente constituyen la base de la cuentística criolla o urbana (la mitad de las narraciones son de ambientación urbana, en tanto que el 25 % son de ambientación rural). Esto le permite afirmar que es imposible situar el inicio de la narrativa uruguaya en 1890, y tomar como eje la obra de Eduardo Acevedo Díaz. Del mismo modo derrumba viejas certezas como la de ubicar el inicio de la narrativa urbana en un período avanzado del siglo XX.

De su estudio, Rossiello concluye que las narraciones breves se inscriben dentro de ciertas direcciones: cada una conlleva una intencionalidad rectora. Aparte de que existen distintos motivos (estéticos, personales, políticos, periodísticos, filosóficos, etc.), el autor distingue las intencionalidades rectoras de acuerdo a las diferentes direcciones.

En los relatos histórico-patrióticos, se busca la exaltación de la idea de patria y nación en el contexto de un país recién salido de la colonia.

En los textos folletinesco-sentimentales, los narradores se dirigen a las primeras generaciones de mujeres en condiciones de leer. Para Rossiello el modelo folletinesco debe verse como parte de la internacionalización de la literatura. La intención de entretener y deleitar se expresa con nitidez.

En los relatos didáctico-moralizantes la intención apunta a la defensa de códigos sociales como la potestad del padre sobre el hijo, las virtudes del matrimonio frente a otras formas socialmente estigmatizadas, de convivencia o trato carnal, la pureza o virginidad de la mujer, el honor, la autoridad del hombre sobre la mujer, etc.

Uno de los aspectos interesantes del trabajo de Rossiello tiene que ver con el empleo del término "dirección" o "tendencias", categoría más laxa y más pertinente que la de "género" dado que le permite dar cuenta de un período fermental donde las estructuras narrativas aún no están asentadas. La narrativa breve estaba atravesando un proceso de depuración y consolidación. Por esa razón, el cuento coexistiría con otras formas adyacentes (protocuentos, narraciones en verso, las crónicas, narrativa historiográfica) Incluso, aunque clasifique las narraciones de acuerdo a las tres direcciones precedentes, en algunos casos advierte una mezcla: "Rosa" sería una narración histórica porque está ambientada en el sitio de Montevideo en 1815, pero la fábula atañe más a una historia sentimental y folletinesca.

A la hora de cuál fue la primera novela uruguaya, buena parte de la crítica, entre ellos Alberto Zum Felde, ha dictaminado que fue *Caramuru* de Alejandro Magariños Cervantes.

Virginia Cánova en su estudio *Bibliografía de obras desconocidas u olvidadas de la narrativa uruguaya de mediano y largo alcance (1806 – 1888)*, propone un pormenorizado estudio sobre las obras publicadas durante el siglo XIX.

Canova aclara que incluye en su estudio obras que escapan a toda clasificación rígida, y eso la lleva a contemplar textos como las nouvelles, memorias, crónicas noveladas, partes de guerra, etc. Con esta perspectiva también señala que se aparta del corpus de estudio elaborado por Leonardo Rossiello en su *Narraciones breves*.

Una de las dificultades con las que se ha encontrado la autora tiene que ver con la ausencia de datos precisos acerca de los textos publicados, así como grandes lagunas de información derivadas de la descalificación valorativa y el desconocimiento de las obras. También ha notado la repetición de errores sobre las fechas de publicación, autores, etc. Muchas de las obras encontradas fueron publicadas a través de folletines y otras tuvieron una segunda edición a través de libros impresos. De su examen, Canova concluye que la crítica ha olvidado "una abundante producción de la narrativa uruguaya del siglo XIX". Su propósito fue rescatar las obras narrativas de este período independientemente de los juicios estético-valorativos, de modo de construir una historia social de la literatura uruguaya en ese período (Cánova 1990: 1-2)

Luego de dar cuenta de toda la producción narrativa en este período, Cánova comenta que se escribieron por lo menos 35 obras narrativas (sin contar el corpus existente en la prensa). El corpus es, en parte, desconocido porque 6 obras no se registran en ninguno de los libros de referencia. El 69 % de esta bibliografía no registra las obras; cuando se registran, en un 20 % aparecen con datos incorrectos o insuficientes. Solo en 11 % de los mismos, los textos literarios figuran con los datos correctos y completos. La única obra que aparece registrada en todos los casos es Caramurú (Cánova 1990: 78).

Un error muy recurrente en la crítica es el haber utilizado información de segunda mano, lo que según la autora provocó una sucesión de errores que se reitera de un crítico a otro. Por ejemplo, cuando Carlos Roxlo comenta la obra *Misterios del pillaje*, comete el error de clasificarla como novela policial cuando, en realidad es una *"defensa judicial que hace el damnificado sobre su causa"* (el autor la clasifica como "novela histórica de costumbres judiciales). También se equivoca en las iniciales del autor, tanto Roxlo como Englekirk lo consignan como J. P. Montero. Pero lo que más subraya Cánova es cómo estos errores están sujetos a uno más esencial: el de cómo la aplicación de criterios estético-valorativos sirven para descalificar esta literatura, y justifican su exclusión (Cánova 1990: 78-79).

En un estudio aparte, Cánova se centra en una de las novelas mencionadas en el catálogo: *Por una Fortuna una Cruz* de Marcelina Almeida, publicada en 1860. Según la autora, se trataría de la primera novela escrita por una mujer en Uruguay, y constituiría lo que la propia autora denomina como *Los orígenes del feminismo en Uruguay*. La razón de este título se debe a que por el propio argumento de la novela (la situación de una mujer que es obligada a casarse con un hombre mayor que ella) se vincula con el pensamiento feminista del siglo XIX.

La cultura tiene una forma particular de organizar el mundo y para ello crea mitos, espejos en los que mirarse. La creación del automodelo lleva a trazar una línea fronteriza entre un interior y un exterior, donde éste último es percibido como un antagonista.

En el caso concreto de la literatura uruguaya, uno de los principales críticos que incurre en estas autocaracterizaciones es Alberto Zum Felde en su crítica del romanticismo. Al hablar de las obras de este movimiento señala que sólo menciona alguna de ellas porque son "de calidad y significación demasiado exiguas" (Zum Felde, 154).

Previamente el modelo ya se había formado en la obra de Carlos Roxlo *Historia crítica de la literatura uruguaya* (1912). Este autor también incurre en la mención superficial de ciertas obras apoyándose en lo que entiende como "escaso valor" literario. Como ya hemos visto, esta descalificación atenúa el olvido, las omisiones y las imprecisiones en el proceso de dar cuenta de estas obras.

La "autocaracterización" de la que habla Cánova puede verse concretamente en lo que refiere a la categoría "novela nacional". Cómo veremos, el intento por parte de los críticos de construir esta categoría se emparenta con la exclusión explícita del género "novela sentimental". Uno de los avatares de esta exclusión se produce en los enfoques desarrollados en torno a la novela *Caramurú* de Alejandro Magariños Cervantes. *Caramurú* se publica en Madrid en 1850, y a pesar de tratarse de una novela publicada en el extranjero muchos críticos la consideran como la iniciadora del género narrativo en Uruguay. Como hemos visto, esta afirmación es errónea, pero además se olvida que el propio autor publicó previamente *La Estrella del Sud. Memorias de un buen hombre*, en Málaga en 1849.

Durante mucho tiempo se pensó que esta obra era la primera que iniciaba el tema nacional en la literatura uruguaya. La idea de "tema nacional" está sostenida por la presencia de elementos autóctonos que pueden verse en el argumento de la novela. La novela transcurre entre los años 1823 y 1827, período en el que se desarrolla la dominación luso-brasileña en la Banda Oriental. La novela comienza con el secuestro de Lía por parte de Caramurú y su fuga a un escondite en el medio del bosque. Un tiempo después el protagonista asesina a un hombre en una pulpería, y se ve obligado a escapar de la justicia dejando a Lía con sus compañeros.

La narración prosigue con otras peripecias, el encuentro del gaucho con un hacendado que posibilita su huida a Catamarca a cambio de que Caramurú consiga un caballo único capaz de ganar las próximas carreras. El gaucho consigue este caballo entre una tribu vecina y, luego de hacerse con él, gana la carrera, aunque al ser reconocido por sus perseguidores se ve obligado a huir al bosque.

Se produce una lucha entre fuerza luso-brasileñas y los montoneros. Éstos últimos ganan la contienda, y en ese momento Caramurú se entera de que Lía es hija de su ex protector y, por esa razón, decide devolvérsela. El padre corresponde con el gaucho ofreciendo a su hija como esposa.

En toda la historia la temática de lo autóctono y lo nacional gira en torno a cinco áreas: el paisaje autóctono, el marco histórico nacional, la presencia de tipos humanos característicos del campo uruguayo, la incorporación de los regionalismos y la elaboración de cuadros costumbristas (Cánova 1989: 12).

Antes de iniciar su estudio, Cánova señala un detalle que han advertido otros críticos: "Esta novela seguiría en apariencia los modelos adoptados por el folletín sentimental de corte europeo, sino fuera que la trama está permanentemente entrelazada con los elementos nacionales y autóctonos que le dan su carácter especial, objeto de nuestro análisis" (Cánova 1989: 16).

La importancia de este pasaje se debe a que la autora, aunque se centra en los componentes autóctonos, no desdeña totalmente la presencia de los modelos folletinescos. Porque muy diferente es la valoración realizada por Alberto Zum Felde y Ángel Rama. El primero de ellos afirma lo siguiente:

> Caramurú, novela, es en prosa lo que Céliar en verso. En ambas, los mismos falsos personajes de melodrama, el mismo argumento arbitrario e inverosímil, la misma flaqueza de expresión (...) Magariños ha batido el record de lo incongruente. La imaginación folletinesca, que es imaginación sin brújula ni sentido, está aquí en auge horroroso. Lo único que restaría como recurso de salvación a estas obras, a pesar de la incongruencia de su argumento, esto es, la vivacidad del relato, la plasticidad en la pintura de cuadros naturales y escenas de costumbres, falta también en absoluto. Prosaicas, desabridas, desprovistos de colorido, y de una prolijidad pueril, ninguna de sus descripciones tiene valor literario (...). (Zum Felde 1941:150-53)

Este juicio lapidario por basarse exclusivamente en la falta de capacidad artística del escritor, no tiene en cuenta el hecho de que Magariños escribe en una etapa en la que la literatura está en una fase formativa. Una etapa en la que es normal la dependencia de los modelos extranjeros.

Y claramente, uno de esos modelos tan estigmatizados es el de la novela sentimental ("la imaginación folletinesca"). El hecho de que ataque este punto muestra con más claridad la ceguera del crítico, ya que las novelas de esta etapa siguen todas las características de esta categoría. Además el empleo de este término se vuelve más despectivo cuando se lo termina reduciendo a lo sentimental. Si comparamos los dos pasajes, vemos como en un caso, el de Cánova, aflora la categoría de lo sentimental ("folletín sentimental") sin caer en ningún juicio despectivo; por otro, cómo en Zum Felde, al hablar de "imaginación folletinesca", emplea intencionadamente la expresión con cierta vaguedad como parte de una estrategia de negación de este tipo de producciones. Otra diferencia que se puede apreciar entre ambos, consiste en que para Zum Felde la "imaginación folletinesca" es incompatible ("incongruente") con el desarrollo de una "novela nacional" que requiere de componentes autóctonos ("cuadros naturales, escenas de costumbres"). Para Cánova, en cambio, "la presencia de elementos estereotipados" (el modelo folletinesco) se debe, no tanto a la capacidad artística del escritor, sino a determinados factores socio-políticos: el público extranjero a quien el escritor dirige su obra; su extracción social; el escaso desarrollo que la novela nacional había adquirido hasta ese momento. Aparte de sentirse como una especie de intérprete de lo autóctono americano para el público europeo, Magariños no renuncia a su condición social. De ahí que al abordar con sinceridad los temas nacionales, el escritor nunca llegara a sentirse como un campesino: su realidad social, su pertenencia a la clase patricia le decía que lo autóctono estaba fuera de la ciudad, pertenecía al mundo "bárbaro" que comenzaba donde terminaba el centro urbano, civilizador (Cánova, 80). Pese a que Magariños incursiona en algunos regionalismos, no se aparta totalmente de la lengua literaria culta, y es a través de ella que se inocula las formas irreales y estereotipadas que constituyen para muchos críticos una limitación artística.

Por estas razones, pensamos que el lugar que ocupa lo folletinesco en Magariños tiene que ver con su educación urbana, europeizante. Como veremos, está técnica y sus motivos eran usuales en toda producción literaria. Por eso, resulta extraño querer ver lo folletinesco como un obstáculo a la realización de la temática denominada como autóctona o nacional.

Observemos que en el juicio que emite Ángel Rama, la mención a la presencia de este modelo está más velada que en Zum Felde:

el fracaso en la pintura del ambiente nacional que se registra tanto en las novelas -Caramurú- como en las poesías -Celiar- de Magariños Cervantes podría atribuirse a su escasísima o nula capacidad de escritor (...) Pero como este fracaso se extiende a creadores de más enjundia, singularizando el comportamiento artístico de los mayores intelectuales del Río de la Plata, débensele buscar otras causas. La obvia y comprobada dice que la vocación nacional pregonada por estos escritores era fraudulenta, no correspondía a la verdad de sus secretas intenciones ni a los auténticos impulsos de su sensibilidad ni a su conducta civil ante la sociedad. (Rama, A, citado por Cánova, 21)

En este pasaje Rama habla de la carencia de ciertas destrezas como escritor y la vincula inmediatamente a una ausencia de la vocación nacional por parte del escritor. Como vemos, Rama a diferencia de Zum Felde no explicita cuáles son esas carencias; aunque pensamos que buena parte de esa "pobreza artística" se deba a la adopción de moldes folletinescos. Tampoco se entiende con claridad por qué se concluye que la "vocación nacional pregonada por estos escritores era fraudulenta". Es muy cierto que los teóricos del romanticismo americano (Echeverría, Cané) insistían en sus escritos en la necesidad de crear una "inteligencia propia", y que eso llevaba al estudio de los movimientos europeos teniendo el cuidado de no copiarlos. Esos rasgos nacionales son buscados por Magariños "ora en las maravillas de nuestra espléndida naturaleza, inerte y animada; ora en las escenas originales de nuestras estancias y desiertos" (Rama, citado por Cánova, 21).

Si nosotros observamos la obra de Magariños, estos rasgos nacionales están presentes, y en ese sentido se cumpliría con el requisito de lo autóctono que exige el tratamiento de temas, motivos vinculados con una escenografía nativa. Sin embargo, lo que se le critica es más que nada la pobreza en el nivel de la técnica artística, algo explicable a la etapa por la que le tocó transitar a este escritor. La obra de Magariños coincide con los comienzos de una "literatura nacional"; su trabajo inició el camino de una búsqueda de tal literatura a través de pasos vacilantes.

El apego a la forma sentimental, perceptible en Magariños, será continuada por otros narradores de esta misma centuria (incluso el propio Acevedo Díaz, quien para buena parte de la inteligencia montevideana constituye una fase de consolidación). Lo llamativo del asunto es que pese al examen realizado por Cánova y Rossiello, muchas de estas textualidades no son leídas críticamente como novelas sentimentales: cuando se reconoce la presencia de la trama sentimental se la subraya a medias, para luego desacreditarla. De hecho, algunas de estas obras citadas corresponden al género sentimental y aparecen en torno al umbral del medio siglo. Frente a esto, una pregunta que nos hacemos es la siguiente: ¿por qué se produce esta resistencia (crítica) a lo sentimental?. Y yendo más a fondo, ¿por qué lo sentimental colide con la intención de constituir una "literatura nacional"?.

4.3. El problema del valor literario (programas de enseñanza, antologías e historias literarias).

Unas páginas atrás al hablar de la definición de romance nacional aportada por Doris Sommer, comprobábamos cómo para la autora era importante el hecho de que tal obra formara parte de un programa de estudio. Aunque González Stephan afirme que la definición de lo literario abarque a una amplia variedad de textos, no se puede dejar de reconocer que los programas de estudio sirvieron como formas de delimitación precisa.

En el año 1892 Samuel Blixen redacta un programa de literatura que pone su énfasis en el conocimiento histórico – crítico de las grandes figuras de las bellas letras universales. Su obra *Estudio compendiado de la literatura contemporánea* puede ser considerada como una base de su programa.

Para muchos investigadores, la producción de antologías antecede a toda historia de la literatura nacional. Alfonso Reyes sostiene al respecto que toda historia literaria presupone una antología ya que ésta contribuye a la formación de una historia literaria, y por esa razón el mexicano le asigna dos funciones: una crítica y otra histórica. Reyes reconoce dos tipos de antología: primero, agrupa a aquellas en que prima el gusto del autor; segundo, distingue aquellas otras en que prima el sentido histórico para la elaboración de un futuro proyecto histórico.

En el caso concreto de Hispanoamérica, la antología está ligada a los proyectos políticos nacionales del siglo XIX.

En Uruguay, una de las primeras antologías que recopila a los primeros narradores uruguayos es *Antología uruguaya (colección de trozos escojidos de Autores Uruguayos desde la dominación española hasta nuestros días)*, publicada por Barreiro y Ramos en 1895. En su advertencia preliminar Fernández presenta algunos argumentos para la presentación de su obra. En primer lugar hace referencia a las antologías poéticas como la del

Parnaso Oriental o al *Álbum de Poesías* de Alejandro Magariños Cervantes. Pero agrega que en esta joven república todavía no existen colecciones de prosistas uruguayos, y al referirse a la presente edición afirma que este es el primer volumen. Si bien señala la gran carencia de documentos indispensables para construir una literatura uruguaya, agrega que él no se propuso tal finalidad sino, antes que nada, el dar solaz al lector. El criterio utilizado para ordenar su material es de índole cronológica y abarca de 1800 a 1890. Comienza en 1800 con José Perez Castellanos; 1815 con Dámaso Antonio Larrañaga, José Ellauri Santiago Vázquez; 1840 con Andres Lamas; 1855, con José María Reyes, Isidoro de María, , Fermín Ferreira y Artigas, Alejandro Magariños Cervantes; en 1870, con Marcos Sastre, Pedro bustamante, Carlos María Ramírez, Francisco Bauzá, José Pedro Varela, Antonio Díaz, Mariano Soler, Juan Carlos Blanco, Julio Herrera y Obes, Eduardo Acevedo Díaz, Ximenez de Arechaga; en 1880, destaca a Daniel Muñoz; en 1885 a Samuel Blixen, Manuel Bernárdez, Rafael Fragueiro, Victor Arreguine.

De toda esta extensa enumeración, aparecen algunos de los autores que integran este corpus, aunque representados por aquellas obras consideradas más "representativas". Así, Acevedo Díaz, es citado a partir de algunos fragmentos de sus novelas como "Los matreros" (fragmento de Isamel), "Montevideo bajo la dominación portuguesa" (fragmento de Nativa), "La batalla de Sarandí" (episodio de Grito de Gloria). De Daniel Muñoz se citan aquellos artículos que forman parte de sus crónicas como "Los pocitos" o "Los carnavales" y el fragmento de una narración titulada "Una acampada". Por su parte, Carlos María Ramírez es citado por sus textos considerados más patrióticos como "La fiesta del monumento en Paysandú" o "El ostracismo de Artigas". De hecho, buena parte de los textos reunidos en esta antología tienden a privilegiar aquellos temas de la historia nacional como los del ciclo de la independencia en sus distintas fases, o aquellos temas donde se realza la figura del gaucho o del charrúa. Eso nos hace pensar que el concepto de nación, o lo que es lo mismo, la noción de una historia literaria nacional no se puede separar de dichos temas.

En la *Antología de narradores del Uruguay* de Juan M. Filartigas, el antólogo da comienzo con una introducción titulada "Nacionalismo rescatador". Allí, Filartigas une la grandeza de una nación con la idea de una grandeza moral, y para demostrarlo divide la historia del país en tres períodos. La primera etapa, correspondiente a la búsqueda de la independencia, comprende el valor del coraje como base de esa búsqueda (vale decir, el tópico de la virilidad que luego se le exigirá a la literatura). Luego destaca una segunda época donde se vivió fuera de la nacionalidad porque se dependía cultural y económicamente de Europa. Y, por último, viene un tercer período que el autor asocia decididamente con la creación de *"nuestro pulso nacional"* y, para ello, apela a la necesidad de crear ideales propios, una moral nacional. Esa patria nueva sólo sería posible trabajando desde la cátedra, la escuela, el libro, el campo político. Respecto al libro, éste debe poseer un estilo espiritual que nos permita definirnos a nosotros mismos.

Claramente, la idea de nación posee ese resabio romántico herderiano que pretende ver en la nación la presencia de un espíritu o un genio nacional. Filartigas, en ningún momento aclara cuáles serían las características distintivas de ese genio (o espíritu, como él lo llama), pero a partir de la selección de autores realizada podemos inferir ese criterio. En líneas generales, casi todos los autores que integran su antología tienen en común el tratamiento de lo nativo en sus vertientes camperas o gauchescas, y no es casual que esto sea así dado que ese trabajo aparece en el año 1930, década identificada con el comienzo del nativismo. En ese grupo de autores, el nombre de Eduardo Acevedo Díaz resplandece no sólo por haber relatado momentos importantes de la historia sino por la moral generada a partir de su obra:

> Así sostiene en todas sus obras, en donde el perfil de los varones es de prestigiosa virilidad, actuando con soltura en la majestad épica de un paisaje bárbaro, pero en el que hay sin embargo una espiritualidad luminosa de cielo limpio, que como una urna parece guardar el aliento de toda esa hermosura heroica, de soledad y de pobreza, para darle compañía de inmortalidad con aquellos amores de presencia tan plena, donde los corazones de las criollas tenían la dulzura fina de los jazmines del país (102).

Si solo tenemos en cuenta lo apuntado por el antólogo respecto a la figura de Acevedo Díaz, comprendemos que los valores morales que deben sostener la idea de una literatura nacional son aquellos relacionados con la virilidad.

La construcción de una historia literaria en el Uruguay parece no tener en cuenta la distinción realizada por Beatriz González Stephan respecto a la existencia del pensamiento liberal y el pensamiento conservador. La línea conservadora estaba representada por Francisco Bauzá y Juan Zorrilla de San Martín que respondían a una tradición católica e hispanófila y entre los liberales destacan Juan Carlos Gómez, Juan Carlos Blanco, enemigos del militarismo y permeables a las ideas provenientes de Francia. Pero más allá de esta distinción los dos sectores comparten el impulso dado a la historiografía respecto a la fundamentación de una nacionalidad.

Aunque los principistas del setenta asignaran a la literatura una función de solaz, algunos de ellos no dudaban en señalar que la literatura debía aspirar al perfeccionamiento moral de acuerdo a la idealización que crean los modelo.

Bauzá daría un paso más firme al considerar a la literatura lejos del entretenimiento y llevarla a un plano de moralidad. Para ello consideraba indispensable apartarse de corrientes tan nocivas como el clasicismo y el romanticismo. La estética romántica será rechazada porque abunda en exageraciones y lamentos que menoscabarán ese manido concepto de virilidad al que se harán tan adictos buena parte de la crítica decimonónica. Pese a esta creencia, Bauzá creyó ver en el *Tabaré* (1888) de su colega Juan Zorrilla de San Martín, una superación de la estética romántica en aras de la construcción de ese poema nacional, aun cuando dicho poema conservara muchos de esos vicios que tanto censura (el gesto declamatorio encendido, exageraciones y lamentos varios). Una literatura viril que se hará patente cuando destaque a aquellos escritores que como Figueroa dieron "la fuerza moral propagadora de ese hecho" (en referencia a la gesta independentista encabezada por Artigas, Lavalleja, etc.). Su formación católica e hispanófila le hará decir que los tres elementos que formarían la nacionalidad y, por ende, el concepto de "literatura nuestra", serían los jesuitas, los portugueses y los españoles: partiendo de la idea de que en Artigas se encuentra el origen del Uruguay, señala que cuando se inicia la revolución oriental en la sociedad uruguaya encontramos como herencias de la cultura española a la religión católica, la lengua castellana y la organización de la familia. Aparte de todo esto no duda en señalar que la gauchesca, a pesar de sus imperfecciones artísticas, constituye el germen de la civilización uruguaya.

A continuación propongo examinar el lugar que ocupan los escritores de nuestro corpus en la historiografía literaria.

Carlos María Ramírez es reconocido como una de las plumas más importantes del siglo XIX; su labor periodística y política fue más aceptada que su trabajo en el plano literario. En el campo periodístico desarrolló su trabajo en el diario *El Siglo* y posteriormente en *La Bandera Radical*. En ese diario impulsó un nuevo partido político desvinculado de las divisas tradicionales: el Partido Radical fundado en 1872. Reconocido polemista, se destaca su participación en todas las tertulias de la segunda mitad del siglo XIX (Michelena 1994: 197-202). Entre los distintos debates se recuerda el que sostuvo con José Pedro Varela en 1876 y luego aquel otro que dio origen a su trabajo sobre Artigas en 1884.

En el campo literario, se reconocen dos obras novelescas. Su primera incursión se produjo a través de la novela *Los palmares*, publicada como folletín en *La Bandera Radical* en el año 1871 (la novela había sido empezada hacia 1870 en su destierro cordobés, aunque quedó trunca, y no se publicó hasta diez años después).

Los amores de Marta apareció en 1883 bajo la forma de un folletín en el diario *La Razón*, y un año después, Barreiro y Ramos la edita como libro. Más tarde, la novela fue adaptada para el teatro en una traducción italiana con el título de *Marta Valdenegros*.

Una de las primeras críticas que recibió esta novela estuvo a cargo de Juan Zorrilla de San Martín en un artículo aparecido en *El Bien Público* el 3 de julio de 1884. Zorrilla se ocupa preferentemente de la acción de la novela y de los caracteres de los personajes. Al ocuparse del personaje central, afirma que Marta es la personificación de esa terrible enfermedad social que es necesario prevenir. Según el autor, Ramírez quiso mostrar en este personaje cuán peligroso es dejarse llevar por el lujo y las exterioridades, capaces de aniquilar los puros sentimientos, un deseo que invade a las jóvenes sociedades del Río de la Plata (Zorrilla 1975: 139-141).

En 1888, Eduardo López Bago publica una serie de artículos bajo los siguientes títulos: "Ismael de Eduardo Acevedo Díaz"; "Por la vida de Carlos Reyles"; "Tabaré de Zorrilla de San Martín". Respecto a la novela de Ramírez comenta que se trata de 'una broma tipográfica", y que el relato está hecho de una forma muy infantil (López Bago 1888). Un juicio similar es el desarrollado por Alberto Zum Felde, para quien tanto *Cristina* como *Los amores de Marta* son meros intentos juveniles, de un romanticismo demasiado ingenuo, carente de todo nervio psicológico y de todo interés social (Zum Felde 1987: 223).

Carlos Roxlo en su *Historia crítica de la literatura uruguaya*, nos dice que la novela fracasa porque escasea en rasgos nativos y le reprocha su excesiva lentitud, monocromía, el descuido de la frase, aparte de carecer de realismo en los caracteres. Al comparar las dos novelas de Ramírez, declara su preferencia por *Los palmares* porque acentúa el colorido local (Roxlo 1912: 435-436).

En la misma línea parece ubicarse el juicio de Alfred Coester, quien en su *Historia literaria de la América española* califica a *Los amores de Marta* como un cuento romántico, en tanto *Los palmares* transpira el olor de los campos del Uruguay. A partir de este comentario indica cuál es el camino que debe seguir la literatura uruguaya: buscar los motivos literarios en la vida indígena del país (Coester 1929: 224).

Barbagelata publica en 1924 *Una centuria literaria (poetas y prosistas uruguayos) (1800-1900)*, y al comentar la obra de Ramírez afirma que nunca llegó a ser un literato, destacando particularmente sus dotes en el periodismo. Los artículos publicados en *La Razón* muestran, en su opinión, un estilo dual y flexible que no permite encasillarlo en ninguna escuela literaria. De toda su obra, destaca su ensayo *Artigas* (Barbagelata; 1924: 232).

Raúl Montero Bustamante en su obra *Ensayos. Período romántico*, al ocuparse de este escritor realiza primero un recorrido por su historia familiar y su formación académica, política y profesional. Cuando se refiere a su producción literaria, observa que cultivó la literatura histórica e imaginativa y que en su juventud había escrito versos influido por el romanticismo. De su etapa de madurez, destaca las dos novelas citadas y señala que se trata de dos novelas sentimentales todavía atadas a la modalidad romántica, reconociendo la influencia de autores tales como Octavio Feuillet y Jorge Onhet. Para este autor lo más importante de su producción son sus estudios sobre los fenómenos sociales y políticos, donde indaga acerca del origen de la nacionalidad (Montero Bustamante 1928: 84-87).

Pablo Rocca sitúa la obra de Ramírez dentro del período de actuación de los principistas del '70. Este grupo se caracterizó por desarrollar una escritura periodística pensada como un medio de combate político; por el contrario, sus incursiones en la literatura ocupan un lugar secundario y lo hacen siguiendo el modelo del romanticismo cuando este movimiento está en su ocaso. Su literatura estaría atrapada en las fórmulas ya gastadas y carentes de novedad (Rocca 1994: 175).

Como podemos observar, la identificación de Ramírez con el romanticismo alcanza para que sea desplazado dentro del canon literario. Por otra parte, otro criterio de valor que pesa para su condena es la escasez de rasgos nativos. Todo esto tiene que ver con una visión que se atrinchera en el automodelo.

Daniel Muñoz (1849 – 1930) desarrolló una amplia labor intelectual como cronista, periodista, política y también como novelista (la novela que trataremos fue la única que publicó). Como cronista escribió diversos artículos bajo el seudónimo de Sansón Carrasco. En 1878 funda el periódico *La Razón* donde publica sus primeros artículos costumbristas e ideológicos, siempre utilizando el seudónimo ya mencionado. Como político representó a Uruguay en el exterior y fue el primer intendente de Montevideo. Ideológicamente, estuvo integrado a la corriente principista y mantuvo polémicas con el Diario *El Bien Público*, medio que representaba al catolicismo y que tenía entre sus filas a Francisco Bauzá y Juan Zorrilla de San Martín (*Diccionario de la Literatura Uruguaya* 1987: 103).

Fuera de su labor periodística, escribió la novela *Cristina*, publicada en 1885.

La mayoría de los críticos juzga la obra como un "ensayo de novela". Zum Felde señala la existencia de un ingenuo sentimentalismo en concepción, aunque afirma que contiene algunos acertados rasgos del ambiente montevideano (1987: 223). Ese mismo juicio es repetido en los trabajos críticos de Fernández Saldaña y Carlos Roxlo. Todas estas posturas adversas están influidas por la adhesión de los críticos a la escuela naturalista, una expresión literaria del positivismo filosófico. Como hemos visto en otro capítulo, el vínculo de los críticos con determinadas corrientes críticas hacía que le restaran valor a buena parte de la narrativa uruguaya de influencia romántica. Y no sólo se le quitó su valor literario, sino que en muchos casos hubo un silencio condenatorio sobre esas mismas obras.

Hugo Barbagelata en *Una centuria literaria*, menciona al pasar la novela pero no se detiene particularmente en ella, destacando su labor periodística (1924: 219). Críticos como Juan Carlos Blanco, Carlos Real de Azúa y Hever Raviolo se detienen más en su labor desarrollada a través de sus *Artículos* (Oreggioni 1987: 103). Incluso las antologías de cuentos, tanto como los distintos prólogos escritos para sus *Artículos* identifican a Muñoz como cronista de costumbres (Lasplaces, 1943; Pereira Rodríguez, 1953; Rodríguez Monegal, 1965; Pérez Pintos, 1966).

Recién hacia 1966, críticos como John Englekirk y Margaret Ramos destacan la poca generosidad que la crítica tuvo con la novela y explican que esto se debió a que la obra aborda una de las cuestiones más candentes del momento: el problema social y religioso fruto de la lucha entre católicos y liberales (Englekirk y Ramos 1966: 42). En este trabajo nos encontramos con cierta revalorización de la novela, sobre por la importancia dada a la referencia histórica que sirve para la construcción de la trama novelesca. Existe algo así como un lectura únicamente realista esquivándose las cuestiones atinentes al sentimentalismo (un aspecto que toda vez que es mencionado se lo hace con dejo de desprecio).

Uno de los pocos críticos que evita parcialmente estos extremos es Napoléon Baccino Ponce de León en su estudio sobre *Brenda*. Como veremos en su oportunidad, el autor se refiere no sólo a la exclusión crítica de esta novela, sino también a cómo ese silencio se extendió a la novela de Ramírez o Muñoz.

La obra narrativa de Eduardo Acevedo Díaz está compuesta por cuatro novelas que integran la tetralogía épica: *Ismael* (1888); *Nativa* (1890); *Grito de Gloria* (1893) y *Lanza y sable* (1914). Prácticamente, en forma unánime, la crítica destaca que ese conjunto representa la creación de una conciencia colectiva (Visca 2000: 12) o que constituye la nacionalidad que se abre camino (Espínola 1945). De hecho, si examinamos algunos estudios publicados entre la década de los cincuenta hasta bien entrada la década de los noventa del siglo pasado, veremos que se reiteran dos ideas fundamentales: 1) la intención de Acevedo Díaz de construir una gran épica de la nacionalidad uruguaya; 2) su papel como practicante del género de la novela histórica (Zum Felde 1967; Ibañez 1953; Espínola 1954; Rama 1965; Rodríguez Monegal 1968; Cotelo 1968; Lago 1992; Franco

1994; Raviolo 1995).

Fuera de la tetralogía, tenemos "El combate de la tapera" (1892), "Soledad" (1894). Del primero, se señala que es un espléndido relato histórico que puede considerarse como un capítulo desprendido de la tetralogía; de la segunda, se afirma que está "desvinculada del ciclo épico por su tema pero emparentada con él por su idéntico valor representativo" (Visca, 13).

De su corpus narrativo, las novelas más relegadas fueron su primera novela *Brenda* (1883) y *Minés* (1907).

Sin duda que de todos los autores que integran este corpus, Acevedo Díaz es el que posee una recepción crítica más caudalosa. La mayor parte de ella se concentra en las novelas que integran la tetralogía, menospreciando el valor de los textos que nos ocupan por considerarlos realizaciones menores. Los argumentos que suelen repetirse intentan mostrar a este autor como el iniciador de la novela histórica (lo que lo convertiría en el primer escritor con vocación nacionalista) y, en forma concomitante, se elogia su apego a las formas estéticas del realismo. La hegemonía del realismo y del naturalismo en la crítica hizo que se menospreciaran ciertas novelas como las ya mencionadas, y en las que también debemos incluir a *Brenda*. Al ampararse en estas corrientes estéticas lo que en general censuran en estas novelas es la persistencia del romanticismo (Roxlo 1915; Zum Felde 1941; Pérez Petit 1938; Englekirk y Ramos 1967; Ibañez 1953; Cotelo 1968).

Por otra parte, la difusión de la denominación acuñada por Zum Felde, la del "Ciclo histórico", no hizo otra cosa que deformar "la perspectiva general sobre la obra en su conjunto, al marginar a las llamadas 'obras autónomas' (expresión acuñada por Rodríguez Monegal), ya no del ciclo, sino aún de la modalidad dentro del género" (Baccino Ponce de León; 1981: 101). Contrariamente a lo que hizo la crítica precedente, Baccino sostiene que *Brenda* y *Minés* son, al igual que las otras obras narrativas del autor, novelas históricas.

La mayoría de los estudios continuó trabajando con las novelas de la tetralogía o, en algunos casos con narraciones independientes como "El combate de la tapera" o "Soledad". En estos casos, el acento fue puesto en el análisis de los procedimientos compositivos como el estudio de Hugo Verani sobre "Soledad" (Verani 1986: 9-16) o en algunas figuraciones de lo histórico como la comparación entre la narrativa didáctica y política de Acevedo con la actual narrativa histórica (Brando 1995: 153-169); la fundación de la nacionalidad dentro de una dimensión americana (Ainsa 1993: 91-101) o el examen del símbolo de la nación a través de algunos motivos sexuales, tal como lo propone Gustavo San Roman en su análisis de "El combate de la tapera" (San Roman 1998: 63-77).

También existen otros estudios que se ocupan de cómo se fue configurando el género "novela histórica" en la obra de Acevedo Díaz.

Así, San Roman en otro artículo publicado cinco años después, "Eduardo Acevedo Díaz, Alejandro Magariños Cervantes y los orígenes de la novela histórica en el Uruguay", establece en el trabajo de estos dos autores el inicio de la novela histórica. Respecto a Acevedo, aparte de destacar su vocación nacionalista, examina su obra a luz de la teoría de Lukacs; de acuerdo a esto, la obra de Acevedo cumpliría con casi todas características estudiadas por el crítico húngaro, salvo en aquella que establece que los protagonistas no representan apasionadamente a ninguno de los bandos en disputa. Esto último sucede porque en Acevedo no hay espacio para la objetividad (San Roman 2003: 323-345).

Pablo Rocca en su "Historia de una pasión uruguaya" (1999) analiza la vocación nacionalista, primero a través de ciertas claves biográficas, y luego en el cambio operado en su narrativa. En el plano biográfico, Rocca plantea la idea de una "novela familiar" para comentar el vínculo de Acevedo con Artigas a partir de las memorias de su abuelo. En lo que respecta a la elaboración del discurso de la historia en la novela, contempla varios aspectos. En primer lugar, se puede apreciar la evolución del autor desde el espiritualismo al positivismo (que en el plano literario implica el abandono de la estética romántica y su desplazamiento a una literatura realista). En segundo lugar, el autor observa cómo Acevedo necesitó interiorizarse en los recursos folletinescos, como el de manejar un elenco básico de personajes (Rodríguez Monegal 1981: 179, citado por Rocca). Y por último, se ocupa del lugar marginal asumido por Acevedo, postura que lo aproxima a otros cultores del género como Henry Sienkiewicz (Grudzinska 1995: 65, citado por Rocca). Ese lugar periférico le serviría al autor para dar forma a una "nacionalidad vacilante", buscando respuestas en el pasado para esclarecer el presente.

Un aspecto importante en la configuración del discurso histórico en la novela tiene que ver con que no se desdeña totalmente la presencia del proyecto político del romanticismo (una observación que lo separa de otros críticos que observaban la presencia de esta estética como un obstáculo a su evolución artística). Por el contrario, esta tendencia se encontraría incluso en los relatos urbanos de asunto sentimental que se pueden rastrear en la prensa de la época (Rocca 1999).

En un trabajo posterior, "Los destinos de la nación. El imaginario nacionalista en la escritura de Juan Zorrilla de San Martín y Eduardo Acevedo Díaz" (2000), Rocca se ocupa del tratamiento de la figura de Artigas en la novela *Ismael*. A los efectos de este estudio, es interesante la pregunta que el autor se formula: ¿la perduración en el canon de textos como *Ismael* o *Tabaré* se debe a criterios de valoración estética o a la presencia de ciertos ideologemas. Esta pregunta lo lleva a plantearse otra pregunta: ¿por qué obras como *Palmas y ombúes* de Magariños Cervantes y *Los amores de Marta* de Carlos María Ramírez, pese a la importancia que han tenido, hoy son prácticamente ignorados por los diccionarios y las distintas historias literarias. Según Rocca, estos textos no son considerados porque no existiría una reflexión sobre los destinos del país (Rocca 2000: 241-254).

Mateo Magariños Solsona (1867-1921) es un narrador uruguayo, aunque también se desempeñó como profesor de filosofía en la Academia Militar y como Comandante de Guardias Nacionales. En lo político ocupó el cargo de Primer Secretario del Senado. Ejerció el periodismo, colaborando en el diario El Día, El Eco Militar (1897-1898), y en la Revista Nacional.

Su obra literaria está integrada por *La hermanas Flammari* (1893), *Valmar* (1896), *Pasar...* (1920). También escribió una obra teatral, *Quien siembra en tierra ajena* (s/d).

En el prólogo que escribe Samuel Blixen para la edición de *Las hermanas Flammari*, afirma que la novela posee mucha jovialidad y cierto sarcasmo con la que se quiere amortiguar una realidad dura y miserable. Blixen es uno de los impulsores del naturalismo, y fiel a esa estética, sostiene que como esta novela es una copia de la vida, ésta no siempre es tan agradable como esperamos (1893: IX-X).

Por supuesto que para este crítico la cuestión está de por sí zanjada a favor del naturalismo. Pero más allá de la defensa que hace a favor de esta estética, resultan valiosas las observaciones que hace referentes a la presencia del grotesco. Este es un aspecto que pretendo abordar en lo que toca a la crítica del pudor burgués.

Juan Francisco Piquet en su ensayo *Perfiles literarios*, afirma que *Las hermanas Flammari* posee fineza de observación, y una naturalidad en los diálogos y un fondo de verdad en algunas escenas. Y más adelante, observa que Magariños se apega con decisión al programa teórico del naturalismo (Piquet, 121-122).

Vicente Salaverri coincide con los demás críticos en marcar la impronta naturalista, pero observa que fue un discípulo discreto de Zola, a quien no sedujo tanto lo crudo o pornográfico del procedimiento como el tipo compacto y formidable de novela (1918: 207).

Coester se muestra incluso más parco y sólo se limita a señalar que su obra sigue tan de cerca los métodos de Zola, que casi resulta una imitación. Y a continuación hace un resumen sobre el argumento de la novela (Coester, 227-228).

J. G. Antuña dedica un capítulo a Magariños titulado "La novela nacional" y allí analiza la novela *Pasar...* Lo interesante de ese capítulo es que refuta algunas de las críticas que la novela ha recibido, fundamentalmente aquéllas que le achacan su falta de nacionalismo. Alineándose a Rodo, sostiene que el localismo ("el absurdo localismo") genera una chatura intelectual.

También se ocupa de otro lugar común que consiste en enmarcar la obra dentro del naturalismo. Sobre esto último señala que el autor ha sabido captar la interioridad humana, situando a Magariños junto a autores como Flaubert, Stendhal y Proust (Antuña 1926: 189-200).

Torres Rioseco ubica a Magariños como uno de los primeros en seguir la estética del naturalismo. No comenta ninguna de las obras publicadas en la última década del siglo XIX, deteniéndose únicamente en *Pasar...* aunque sólo para destacar el encanto poético que la separaría de la obra de Reyles (1939: 204-206).

Arturo Sergio Visca en su prólogo a la novela *Pasar...*, comenta que sus dos primeras novelas poseen sólo "un valor documental" (1964: VIII). Visca sostiene que *Pasar...* es una novela que pertenece a la narrativa rural y en este punto la relaciona con las producciones de

Acevedo Díaz, Reyles o Viana, aunque estableciendo algunas diferencias. Aspectos tales como la historicidad, el telurismo, el sociologismo, la interpretación de la realidad nacional, estarían presentes pero no serían elementos esenciales (Visca; 1972: XII-XV).

Fernando Ainsa en "Magariños Solsona: la poligamia como forma de rebelión", hace algunas precisiones acerca de su obra. Una de las más importantes, es quizás la de señalar que sus dos primeras novelas no pertenecen tanto a la estética naturalista. Para Ainsa en Magariños predomina una irónica crítica de costumbres e hipocresías que toda convención social supone. A diferencia de lo que sostenía Blixen quien relacionaba la postura sarcástica como parte de la estética naturalista, Ainsa señala que, justamente, este autor se diferencia de los otros por haber disuelto los excesos de esta estética. Así para el crítico, las dos primeras novelas practican la poligamia en el espacio, en tanto *Pasar...*, la poligamia en el tiempo (Ainsa; 1968: 292). En un ensayo posterior, Ainsa afirmará que Magariños puede ser considerado uno de los fundadores literarios de Montevideo (1993: 18).

Carlos Roxlo dedica varias páginas a comentar *Las hermanas Flammari*, marcando sus coincidencias y desacuerdos con Samuel Blixen (prologuista de la novela). Una de las afirmaciones rechazadas es aquella donde Blixen dice que la crueldad se atempera con el humor. Para Roxlo, Magariños es intencionalmente cruel en el tratamiento de algunas enfermedades. Por otra parte, concuerda en la defensa de un nacionalismo literario a través del uso de una fraseología popular.

Otro de los puntos que aborda es el considerar a la novela como una obra de tesis y al preguntarse cuál es el objetivo declara que pretende atacar la ética legal y la moral burguesa. Sobre este último punto, discurren varias páginas en las que el crítico expresa su molestia por esa actitud (Roxlo, 138-157).

Un aspecto que se tendrá en cuenta en nuestro análisis, es el vínculo no observado previamente por la crítica entre las dos novelas y la obra *Fausto*. La absorción de este intertexto constituye, por parte de estas novelas, una operación hipertextual correctiva en el sentido de reorientar el romance nacional en una dirección diferente respecto al modelo angelical.

5. EL ÁNGEL EN LA SELVA: MUJER, NATURALEZA Y NACIÓN EN *LOS AMORES DE MARTA*

Una princesa enferma

Si la novela puede ser considerada un romance nacional, lo es por el hecho de que Ramírez realiza una lectura correctiva de las novelas de Feiuillet y Ohnet. En sus novelas, Octave Feuillet solía mostrar los amores aristocráticos en viejos castillos bretones donde las heroínas languidecían porque no encontraban un amor a su medida. Y cuando eso pasaba, chocaban con el obstáculo de las convenciones sociales que, como una ley inflexible, restablecía el orden quebrantado. Las novelas de Feuillet responden a la vertiente católica del sentimentalismo y sus desenlaces restablecen el orden al reconciliar el mérito y origen, amor y matrimonio. En las novelas de Jorge Ohnet, si bien nos encontramos con ambientes aristocráticos, el autor suele mostrarnos las tensiones sociales de fondo generadas a partir de un contraste entre una clase aristocrática en decadencia y una pujante burguesía en ascenso (la obra de este último será percibida desde la vulgaridad por parte de los lectores del Novecientos). Ramírez parece partir de esos autores y realizar una lectura correctiva. Corrige la idealidad de la heroína aristocrática de Feuillet y la observa desde la lupa de un Ohnet concentrándose en los padecimientos de la mujer burguesa. En ese sentido, la novela aborda una preocupación importante para la modernización: la representación disciplinada de la mujer.

El personaje de Marta va mostrando las tensiones experimentadas cuando es llevada a amoldarse a su rol doméstico. La novela funciona como la experiencia social que escenifica un conjunto de dificultades. Si como antes habíamos constatado, el cuerpo femenino es un espacio de disputa donde se observa el diferimiento de aquellos lenguajes que buscan ordenarlo, el cuerpo de Marta presenta a lo largo de la novela distintas articulaciones metonímicas que dificultan el proceso de construcción de la nación.

Ya habíamos visto cómo Ramírez defiende su ideal de la mujer en su ensayo *La guerra civil y los partidos políticos de la República Oriental del*

Uruguay, donde la mujer ángel se opone a aquella otra ménade enardecida. Allí, ya teníamos la oposición entre lo angelical como base de la nación y su amenaza representada por las bacantes. Es posible que Ramírez recuerde en esos personajes a Amata, esposa de rey Latino, que se opone al casamiento entre Eneas y su hija. Cuando su pedido ante el rey fracasa, ella se lanza a los bosques y montes junto a otras madres latinas e invocan a Baco: las mujeres son presas del "furor", están fuera de sí y, de esa forma, se instalan del otro lado de las convenciones sociales civilizadas. Las ménades o bacantes desafían abiertamente el orden de la ciudad, los poderes constituidos y al lanzarse a los bosques se posicionan en el espacio de la barbarie.

En otro de sus manuscritos vuelve a referirse a este modelo romántico de mujer y allí el autor se lamenta de la fugacidad de la hermosura femenina: "¡Virgen pura! ¡Casta esposa! Serán fugaces, como las sombras de las nubes en el lago, las de tu hermosura en el mundo; pero el perfume de tus virtudes silenciosas quedará para siempre incorporado en la trama vital de otras almas puras" (Ramírez; 1881: 19-25).

En la cita, la esposa es observada en su condición virginal, el modelo materno se diluye frente a la imagen de la castidad. Y si sus virtudes quedan fijadas en la trama vital es porque se cifra cierta esperanza fundacional en ella: el progreso de la civilización se podrá escribir a partir de la tierra virgen, del cuerpo como tabla rasa que espera la nueva inscripción. Por eso, como veremos en breve, no es casual que en ésta y en las otras novelas se elijan heroínas que tienen en común la condición de doncella. Sin embargo, el concepto de doncella no aparece como una totalidad definida, sino que es un objeto asediado por distintos dispositivos de subjetividad. La formación de estas subjetividades se hará a través de varias metáforas.

Para estudiar una de esas articulaciones metonímicas, debemos percatarnos cómo la novela desde el inicio parece darle la espalda a cierta forma de la narrativa viril representada por la crónica que habla de la muerte de Arturo Nevares: "publicista de cierto rango, político de cierta talla, jefe de guardias nacionales en la guerra del Paraguay" (1). Cierta forma de lo femenino doméstico parece darle la espalda a una crónica que abundaría en detalles épicos propios de una narrativa viril. La enfermedad de Marta se vuelve más importante que la muerte de este publicista y militar que había participado en la Guerra del Paraguay.

El capítulo que abre la novela se titula "La high life de la fiebre tifoidea", lo que permite ver cómo la enfermedad del personaje es tratada de acuerdo a la crónica social elegante que comienza a publicarse en esos mismos años. La presencia de este registro discursivo en esta novela se debe al hecho de que la crónica social comienza a partir de la década del ochenta del siglo XIX. En esos primeros años, los periódicos hacían frecuentes referencias a ese sector denominado como "high life" o la "creme" por intermedio de secciones que comentaban noticias sobre bailes en casas de familias o clubes, fiestas de casamientos, paseos de la familia elegante por los lugares públicos. Más tarde, aparecieron revistas dedicadas a cubrir a la crónica social de estas familias (*La Crónica Elegante* en 1884, *El Correo de los Salones*, 1889) (Rodríguez Villamil; 2006: 52-59). Desde el punto de vista genérico, el empleo de la crónica elegante un rasgo hipertextual de acuerdo a como lo consignáramos previamente.

Las dos expresiones que componen el título se requieren mutuamente para significar el funcionamiento del patriciado volcado a lo suntuario. En ese marco aparece la primera manifestación de lo corporal en el personaje de la abuela: "Ella, en sus buenos tiempos, había rivalizado con Agustina Rosas, el prototipo legendario de la belleza argentina. La suprema distinción de su porte y sus maneras, resistiendo a los estragos del tiempo, daba a su vejez donaire y dignidad de una reina madre" (3).

En un testimonio de época, Agustina Rosas es descripta como una dama de treinta y cinco años, aunque aparentaba tener menos y cuando ingresaba en el salón de baile, todos podían admirarse de sus graciosos movimientos, la conversación vivaz y el brillo de sus ojos. Estas cualidades corporales coinciden con la imagen de la mujer aristocrática, aquella mujer que frecuentaba los salones de baile. Cuando hablamos de la mujer aristocrática nos referimos a aquel modelo de mujer que emerge en la última etapa del siglo XIX y que se caracterizó por su lujoso atuendo y por una vida social intensa a través de su participación en las fiestas y espectáculos públicos de la alta sociedad. Lo aristocrático no aparece asociado a ese modelo de la cortesana caracterizada por una mayor liberalidad en sus costumbres sexuales, por lo que al hablar de una ficción doméstica es difícil detectar aquella distinción planteada por Nancy Armstrong para el caso de la sociedad inglesa en la que se observaba un pasaje de la mujer aristocrática a una mujer frugal típicamente burguesa.

En toda la caracterización de Emilia encontramos el ideal de mujer difundido en la época, y por lo que puede verse existe una precisa parcelación de lo corporal: los rápidos y graciosos movimientos constituyen atributos corporales muy valorados, y Emilia parece reproducirlos sin mella. Pero ese mismo porte aristocrático se traslada a Marta de un modo completamente distinto. En su caso, no nos detenemos en las gestualidades delicadas del salón, sino en la imagen de un personaje que surge a través de la recepción periodística preocupada por presentarla como "una princesa enferma".

En esta construcción periodística del personaje como princesa, encontramos el primer dispositivo de subjetividad y, por ende, su primera metáfora. La elección de la princesa no es casual si lo que se busca es construir un género, ya que dicho concepto nos remite a otro tipo de discursividades en los que también se nota la incidencia de un sujeto masculino en la modelización de lo femenino: me refiero a los cuentos de hadas. El modelo de la princesa constituye un arquetipo como un estereotipo. Por lo general, estas heroínas de los cuentos de hadas reflejan atributos, arquetipos y comportamientos estereotipados de personajes hermosos, pasivos, tolerantes y simpáticos, rasgos que también están presentes en la mitología clásica como en la tradición cristiana a través de la figura de la virgen. Robert Graves, por su parte, señala que la principal fuente de la princesa como personaje de los cuentos de hadas se encuentra en el personaje mitológico de Perséfone al reunir como cualidades, la pureza, la belleza y la dulzura (Graves, 1983). Estos mismos rasgos son confirmados por Shinoda, quien tomando como referencia al personaje de Proserpina, resalta como cualidades importantes las de doncella esbelta, bella y joven y agrega que se trata de una muchacha intrépida y demasiado próxima a la madre como para desarrollar un sentimiento de independencia de sí: en lugar de buscar desprenderse de lo materno, busca agradar a su madre siendo buena, obediente y complaciente (Shinoda Bolen, 167-187).

Por otra parte, la metáfora de la princesa enferma guarda relación con ciertas construcciones en torno a lo femenino que pretenden ver en la mujer enferma un signo de sumisión frente al varón. Ya sea que se trata de la fiebre tifoidea o de las enfermedades nerviosas, la novela parece retomar cierto culto a la invalidez que el propio Bram Dijkstra (1994) vincula con una voluntad de dominio. De acuerdo a esto, existe una necesidad, por parte del varón, de ver a las heroínas en una situación autoinmolación que probaría ese grado de sumisión y angelidad que serían capacees de alcanzar. La amenaza de la muerte que se cierne sobre ella constituye un motivo importante para asegurar el carácter frágil de la mujer.

Si bien ella se salva de esta enfermedad, como veremos, la muerte parece ser una presencia constante en el personaje. Tal es la amenaza que los propios abuelos temen un rebrote de la enfermedad.

Marta es construida como un signo mujer de acuerdo a estas mismas características. Unido al ideal suntuario que emerge de las crónicas elegantes, Marta aparece como una doncella o novia que pronto puede ser desposada. Las observaciones en torno a su juventud o capital económico de la familia fijan las coordenadas de un posible objeto de deseo por parte de futuros pretendientes. Vale decir el lujo material que la rodea es otro aditamento que refuerza su condición de princesa.

Sin embargo, como se puede claramente advertir, nos encontramos con un estereotipo generado no por ella misma. Si todo dispositivo de subjetividad implica una constitución de los sujetos mediante la inscripción en los cuerpos de una forma de ser, el sujeto mujer definido previamente, constituye la primera manifestación de este dispositivo que apunta a la normalización de las conductas. Podría afirmarse que se trata de una experiencia de sí mediada por la metáfora de un espejo en el que es llamado a mirarse el personaje. Marta carece de un espejo propio en el que mirarse, en su lugar, la prensa en tanto representación del discurso masculino le ofrece una imagen para que pueda contemplarse y definir así su identidad. Más adelante, veremos cuando ella realice su viaje a Europa con sus abuelos cómo se pliega con facilidad a ese papel impuesto.

La heroína es "especulada" por el discurso periodístico, en el sentido de la intervención de un sujeto masculino que la va modelando y encorsetando en una forma del género. Si Foucault señalaba que un sujeto se crea a partir de una tecnología del yo, ya que el cuidado de sí, requería que el individuo se mirase en el espejo de la divinidad, en este caso, la prensa se encarga de generar su propia noción de sujeto deseable (o por lo menos lo que se consideraba deseable para la imaginación del siglo XIX). Esta misma forma del género constituye un papel que la mujer debe representar: especular es imponer una forma del género.

Ahora bien, esta misma especularización es realizada en forma simultánea por el discurso médico presente en la novela desde su inicio y que posteriormente encarnará en la figura del doctor Nugués, quien hacia el final de la obra logra conjugar la función científica y periodística al explicar el caso de Marta.

Esta exaltación del cuerpo elegante se relaciona con el tópico del lujo, un hábito social que en las últimas décadas del siglo XIX dieran lugar a perspectivas antagónicas. Por un lado, nos encontramos con una postura despectiva y condenatoria que ve en la propagación del lujo una amenaza al bienestar general: la adopción de modas europeas provocaba un desequilibrio en el presupuesto familiar (Rodríguez Villamil; 2006: 270). En esta misma línea encontramos al católico Zorrilla que lee la novela como un cuestionamiento a una enfermedad que ataca a los jóvenes rioplatenses. La persistencia de ciertos desvíos como el afán del lujo, el culto a la moda que lleva a seguir los dictados del último figurín, el exceso de afeites, conspira contra ese ideal doméstico basado en la frugalidad: frente a este ideal suntuario, periódicos como *La Tribuna Popular,* propondrá como modelo de la mujer oriental a aquella que sepa educar y formar al futuro ciudadano haciéndole sentir "el santo ardor del patriotismo".

Sin embargo, la presencia de lo suntuario en la sociedad uruguaya no siempre fue vista como una amenaza. De hecho, existe una incitación importante al arreglo femenino, a tal punto que la alta burguesía montevideana hablaría del lujo como un signo de distinción. El tópico del lujo muestra toda su ambigüedad, y en eso podemos ver las propias contradicciones del proceso de modernización. Así José Pedro Barran, en su trabajo "Iglesia católica y burguesía en el Uruguay de la modernización (1860-1900)", observaba que la condena católica al sensualismo, que en su opinión equivalía tanto al lujo como a la lujuria, fue bien vista por una burguesía que buscaba estabilizar las relaciones sociales (1988: 24-26). No obstante esta rigidez, esa misma burguesía se verá llamada por "el consumo lujoso y superfluo en el orden privado" favorecida por la bonanza económica y financiera iniciada hacia 1880 (Castellanos, 1-7). Y esto sucede porque a través de la acumulación de riquezas se sublimaba esa energía sexual y de ahí la propensión al ornamento o la exaltación de los cuerpos bellos en el caso de las mujeres.

En la novela siempre tenemos la sensación placentera que puede generar en el lector la presencia de grandes palacios (porque así es llamado el hogar en el que ella vive ubicado en la calle Florida), los grandes salones y los vestidos rebuscados de las damas. Pero esa imagen de princesa será interrumpida por los delirios nerviosos del personaje, sus fugas a la naturaleza o sus paseos nocturnos casi fantasmales. Lo aristocrático es observado desde la sensualidad visual, a tal punto que las descripciones de lugares y personajes suntuosos ocupan un espacio importante en la novela.

El tópico de la naturaleza

Otro aspecto a ser estudiado tiene que ver con la construcción del cuerpo de la mujer burguesa desde la perspectiva de la naturaleza. Podemos considerar esta figura como parte de otro de los ejes de la territorialidad patriarcal, al decir de Lucía Guerra. En otro capítulo, "Cuerpo femenino e ideal doméstico", habíamos visto cómo la Ilustración plasmó una concepción del cuerpo femenino sujeto a las prescripciones de la naturaleza que le asignaba la función reproductiva a la mujer. Desde muy antiguo, la mujer ha sido sobrevalorada (o mejor dicho infravalorada) por su capacidad reproductiva para confinarla a la pasividad. Como aclara Cirlot, el vínculo entre lo femenino y la pasividad es representado por ciertos espacios de la naturaleza como ser la tierra, el agua y la luna: la tierra connota la fertilidad, el agua connota el principio y fin de todas las cosas (además de representar el flujo del inconsciente como la fertilidad); la luna también queda asociada al flujo menstrual, simbolizando por tanto la fecundidad, pero al estar asociada a su vez a la noche representa lo maternal, lo oculto y lo inconsciente (Cirlot, citado por Guerra, 20-21). Pero este vínculo de la mujer con la madre tierra que representa a las fuerzas benéficas de la naturaleza admite también su contrario, la de la madre terrible y devoradora de hombres expresada en los huracanes, terremotos e inundaciones. Por esa razón, quizás Simone de Beauvoir afirmaba que el sujeto masculino depositaba en la mujer todo lo deseado y lo temido.

En *Los palmares,* un folletín publicado en *La Bandera Radical* en el año 1871, Ramírez ya había hecho un abordaje de la relación entre mujer y naturaleza a través del personaje de María Angélica (que representa a lo nativo incontaminado) por oposición a Adela (representante de lo artificioso urbano). Cuando comenté la novela a partir de su primera recepción crítica, hice notar cómo la preocupación se orientaba hacia la definición del prototipo de la mujer oriental. A diferencia de María Angélica, Marta compartirá las dos facetas, y en eso se encontrará su ambigüedad destructiva.

El tema de la naturaleza asociado desde el discurso de Sarmiento a la figura de la barbarie, al ser asumida por la retórica romántica fue objeto de una dinámica de execración y mitificación. De acuerdo a esto, la naturaleza es vista bajo una mirada nostálgica e idealizada en momentos en que la industrialización presenta a la ciudad como el espacio del futuro. Pero la retórica romántica también asume a la figura de la mujer como una representación que ocupa junto con la naturaleza un lugar central en el discurso literario del sector letrado. Como ha hecho notar acertadamente María Inés de Torres, para la crítica latinoamerina el romanticismo estuvo asociado preferentemente al tema de la naturaleza y no al de la mujer, figura que a su entender constituiría la principal innovación de este movimiento en su versión americana. Tal es así, que los primeros románticos americanos colocaron a la figura de la mujer en un lugar de privilegio, algo evidente en las obras de Echeverría (*Elvira o la Novia del Plata*; *La cautiva*); *La liropeya* de Adolfo Berro; *Camila O'Gorman* de Heraclio Fajardo, etc (De Torres, 76-77).

Otro aspecto importante mencionado por esta autora tiene que ver con el hecho de que la imagen de la mujer deseada se manifiesta *"como promesa y como idealidad inalcanzable de futuro incierto"* (De Torres, p. 81). Esa incertidumbre es atribuida al agotamiento de un modelo demográfico de la nación asociado a la fecundidad de la gran Madre, y su sustitución por el ideal de la hija doncella. Este cambio propone la sustitución del modelo de mujer reproductora por el de la mujer doncella cuyo futuro reproductor todavía no se avizora con facilidad.

En *Los amores de Marta,* esa misma relación entre mujer y naturaleza es planteada desde otro lugar. Cuando Marta y sus abuelos llegan a la estancia de "Las Alamedas", la obra nos pone en contacto con la pampa primitiva, y en esa primera presentación de la naturaleza la visión del paisaje se sensualiza:

> Una brisa cálida abatía suavemente las más altas yerbas de la campiña, y sobre sus hebras doradas ondulaban los reflejos del sol canicular. Marta parecía reanimarse a la vista de aquellos nuevos paisajes (…) tomaron sus mejillas un lijero tinte sonrosado y sus miradas se perdieron con cierto anhelo extraño en los últimos confines del horizonte (*Los amores de Marta*, 65).

La primera manifestación de la relación entre cuerpo y naturaleza descansa en el rostro. Podemos pensar en la relación del rostro con la máscara para desembocar en la idea de persona (teniendo en cuenta que la etimología de la palabra habilita a ello), pero no debemos olvidar que, de acuerdo a lo afirmado por Deleuze y Guattari (1994), el rostro forma parte de una política de la rostridad desplegado mediante un dispositivo: el rostro se convierte en un punto de subjetivación mediante una economía y una organización del poder. Para que ese poder actúe es necesario el ejercicio de ciertas funciones de binarización que permite ordenar las "normalidades" de acuerdo a ciertos dualismos, por ejemplo, rostro de hombre / mujer, padre / hijo, policía / ciudadano.

Dentro de una semiótica del cuerpo, el rostro es la zona del cuerpo que más se asocia a lo angelical: el "tinte sonrosado" hace despertar la idea de pureza y recato. La naturaleza actúa como aquella pared que ofrece un límite preciso al ubicar al personaje dentro de las coordenadas angelicales requeridas. La subjetivación del personaje está dada aquí mediante una binarización específica: convertirla en el cuerpo disciplinado de la niña o doncella. En particular, es "ese tinte sonrosado" lo que contribuye a territorializarla de acuerdo a las coordenadas antedichas: la descripción de la naturaleza constituye ese "eje de significancia" que es complementado por el "eje de subjetivación", esto es la imagen angelical que se desea inscribir en el personaje. Y tal es así, que la última parte del pasaje que habla de un "anhelo extraño" expresado en mirada de la joven queda momentáneamente relegado a un segundo plano. Más adelante se hablará de otras cualidades como la dulzura de su voz o su risa comparada con la de los ángeles. Posteriormente, el vínculo con lo religioso (la escena de la capilla) la aproximará a un verdadero ángel del hogar.

Pero en otros pasajes, la naturaleza nos conduce a otras representaciones corporales. Cuando el Doctor Nugués y Marta salen a caminar, el médico le dice:

> Cuando vinimos, estaba usted flaca, desencajada, amarilla, fea. Permítaseme ver bien cómo la dejo ahora!
> Marta se puso muy derecha, muy seria con los ojos fijos en el foco de la luz que la inundaba, para dejarse mirar por su médico. Vestía de blanco. Su corpiño era lijeramente abierto sobre el seno; un rayo de luna penetraba allí con curiosidad indiscreta, casi criminal (91).

La escena presenta en un contrapunto los signos tradicionales de la belleza femenina (el vestido blanco, como símbolo de pureza y de castidad), por otro lado, la visualización del seno de la muchacha permite una aproximación erótica apelando al tópico romántico del rayo de luna. En este punto, el cuerpo etéreo de la tradición hispánica que fuera la base del ángel del hogar, es desplazado en beneficio de un imaginario más erotizado. Este instante puede corresponder a esa "tecnología del sexo" que, según declara el propio Foucault, "empezó a responder a la institución médica, a la exigencia de normalidad, y más que al problema de la muerte y el castigo eterno, al problema de la vida y la enfermedad" (113). La institución médica libera el cuerpo de sus antiguas ataduras para infundirle carne, sexo, deseo.

Pero también ese desdoblamiento se produce en la figura del médico, aquel agente que administra y controla al cuerpo en todo lo que tiene de antisocial. El médico parece dejarse llevar por esa sensualización, y su mirada desplaza y destituye el imperativo relacionado con el cuidado del cuerpo o el goce discreto. En ese desplazamiento, el corpiño se plantea como una frontera entre ese dispositivo de sexualidad, que controla las sensaciones y los placeres, y la indeterminación del goce. En este juego, la "imaginería estética" que posibilita lo erótico está dada por el vestido blanco y el rayo de luna (elementos provenientes del mundo de la cultura).

Pero antes de que el médico diera su diagnóstico, mientras los personajes paseaban por el campo se sintieron envueltos en las "ensoñaciones aromáticas de la noche". En el caso de Marta, esas sensaciones inusuales se manifestaban a través de "estremecimientos nerviosos" que perfectamente pueden asociarse a deseos que afloran y que no se nombran directamente. Así, nos encontramos que Marta representa al prototipo de la mujer nerviosa, aquella que es víctima de deseos inconfesables para ella misma. De acuerdo a la óptica médica del siglo XIX, las mujeres nerviosas son justamente aquellas que en los síntomas corporales anómalos exteriorizan las pulsiones sexuales reprimidas. En el Uruguay, la presencia de la histeria puede datarse hacia la última década del siglo XIX y principios del XX. Médicos como Adolfo Brunel o Joaquín de Salterain atribuían la histeria a trastornos provocados por las pasiones y excesos, o a alteraciones provocadas por deseos venéreos insatisfechos. Los testimonios de Joaquín de Salterain acerca de cómo sanar a una paciente histérica se basaban en las enseñanzas de Janet y Charcot. De acuerdo a esos métodos, el médico actuaba mediante la simulación de una relación amorosa (Barran 1992: 228-231).

Si en las palabras que le decía a su paciente podíamos advertir la presencia del principio ético burgués que identifica la buena salud y el cuidado del cuerpo con "la expansión indefinida de la fuerza, del vigor, de la salud, de la vida" (Foucault 2011: 120-121), esa visión aséptica desaparecerá cuando el médico se encuentre a solas en su habitación. Una vez allí, el médico promueve la erotización del personaje recurriendo a las mismas imágenes empleadas previamente. La evocación del cuerpo comienza con la disección del rostro despojándolo de toda visión angelical para aproximarlo a una "vegetación lujuriante". Luego continúa con las "ondulaciones del pecho y la cintura esbelta". El erotismo surge a partir de la evocación del cuerpo del otro reducido a la condición de objetos parciales (pestañas, boca, labios, ojos), todo lo cual lleva a plantear la idea de una forma fetichizada (Barthes; 2010: 90-91). Aquí vemos cómo el discurso fisiognómico deja de constituir un conjunto de signos estables para derivar en un sentimentalismo ambiguo.

El médico no hace otra cosa que dejarse llevar por una actitud voyeur que era muy común en la sensibilidad decimonónica y en contextos sociales e históricos en los que la vigilancia en torno a la sexualidad se ejercía de un modo muy férreo. Esta escena puede incluso relacionarse con varios ejemplos de la pintura que coinciden en trabajar el tópico mujer naturaleza en los que aquellos rasgos comúnmente asociados a la fecundidad tienden a ser ligados con búsqueda más voluptuosa de lo femenino.

Un "ars erótica" recorre el saber médico como un fragmento errante de una fantasía por demás literaria (en la primera parte en la etopeya del personaje, el narrador nos informa acerca de las veleidades literarias del médico). Fiel a ese espíritu puritano de la burguesía decimonónica, lo erótico sólo tiene oportunidad de manifestarse en el espacio privado e íntimo de la habitación. Recordemos que cuando Foucault señala la coexistencia de "ars erótica" junto a la "scientia sexuales", inmediatamente aclara que ese arte erótico no habría que buscarlo en "la ensoñación humanista de una sexualidad completa y desenvuelta", porque en definitiva no se trata de promover una sexualidad sana en el sentido de que sea libre. Si se hace hablar al sexo es porque se lo introduce en un discurso que procura la verdad (en el sentido científico del término). Las fantasías del médico no escapan, entonces, a esa mirada fragmentada de lo femenino porque, por un lado, se pretende que la mujer se vea a sí misma como un cuerpo sano apto para la reproducción (la orientación social fijada por el discurso masculino burgués); pero, por otro lado, se la fragmenta en una imagen negativa que la informa como objeto de deseo. La mirada del médico resulta, entonces, productora de una ambigüedad destructiva. Marta es especularizada desde una mirada científica y erótica que se yuxtaponen provocando una contradicción que impide el establecimiento de un ideal estable en torno a lo femenino. Si tenemos en cuenta esto, vemos que es justamente la mirada del varón que pretendiendo ser autosuficiente y autoritaria genera ciertos problemas que no es capaz de resolver.

Otro episodio que permite observar la emergencia de lo erótico es el capítulo "Cabalgatas y tormentas". La cabalgata es presentada como la fuga del cuerpo encorsetado y angelical (representado por las cavilaciones en la capilla, las sesiones de piano, las labores de puntillas), y la fusión con lo instintivo del mundo animal. Lo instintivo residual es transfigurado de acuerdo a una imaginería estética precisa: a través del intertexto dantesco y de la identificación de Marta como una amazona, se desencadena una transformación corporal perceptible en el propio rostro ("la hoguera que flamea en sus mejillas", "la embriaguez incomprensible se dibuja en el rostro de la joven amazona", "su mirada se extravía, su cuerpo se dobla").

La metáfora de la mujer amazona por tratarse de un personaje mitológico, una mujer salvaje y extranjera dedicada al arte de la guerra y abierta a la sexualidad, nos lleva a pensar como esta inscripción en la naturaleza aleja a la mujer de la civilización. Aunque muy fugaz, la metáfora de las amazonas introduce un fuerte componente de sensualidad exacerbada y que, a diferencia de las vírgenes, se mueven al aire libre, cabalgando y dedicándose a la caza. Como metáfora, la mujer amazona permite una aparición fugaz del erotismo. Sobre todo de ese erotismo desaforado asociado al predominio de la naturaleza. Recordemos que para la mayoría de los intelectuales de fines del siglo XIX, veía en el vínculo de la mujer con la naturaleza un indicio de degeneración; la mujer era un ser biológicamente degenerado y como tal nunca podría alcanzar la superioridad del reino espiritual sólo reservado para el hombre.

En todos estos pasajes, la relación entre mujer y naturaleza permite ver la aparición del deseo, aunque lo erótico es inmediatamente controlado por los atavismos sociales: el mayordomo restablece la condición dominante de la doncella. Aparte de que los obstáculos sociales se interponen para frustrar la relación entre ambos, el episodio nos permite ver cómo el mayordomo actúa como una prolongación del dispositivo de sexualidad al controlar los impulsos corporales de la doncella. Vale decir que ejerce un papel que en otros momentos es cumplido por la institución familiar. La sutileza de la escena está dada por la existencia de un dispositivo de sexualidad que apela a técnicas móviles y polimorfas del poder. En el episodio analizado es el propio mayordomo quien pone en funcionamiento esas técnicas pertenecientes al amo.

El viaje por Europa, propuesto por sus abuelos para mitigar la angustia sufrida, reinstala el tópico de la "mujer nerviosa". Aunque, en este caso, hay un intento por ocultarlo apelando al estereotipo de la mujer aristocrática ("la elegante parisina"). Ésta es si se quiere la primera ocasión que tenemos de ver cómo funciona el modelo del cuerpo aristocrático en Marta. Ella aparece "artísticamente ceñida en su vestido violeta, risueña y festiva" (191), desde el inicio se ve que lo aristocrático posee en ella elegancia, cierta gracilidad cuando la vemos apoyada en el brazo del barón, pero no la majestad que habíamos visto en el caso de Emilia.

Pero también lo aristocrático ingresa en el personaje por el lado de sus lecturas juveniles, y allí vemos cómo se identifica con conocidas heroínas románticas (Elvira, Lelia, Graziella, Corina). Ya habíamos visto que las heroínas de las novelas sentimentales suelen ser lectoras de novelas del mismo género con lo cual se instauraba un metagénero. Involuntariamente, el barón contribuirá a ampliar esta identificación cuando en sus conversaciones refiera detalles de sus encuentros con princesas o príncipes aderezado con otras anécdotas de corte: Marta, convertida en narrataria de esas historias, irá asumiendo poco a poco la imagen de la princesa. Así Marta, en ese viaje en barco crea en torno a su cuerpo una imagen de lo palaciego similar a la que viéramos en Feuillet; la propia naturaleza también va adquiriendo ese mismo tono idílico que permite el ensueño. Sin embargo, la mención del "rayo de luna" en el que parece ella contemplarse junto al barón posee algo de esa fugacidad de lo becqueriano: del mismo modo que Manrique perseguía la sombra de una dama etérea e inexistente, Marta persigue en ese crepúsculo una imagen deseada de sí misma pronto a desvanecerse. Esa actitud fantasiosa la encontramos al final del capítulo cuando Marta, en lugar de escuchar el sonido del motor, queda absorta en las palabras "proféticas" del Emperador.

En toda esta parte que coincide con la duración del viaje en barco, podemos encontrar otra figura barthesiana que se suma a la percepción del "cuerpo del otro" y que el ensayista francés denominará como "encuentro". En esta figura, la trayectoria errática del discurso amoroso se presenta como un "devenir regulado" en el que la jornada amorosa cumpliría tres etapas: la captura (ser raptado por una imagen); serie de encuentros (citas) y la exploración embriagadora de la perfección del ser amado (Barthes; 2010: 118). Todas estas etapas se cumplen en Marta en el sentido de que la búsqueda de la perfección del otro entraña a su vez una búsqueda desesperada por su propia imagen: la aproximación a un cuerpo aristocrático que se adapta fielmente a la imaginación novelesca del personaje. Con Jorge Parler esta búsqueda también estaba presente pero no en el sentido del status social, sino más que nada por la atracción a nivel literario y musical; en este personaje existía un deseo por alcanzar el cuerpo aristocrático por su pertenencia a una rancia estirpe escocesa.

El culto a ese universo de la elegancia puede verse también cuando Marta pasea junto a Rodolfo en los grandes salones rodeados de inmensos espejos que "multiplican al infinito las imágenes de aquella elegante pareja, vestida ella con traje de gro color marrón, de gran cola, sin más adorno en la cabeza que sus bellísimos cabellos negros, y él de rigurosa etiqueta, llevando el frac con la soltura y el donaire que convienen a un joven diplomático" (245). Aparte de esa exterioridad de lo fastuoso que trasunta la descripción, el espejo aparece como un signo inequívoco de lo engañoso, en el sentido de que el mundo de la riqueza al que pertenece le traerá la infelicidad. Además es el propio narrador quien nos hace ver que es la propia Marta la que se complace "en contemplar las imágenes movedizas que reproducían los cristales" (245), con lo que se muestra el grado de la inocencia de una doncella que contempla el esplendor de su propia juventud. Más allá de la inocencia del recurso del espejo, estamos en condiciones de reconocer su trascendencia simbólica asociada a la imposición de una imagen por parte de un sujeto masculino. El espejo funciona claramente como un instrumento más de subjetivación, ya que Marta se acomoda con docilidad a la imagen que el sujeto masculino le impone. El espejo aparte de apuntalar lo ilusorio o incluso desde esa perspectiva funciona también como la imposición de una forma de género.

Pero frente a la inocencia de esa muchacha que admira en forma narcisista su propia belleza y la de su compañero, también tenemos en el retrato de la doncella otros indicios perturbadores que la alejarán de esa condición angelical y elegante: los cabellos negros, siempre subrayados con discreta insistencia, anticipan la condición salvaje del personaje.

La nueva relación que inicia con el barón de Romberg permite tomar contacto con un recurso folletinesco empleado por la novela: el origen indígena de la heroína. Este descubrimiento lo realiza a través de la correspondencia epistolar mantenida entre su abuelo y el Barón de Romberg; la carta funciona como otro sucedáneo del espejo en el que Marta descubre una identidad no deseada. El descubrimiento de la sangre indígena de Marta, aparte de reforzar la condición instintiva del personaje, reinstala el tópico de la cautiva. Este tópico posee una gran tradición en la literatura latinoamericana desde la crónicas de los españoles que ven en el rapto de la mujer blanca española la violación de la cristiandad y la justificación de la conquista, hasta la publicación de *La cautiva* de Esteban Echeverría en 1837, y su continuación con *Cumandá* de Juan León Mera en 1879 o *Tabaré* de Zorrilla de San Martín. Desde sus inicios, el motivo de la cautiva, tal como lo demuestra Cristina Iglesia, queda asociado a una figura erótica:

> Resulta evidente que, desde el origen, la mujer raptada, la mujer cautiva, es la fisura entre una cultura y la posibilidad de su destrucción o su conservación. El erotismo se esconde entre los pliegues de la cordura y la política: la cautiva es una figura erótica (…)" (295). Pero también se trata de "un cuerpo en movimiento, un cuerpo que atraviesa una frontera (..) Un cuerpo equívoco que equivoca la dirección de su deseo. (296)

El abuelo al explicar el origen indígena de su nieta la inscribe en la urdimbre de la barbarie; contribuye a generar negativamente este estereotipo en la novela. La voz masculina y patriarcal del abuelo corresponde a otro uso del dispositivo de sexualidad, concretamente a aquél que compete a la familia como "intercambiador de la sexualidad" y que según el propio Foucault generaría una complicidad entre un dispositivo de sexualidad y un dispositivo de alianza. El filósofo francés lo explica de la siguiente forma:

> No hay que entender la familia en su forma contemporánea como una estructura social, económica y política de alianza que excluye la sexualidad o al menos la refrena, la atenúa como es posible y sólo se queda con sus funciones útiles. El papel de la familia es por el contrario anclarla y constituir su soporte permanente. Asegura la producción de una sexualidad que no es homogénea respecto de los privilegios de alianza, permitiendo al mismo tiempo que los sistemas de alianza estén atravesados por toda una nueva táctica de poder que hasta entonces ignoraban. La familia es el intercambiador de la sexualidad y de la alianza: transporta la ley y la dimensión de lo jurídico hasta el dispositivo de sexualidad; y transporta la economía del placer y la intensidad de las sensaciones hasta el régimen de la alianza. (2011: 104)

El dispositivo de sexualidad puesto en funcionamiento por el abuelo se advierte claramente en ese pasaje de la carta en el que hace referencia a "un pecado de juventud", explícitamente una relación sexual llevada por la pasión juvenil al margen del matrimonio y que tuvo como agravante el cruce entre dos razas. Pero aunque el abuelo no lo diga, sin darse cuenta admite la ubicación de su nieta dentro de la naturaleza representada en este caso por una territorialidad salvaje. En las palabras del abuelo, la sexualidad desenfrenada del indígena constituye aquello que no pertenece al ámbito de la familia y el estigma es presentado como lo que se desea silenciar o pasar por alto. El relato del abuelo en la carta asume todo un tono épico al referir cómo "nuestras tropas" lograron el rescate de la cautiva, y con ello Francisco restituye a Marta a su condición angelical atenuando todo vínculo con lo salvaje. Francisco intenta construir un género, en el sentido de proyectar creencias, expectativas o roles preconcebidos por una cultura determinada a las diferencias sexuales. Uno de esos roles tiene que ver con la idea de fragilidad o carácter asexuado y el consiguiente rechazo de lo salvaje por parte de una "matriz de inteligibilidad" (Butler, 73).

Sin embargo, al enterarse del desaire hecho por el Barón, Marta toma represalias contra él humillándolo públicamente en la ceremonia de inauguración de la capilla. Como en otros casos, la escena nos hace ver toda la transformación corporal del personaje a través de "la risa sardónica", "la ondulación nerviosa que agitaba su cabeza", y los cambios en su fisonomía que toma "la expresión de un hombre". Su conducta provoca un quiebre definitivo con el espacio civilizado de la sociedad elegante, ya que en adelante será objeto de escarnio.

Así, en el personaje nos encontramos con una ambigüedad manifiesta; por un lado, responde al modelo angelical. Pero, por otro lado, se nos hace ver esa imagen de la mujer enardecida, esa ménade oriental de la que hablaba el propio Ramírez en el pasaje citado.

El fracaso de esta nueva relación provocará en ella cierta condena de la vida fastuosa, y eso llevará a acentuar su carácter más ardiente y desbordado que la vincula con el modelo de la ménade.

La relación con Rodolfo de Siani es otro ejemplo de la erotización del personaje. Pese a que los encuentros quedan enmarcados dentro del esquema de "los noviazgos vigilados" de los que habla Barran, la mirada de Rodolfo hace que ella se sienta "constantemente acariciada por miradas de amor", y en consecuencia, que el fuego se apodere de su cabeza y penetre en el corpiño entreabierto. Como en otros momentos, el corpiño aparece como la metonimia que señala una frontera entre lo visible y lo no visible: el cuerpo del otro, al ser asediado por Rodolfo, provoca un incremento de la intensidad del deseo y da lugar a una transformación corporal del personaje. Ella se ve ahora presa de "pasiones salvajes" o como "un alma desequilibrada y enferma".

En dos ocasiones Marta es asediada por el sujeto masculino, quien a través de su mirada la convierte en un fetiche. La erótica finisecular estaba obsesionada con una clase particular de fetiche: el realce del busto. El corsé fue la prenda privilegiada de estas inquietudes, ya que si bien fue pensado inicialmente como un medio para reprimir el potencial erótico paradójicamente contribuyó a incrementarlo toda vez que realzaba el talle y la cintura. La segunda mitad del siglo XIX fue una época orientada hacia el busto grande. Como las piernas eran miembros prohibidos, la atención sexual se dirigió a los senos. Si bien el corpiño trajo cierta flexibilidad en el manejo del cuerpo continuó canalizando la preferencia por el busto.

En la carta que Marta le dirige a su amiga Orfilia, comienza retomando el tópico romántico del amor apasionado y que el propio Ramírez lo manejara cuando definía a su mujer ángel. Pero en aquellos escritos de Ramírez, la mujer ángel está dotada de una calma que orienta cualquier desborde hacia metas más domésticas. Inmersa en ese extravío, Marta dice en su carta que lamenta no haber podido dedicarles a sus abuelos "una sonrisa pura". En esa evocación de la "sonrisa pura" tenemos todo el discurso fisiognómico que caracteriza a la mujer ángel, pero aquí es presentado como una carencia. A través de la sonrisa, Marta añora toda una trama de sentido de lo corporal: si hablamos de la sonrisa como una metonimia corporal que la une a los abuelos, puede decirse también que hay una nostalgia del cuerpo doméstico que no llegó a realizarse. En la trayectoria vital de Marta, se interrumpe el circuito cuerpo – hogar – familia (¿nación?). El rostro angelical, la inocencia de la sonrisa constituiría aquello que restituiría al personaje a ese lugar de lo familiar, al panteón de lo nacional que intenta plasmar una imagen femenina asexuada.

Por supuesto que ese circuito ya se había interrumpido previamente cuando veíamos a Marta en sus apariciones espectrales: el cuerpo etéreo marcaba ya una fuga de lo cotidiano familiar. Más allá de que aquí se encuentra el estereotipo romántico ya gastado, lo importante es el funcionamiento que tiene en esta novela. En el capítulo decimotercero, por ejemplo, Marta tras la muerte de sus abuelos, había vuelto a "sus antiguos hábitos de locomoción nerviosa y solitaria"; los isleños "la veían deslizarse, como un fantasma negro". Aquí se propone el motivo romántico de lo espectral unido a la condición nerviosa del personaje, y ese vínculo quedará reforzado unas páginas más adelante por la teorización del doctor Nugués en torno a la doctrina darwinista y sus implicancias en el origen de la neurosis.

Todos estos elementos van conformando en Marta como un personaje que se asocia a un tópico decadentista: la mujer enferma. La mujer decadente se caracterizaba por ser frágil, sensible y pálida. Aunque su fragilidad siempre es vista como una expresión de lo patológico porque se trata de mujeres demasiado espirituales y materiales, de modo que siempre aparecen como flotando entre las dos dimensiones.

En la novela aparecen otros personajes femeninos como Orfilia Sánchez, Genoveva Ortíz o Panchita Ovalle. Todas ellas mantienen una distancia respecto a Marta en distintos aspecto. Orfilia puede ser visto como su reverso, en la medida que realiza el modelo angelical de la mujer doméstica de acuerdo a la forma definida por Nancy Armstrong: el equilibrio, la frugalidad, el autocontrol (Armstrong; 98-104). Genoveva y Panchita representan las figuras antagónicas. La primera funciona como la mujer aristocrática cuya voluptuosidad está unida a la idea del lujo (un tipo de belleza que necesita de la exhibición pública en el ámbito de la sociabilidad elegante). Con Pancha, en cambio, nos encontramos con una combinación estrafalaria entre cuerpo y moda: el exceso del adorno neutraliza toda potencialidad erótica, y por otra parte, la deformación fisonómica la aleja de toda posibilidad angelical.

De acuerdo a lo examinado hasta aquí, encontraríamos en el personaje protagónico un dispositivo del género que resulta parcelado de acuerdo a los elementos dominantes, residuales y emergentes. Si como señalaba Judith Butler, todo género se basa en "la estilización del cuerpo", Marta Valdenegros participa de una modalidad de lenguajes que intentan definirlo siempre desde una perspectiva masculina. El sujeto masculino (que como vimos es el único que se atribuye tal potestad) especulariza el cuerpo de la mujer - nación de una forma ambigua porque confluyen distintas posibilidades interpretativas que imposibilitan la constitución de una metanarrativa sólida. Todas estas posibilidades se suceden a lo largo de la novela de un modo por demás antagónico y estigmatizador.

Ya Foucault había recordado cómo el siglo XIX, lejos de ser

considerado un momento histórico represor y victoriano, debía ser pensado como un verdadero campo de tensiones y plétora discursiva en torno al sexo. Y eso se debe a que la sexualidad femenina fue uno de los temas de discusión. Podría pensarse que nuestro siglo XIX no fue muy diferente en este sentido, por lo menos el período finisecular, que es donde se aprecia la mayor complejidad de la cultura.

Esta novela, en particular, nos muestra parte del funcionamiento del sistema cultural uruguayo y sus complejas interrelaciones en torno al cuerpo femenino. Habíamos visto que en su forma dominante, la mujer es pensada de acuerdo a una versión aristocratizada del ángel del hogar. Este ideal tan deseado se ve dificultado por una forma residual, la relación de la mujer con la naturaleza que la lleva a explotar su tendencia instintiva y que halla su correlato científico en el tópico de la mujer nerviosa (una forma de la perversidad según Dijkstra). La creación erótica de la figura femenina constituye un elemento emergente por la sencilla razón de que constituye una forma transaccional respecto a los otros dos modelos: se exalta a la mujer como objeto, fetiche, decorativo que deja susurrar el deseo.

Si consideramos la incidencia que tiene el artículo escrito por el Dr. Nugués, en su doble condición de médico y letrado político, podemos observar una forma de género que se impone y se corresponde con la manifestación residual de lo instintivo. "Salvaje", es la palabra que el médico toma de los testigos y es la que parece imponerse. Esta forma de género que se contrapone al carácter frágil que ella misma expone en su carta testamento, se convierte en un dispositivo de género que se mantiene a cierta distancia de los otros dispositivos deseados: la angelidad asexuada y la forma fetiche.

El pensamiento masculino toma el cuerpo de Marta como un cuerpo en disputa. El ideal de nación deseado corre por el lado de los dispositivos dominantes y emergentes y que se ven desplazados por la forma residual.

6. EL CUERPO ANGELICAL COMO CUERPO SENSUALIZADO EN *CRISTINA*

La inscripción de la mujer ángel en la novela *Cristina* (1885) de Daniel Muñoz no puede separarse del debate religioso desarrollado en las últimas décadas del siglo XIX. El año de publicación de la novela coincide con la discusión parlamentaria de la "ley de conventos". Esta ley se aprobó en julio de 1885 durante el gobierno militar de Máximo Santos y en ella se prohibía la fundación de nuevos conventos y se impedía a los ya existentes aumentar sus propiedades. La aprobación de esta ley constituye un capítulo más dentro de esa lucha entre la Iglesia católica y el poder político y es uno de los engranajes del proceso de secularización. Este proceso se desarrolló a lo largo de seis décadas y forma parte de la primera modernización capitalista (1860-1930). La presentación de distintos proyectos secularizadores en los debates parlamentarios promovieron, a su vez, una discusión en torno a los límites de la esfera privada y de la intimidad de los individuos.

Caetano y Geymonat entienden que la secularización constituyó un fenómeno de privatización de lo religioso. Dicha privatización tiene que ver con la forma en que se fue delimitando el ámbito de lo privado y el espacio público. Si lo religioso quedaba confinado a la esfera privada, eso se debía a que el espacio público empezó a ser concebido como el espacio de lo político: ámbito que cohesionaba en forma peculiar lo estatal y lo público y que implicaba el abandono de identidades previas (religiosas, étnicas, lingüísticas, etc) en aras de un nosotros englobante (Caetano y Geymonat, 167-170).

Pero una consecuencia importante del proceso de secularización se vio cuando el confinamiento de lo religioso en la esfera privada generó un resultado no deseado por los sectores anticlericales: el catolicismo, al desaparecer del ámbito público, profundizó su dominio en la esfera privada, concretamente en la mujer y en el hogar. Todo esto derivó en la "feminización del catolicismo", en el rol moralizador de la mujer católica dentro del hogar como instrumento para frenar los embates anticlericales. Para Mariano Soler, el "apostolado femenino", podía funcionar como una verdadera resistencia frente a los avances de la secularización y también como un medio eficaz en la reforma moral (Caetano y Geymonat, 217-220).

A tal efecto, la Iglesia proyectó una perspectiva de género orientada hacia un modelo femenino muy claro: el modelo mariano. Este modelo se propone como una oposición a lo mundano, a las tentaciones del lujo; y al alejar a la mujer de las preocupaciones terrenales, ofrece una territorialización corporal que acentúa la importancia del corazón como enclave metonímico del sentimiento. Pero esta consideración de lo corporal dará a conocer sus percepciones un tanto ambiguas, ya que si por un lado se subraya al corazón como fuente de sabiduría y felicidad; por otro lado, se manifiesta la necesidad de controlar la impresionabilidad y la imaginación excesiva. El modelo doméstico austero impulsado por la Iglesia recomienda el abandono del cultivo de ciertas manifestaciones artísticas (lecciones de piano, francés, lecturas de novelas de moda) porque alejaría a la mujer de sus deberes más sagrados: el cuidado del hogar.

La figura de Cristina ofrece una inserción problemática en ese debate entablado entre católicos y liberales. El cuerpo de Cristina es a un tiempo asediado por la sociedad elegante, y en ese sentido, veremos un cuerpo volcado hacia el adorno; y por otro lado, su inclinación religiosa, hará que sea captada por la rigurosidad católica. Lo erótico aparecerá como parte del fetiche indumentario y será un instrumento para señalar la presencia sensual del cuerpo en aquellos espacios donde es rotundamente negado. Si en Marta el cuerpo unido a la naturaleza la alejaba de la sociabilidad elegante, en Cristina toda la cultura visual de la sociabilidad elegante parece envolverla. La novela puede ser entendida como un conflicto entre dos dispositivos de subjetividad: aquél propuesto por la institución religiosa frente a aquél representado por la cultura elegante introducida por la modernización.

La novela posee un subtítulo bastante significativo: "Crónica de un romance de amor". Al igual que *Los amores de Marta*, también aquí se emplea la modalidad de la crónica, un género que tiene un amplio y prestigioso desarrollo en el momento en que se escriben estas novelas. También aquí, se admitirá un desliz hacia la forma de la crónica social elegante, ya que los personajes de la novela pertenecen a la clase alta montevideana.

En cuanto a la denominación como romance, nos encontramos con otra modalidad también muy frecuentada en el siglo XIX. El subtítulo propone una problemática en torno al género narrativo cuyas fronteras no están claramente delimitadas, provocando el entrecruzamiento con otras modalidades como la crónica o el romance (Rosiello 1994).

La descripción inicial de la ciudad reproduce ese sabor de la crónica en lo que hace al embellecimiento del paisaje:

La mañana estaba tranquila y sonriente como si la naturaleza hubiese querido asociarse al regocijo a que se entregaba la ciudad en aquel día Domingo. Era una de esas mañanas de Marzo, serena y tibia, envuelta en tules diáfanos de brumas azuladas, entre las cuales se dibujaban con cierta vaguedad los contornos de las casas, de los árboles, de las lomas que cierran el horizontes por el lado del Cerrito, mientras que del costado del mar se confundían allá a lo lejos, en un mismo tinte, el manto del cielo y el dorso de las aguas dormidas bajo la calma. (Muñoz, 5)

En este pasaje observamos cómo el referente realista se empequeñece frente a una pintura más romántica, donde los elementos naturales van impregnando el paisaje urbano. Pero cuando se describe la ciudad a través de la naturaleza, también vemos cómo ella es sensualizada: mediante una prosopopeya, la mañana avanza por la ciudad como si fuese una dama angelical. Y para mostrar eso, aparecen muchos rasgos corporales que corresponden a ese modelo (la sonrisa, envuelta en tules, etc.). En un primer movimiento, la novela introduce una imagen de la mujer deseada, la mujer etérea del romanticismo. Pero no es sólo la mujer etérea, sino la mujer ornamentada.

El espacio urbano es mostrado como un cuerpo particular, aquel que proviene de la sociedad elegante que pronto comenzará a desarrollarse en la novela a través de las gestualidades y la vestimenta que caracteriza a ese tipo de sociabilidad:

Eran todos jóvenes de la buena sociedad de Montevideo, como se echaba de ver por la elegancia de sus trajes y la delicadeza de las maneras con que accionaban en su animado diálogo, al que servían de tema las niñas que pasaban, bromeándose unos a otros sobre las preferencias que aquellas hacían al contestar los saludos. (Muñoz, 7)

La sociabilidad elegante y sus maneras, actos, ceremonias sociales, como vimos es materia de una crónica especializada en clase de acontecimientos. La escena del paseo permite una primera aproximación al cuerpo elegante a través de ciertas formas de sociabilidad donde es importante "el ver y ser visto" (Rodríguez Villamil 2006: 229). En todos estos casos, se produce una relación bastante particular entre el espacio y el cuerpo que la transita: la urbe parece ser una extensión natural del cuerpo. El cuerpo es ofrecido como un campo de visibilidad porque el espacio urbano funciona como un verdadero escenario teatral en el que los individuos ofrecen sus cuerpos para ser leídos como productos culturales: estaríamos ante la política de la pose, tal como lo entiende Silvia Molloy.

Las primeras pinceladas de la novela corresponden, por esa razón, a la postura del cronista de costumbres. En el caso de Daniel Muñoz, por su oficio periodístico, utiliza la forma discursiva de la crónica elegante, aunque despojándose del lenguaje aristocrático que ellas utilizan frecuentemente. La descripción que se hace en *Cristina* del paseo elegante, si bien atiende a las maneras y gestos refinados desarrollados por los participantes, no imita el lenguaje aristocrático. Y esto se debe a que la mirada que intenta ofrecer el cronista es muy diferente porque va más allá de las apariencias; en lugar de asentarse en una alabanza del ambiente y de ciertos personajes, propende a una perforación de dichas apariencias. Por esa razón, no nos debe extrañar la técnica casi teatral con la que el narrador describe el primer pasaje de Cristina ante la atenta mirada de los jóvenes:

cuando apareció por la misma acera en que ellos estaban, una joven vestida de negro, de estatura mediana aunque esbelta de cuerpo, haciendo sombra a sus ojos negros una pluma, negra también (sic), que rodeaba su elegante sombrero. Caminaba con la mirada baja, como si abatiese sus párpados el peso de las pestañas largas y enarcadas que los frangeaban (sic), pero al llegar cerca del grupo de jóvenes levantó los ojos, titubeó un momento como haciendo intención de atravesar la calle, y temiendo sin duda que lo atribuyeran a debilidad, siguió por la misma acera, correspondiendo con una amable sonrisa al efusivo saludo que aquellos caballeros le hicieron. (Muñoz, 8)

Ya desde el comienzo nos encontramos con un fenómeno de especularización a través de la mirada de los jóvenes. La mirada que se apropia del cuerpo constituye la primera manifestación del dispositivo de subjetividad de la novela. Aparte de los rasgos que el personaje presenta es importante hacer notar la postura del personaje, la mirada baja y la sonrisa son los primeros indicios de la imagen estereotipada de la mujer. Fragilidad y delicadeza serían aquellos rasgos admisibles y forman parte de aquello que el pensamiento masculino desea encontrar en la mujer.

En todo el despliegue del personaje se ve una puesta en escena de la dama angelical, y eso se nota fundamentalmente por la corporización del pudor (caminaba con la mirada baja). Pero en esta primera aparición ya se ve a modo de contraste la referencia a la austeridad religiosa (el color negro de su vestido), por otro, una tenue referencia al cuerpo erotizado (esbelta de cuerpo). Este primer retrato del personaje nos ofrece un constructo ambigüo del signo mujer, porque por un lado se observa aquella tendencia hacia lo angelical, pero sin llegar a constituir una imagen asexuada dado que el narrador repara en el "cuerpo esbelto". Si como habíamos visto previamente, el modelo angelical busca imponer un modelo femenino asexuado y cuya principal característica sea la sumisión, en este caso, el tránsito por el espacio profano de la calle abre otras posibilidades como la ofrecida por el cuerpo esbelto.

Por su puesto que en este caso, la presencia dominante corresponde más a aquellos detalles corporales que acentúan algo de lo lúgubre romántico. Pero ya en esta primera parte, nos encontramos con el planteamiento de las principales dificultades: aquella que corresponde a un sujeto femenino asediado por una tendencia hacia el erotismo y otra volcada más a las referencias sagradas. Esta escena corresponde al primer encuentro que Alberto Conde tiene con Cristina en el interior de la Iglesia.

Desde el principio la descripción que se hace del templo pasa por la mirada corrosiva del narrador, deteniéndose en la monotonía de los cantos de los sacerdotes contrastados con la luminosidad del exterior. Pero también introduce otros contrastes, por ejemplo, los sonidos solemnes del cántico sacerdotal interrumpidos por los pasos de Alberto que provocan la distracción de las devotas. Lo primero que ve de Cristina cuando entra al templo son los ojos entornados, los labios que se mueven de forma imperceptible y las mejillas sonrojadas. Signos corporales que nos hablan de una personalidad, de unos afectos, y lo que habla aquí es la idea de la virtud y sobre todo de la virtud amenazada: el pudor se ve en la mejilla que se sonroja, producto de la mirada de Alberto. La dialéctica de las miradas, como antes en el paseo elegante por la ciudad, reaparece para reproducir a su vez las modalidades estereotípicas: la pasividad femenina contrastada con el papel activo del varón.

Sin embargo, es en esta escena donde emerge lo erótico:

> Cristina seguía con recojimiento todos los pasajes de la misa. Parecía haber recobrado la calma que la persistencia de las miradas de Alberto había alterado por un momento, y su óvalo correcto se destacaba con pálidos contornos sobre el fondo negro de su traje. Estaba bellísima en aquella actitud, algo inclinada la cabeza sobre el hombro, perdida la mirada entre la niebla dorada que entraba por las anchas claraboyas de la media naranja del templo, palpitando acompasadamente el contorneado seno, prisionero dentro de una ajustada bata bordada de azabache que modelaba el busto prominente y el delicado talle de aquella niña (Muñoz, 13)

Aquí vemos que lo erótico se construye por oposición a lo religioso. Y no sólo eso, sino que la mujer es construida como objeto erótico por la mirada de un sujeto masculino, algo que según Bataille era su condición necesaria: para el autor francés, el erotismo es un aspecto de la vida interior; en esa dinámica el hombre busca en la mujer un aspecto intangible que se adecue a la interioridad de su deseo. La mirada de Alberto busca captar algo "intangible" en Cristina, pero eso es que resulta tan difícil de apresar se transparenta a través de referentes corporales. Lo intangible en Cristina asoma a través de su espiritualidad, su actitud concentrada y extática perceptible en la posición de la cabeza. Pero ese éxtasis religioso es atravesado por la contemplación de una referencia corporal que lo desborda: al destacar el seno como una zona corporal más asociada al placer, se hace incursionar lo profano en un recinto sagrado provocando una fusión indisoluble entre las dos zonas. El busto es incorporado como parte de una nueva imaginería donde antes se privilegiaba únicamente el rostro. El personaje es contemplado desde cierta voluptuosidad al detenerse en la particularidad de su forma ("contorneado seno" o "busto prominente").

Pero más allá de este carácter intangible del deseo, lo cierto es que el disparador del deseo es el "contorneado seno", que además está prisionero "dentro de una ajustada bata bordada de azabache". El contorneado seno ajustado y prisionero es una forma diferente de decir la prisión del deseo femenino, porque aquí se nos habla de un despertar erótico que no apunta a la libertad femenina sino a la postulación del erotismo como parte de una técnica corporal normalizadora. En otro capítulo comentábamos el valor ambiguo que tenía el corset, ya que por un lado restringe el movimiento libre del cuerpo, y por otro, permite modelar las formas. Muchas novelas del siglo XIX, aprovechan el potencial erótico de esta prenda porque permite sugerir aquello que está oculto. Y si a eso le agregamos el espacio sagrado donde aparece Cristina, podría pensarse que su cuerpo es presentado como parte de una puesta en escena. La visión que se tiene de ella resulta enmarcada en un cuadro. Y en ese cuadro, el cuerpo de Cristina resulta tanto más bello porque se lo hace participar de toda una imaginería estética en el que intervienen con perfección las posturas sagradas y la voluptuosidad de su indumentaria. El discurso de la moda hacia fines del siglo XIX emerge como un nuevo dispositivo que empieza a competir con el religioso de mayor antigüedad. Recordemos que el propio Giorgio Agambén en su ensayo "¿Qué es un dispositivo?" proponía la idea siguiente: los dispositivos que se podían desarrollar son infinitos, y a cada dispositivo corresponde un modo de subjetivación diferente. Si el dispositivo (en este caso el de la moda) constituye a los sujetos inscribiendo en su cuerpo una forma de ser, la moda suntuaria generaría una subjetivación erótica. Joanne Entwistle en *El cuerpo y la moda*, desarrolla como idea central de su trabajo cómo la moda y el vestir modelan el cuerpo creando discursos sobre el mismo. Podría agregarse también que produce un género, las prácticas del vestir estilizan el cuerpo y al hacerlo lo disciplinan (Entwistle, 27). El corset que realza cierta parte del cuerpo, lo estiliza y convierte a Cristina en un objeto de deseo.

 Vale decir, el erotismo es una técnica de especularización porque el hombre utiliza a la mujer para proyectar y/o reflejar su propio deseo. Como decíamos, un dispositivo de subjetividad sustituye al otro: gracias a la mirada de Alberto, el dispositivo religioso es desplazado hacia otro dispositivo erótico. Se pasa del rostro como eje de binarización y normalización a otro eje de la territorialización patriarcal que ancla ahora en la carne.

De esta forma, lo erótico no se restringe solamente a un realce del cuerpo, sino a toda una performance en la que la impronta inmaculada, el aire inocente de "aquella niña" se ve interceptado por la fuerza del cuerpo. Lo erótico aparecería así como un emergente porque es planteado a partir de un prototipo de mujer angelical, cuyos términos son desbordados y resignificados; esto es, la delicadeza no tiene que ver únicamente con la sensibilidad en el plano espiritual, sino también con la armonía y voluptuosidad de la forma física.

En otra parte del capítulo, la atracción amorosa entre los personajes es mostrada de acuerdo a una codificación más tradicional. Aquí todo un lenguaje mudo de las miradas, que retoma metáforas tradicionales del amor (el fuego como índice de la pasión amorosa), va mostrando aquello que previamente habíamos denominado como "corporeidad de los sentimientos". Sin embargo, dentro de esta presentación más convencional de la atracción amorosa, el narrador plantea la emergencia de la pasión:

> Cristina se arrellanó también, y al hacerlo, cruzó con Alberto una mirada, vaga primero como el resplandor de una hoguera que empieza a arder, pero que a medida que se prolongaba se hizo más intensa, fija y profunda; una de las miradas en que los ojos se buscan en las pupilas, y que al encontrarse hacen brotar aristas de luz que se proyectan hasta confundirse en un solo rayo, alambre invisible por el cual se trasmite el fluido que la pasión engendra en los misteriosos laboratorios del organismo.
> Un minuto duraron aquellas miradas, hablándose en un mudo pero elocuente lenguaje todo lo que el amor sabe decir cuando por primera vez despierta a la vida. Después, ella, como fatigada por el choque rindió la cabeza, abatiéronse los párpados sobre sus ojos, y quedó ensimismada, dejando caer de sus manos el rosario con que sus dedos jugueteaban. Alberto permaneció fijo, con la mirada brillante, deslumbrado todavía por el rayo de luz que había iluminado su corazón. (Muñoz, 14-15)

Como suele suceder en toda descripción que habla de la explosión del amor, estamos ante una figura del discurso amoroso: el cuerpo del otro. En principio, parece tratarse simplemente del lenguaje de las miradas como signo de lo indecible o atópico: en su inocencia, este lenguaje es erótica porque inflama y suspende, hace temblar el lenguaje.

Pero en el segundo párrafo, ese lenguaje aparece representado bajo la metáfora de la guerra. Sabemos que desde la literatura cortesana nos viene esa metáfora de la guerra que concibe el despertar amoroso como una conquista o un asedio. La descripción del efecto que la mirada del otro tiene en Cristina insiste en la imagen de una "derrota" ("abatiéronse los párpados"); la heroína es presentada a través de gestualidades corporales que refieren a la fragilidad. Como señala Barthes, el sujeto amoroso deviene tal cuando es herido; la herida es el medio de subjetivación del personaje porque éste se convierte en sujeto amoroso cuando es fulminado por la mirada (como se dirá, una página más adelante, Cristina fue "como aprisionada por las miradas de Alberto"). El abatimiento expresado corporalmente (la cabeza fatigada, los párpados que se cierran y las manos que dejan caer el rosario) permite dar cuenta de un modo de subjetivación romántica: la heroína que palidece, se conmueve, por lo tanto es presa de su sensibilidad (el ángel llevado por el amor).

La fiesta de disfraces es la escena del siguiente encuentro entre los personajes. Para caracterizar esta escena, Muñoz recurre a las pinceladas de cierto humor corrosivo propias del cronista. Por eso, antes de centrarse en la pareja protagónica, se dedica a hacer un buceo caricaturesco del salón de baile. En esa descripción del salón, predomina la visión deformante de los concurrentes: sus cuerpos asumen la forma grotesca por las voces chillonas, la forma desproporcionada de "las máscaras gruesas", o la dimensión de "muñecos que gesticulan como movidos por resortes".

En esta escena, el encuentro entre los dos personajes está pautado de acuerdo a los convencionalismos sociales. El ritual de la seducción no queda apartado de los juegos de miradas y los gestos mínimos: "Alberto estaba preocupado, sin conseguir ver los ojos de su compañera, que se los ocultaba con graciosas coqueterías, como gozándose de mortificar su curiosidad" (25). Si se quiere, el baile de máscaras juega al ocultamiento de aquello que se considera deseado. Para Cristina, la máscara es un juego de adivinanzas donde el enamorado debe saber descubrir a su amada a través de las cualidades más sobresalientes. Es cierto que en este juego se produce un desplazamiento en las zonas corporales a ser privilegiadas: los ojos y otras referencias corporales serán las que marcarán lo "intangible" en Cristina. La "gracia" y el "señorío" en el caminar serían esos signos que marcarían el carácter angelical del personaje. Cada una de estas notas establece un correlato con la noción de misterio o desvío momentáneo del deseo hacia zonas menos comprometidas. Por eso debemos ver el caminar como una alusión a lo corporal legítimo, esto es, lo socializable, pero que a su vez, permite apreciar lo intangible del objeto de deseo. Por eso, la escena del baile con sus encuentros y desencuentros funciona como parte de un ritual de ocultamiento y desvío, como una forma de diferir o retardar el deseo.

Si en Cristina el cuerpo es hurtado a la mirada, y por esa razón resulta ennoblecido; en el caso de las otras mujeres son mostradas en su faz grotesca. Al finalizar el baile, observamos a esas mismas mujeres fatigadas, "acaloradas con el antifaz", abanicándose y mostrando "los arranques del cuerpo", "el busto palpitante". El cuerpo femenino aquí es exhibido en su falta de nobleza y gracia, como un mero desecho del artificio generado por los trajes de fiesta. En cambio, en Cristina la indumentaria y el antifaz prometen una trascendencia, un misterio (ella es la única que conserva el antifaz una vez terminada la fiesta).

Al igual que en la escena anterior (aquella del encuentro en la iglesia), el narrador retoma el primer plano del rostro de Cristina. Como ya se había señalado, la rostridad ocupa un lugar importante en tanto dispositivo de subjetivación; si en nuestras sociedades la totalidad del cuerpo es rostrificado, podríamos establecer que lo mismo sucede con el discurso amoroso de las novelas sentimentales. Esta máquina rostritaria se desencadena cuando plantea determinada organización del poder, en este caso, el del poder pasional que pasa por el rostro del amado o amada. Así, en el caso de Cristina, la rostridad se manifiesta al mostrarnos las emociones de su rostro, esas emociones que sacuden su espíritu y que halla su continuidad en ese cerco del corazón ("su corazón inocente y virgen").

Por otra parte, la pasión amorosa hace convivir la imagen de la niña y la de la mujer: "Era el soplo creador del amor que hace brotar la luz de las tinieblas, y modela en la niña indiferente la estatua de una mujer apasionada, como el cincel hace surgir de un bloque inerte la estatua vivificada por el arte" (27). Y como vemos, se yuxtapone por un lado, la imagen de la "niña indiferente", de corazón inocente, y por otro, la imagen de una mujer que a través de la metáfora surge con la belleza perfecta de una estatua. Sobre todo este aspecto es el que resulta más relevante: aunque predomine la imagen asexuada, lo estatuario hace que la mujer no pierda la belleza del arte. Y si antes habíamos visto cómo lo estético interviene como código para dar cuenta de lo erótico, aquí hay una apelación a lo estético aunque en una versión más atenuada. Tal es así que, cuando se retoma el tema del surgimiento de la pasión, se dice que el amor nace del mismo modo que "surgió Minerva de la cabeza de Júpiter, armada y profiriendo gritos de guerra" (29).

La elección de Minerva constituye otro ejemplo de la territorialiadad patriarcal de lo femenino. El narrador que representa a la mirada masculina, privilegia de Minerva el carácter asexuado y el "grito de guerra" que la vincula a lo instintivo, y por momentos nos hace pensar en aquellas bacantes que tanto escandalizan a Ramírez. Además, en la construcción de esta metáfora se deja de lado el tema de la inteligencia. Por otro lado, cuando el narrador habla de la relación entre el surgimiento de la pasión amorosa y el personaje se vale de otra metáfora que complementa de algún modo al anterior: según las apreciaciones del narrador, Cristina sería una estatua de una mujer apasionada. El deseo y la pasión quedan limitados a la figura de una estatua, por lo tanto se los inmoviliza quitándoles toda autonomía posible. En la propia construcción de esta metáfora intervienen elementos de procedencia judeocristiana como griega, por ejemplo, la imagen del "soplo creador" tanto como la dicotomía "luz / tinieblas" pertenece al primer imaginario; en tanto la mención del amor parece quedar identificado con la luz, asimilando de esta forma el eros de origen platónico.

Otro aspecto a destacar es el hecho de que se hable de la transformación de la niña en mujer como un proceso comparable a un trabajo artístico de escultura. El signo mujer surge como una "obra de arte". Por lo tanto, en este contexto, la obra de arte es otra de las metáforas del dispositivo de sexualidad porque permite una "regulación" de las sensaciones y los placeres. La mujer al ser pensada como una obra de arte (una estatua) comienza a configurarse como objeto del deseo del otro, y como toda obra de arte para ser vista y admirada. Tanto la metáfora estatuaria como la metáfora mitológica se convierten en incitadoras del deseo y al mismo tiempo lo inmovilizan.

En el capítulo tercero empezamos a conocer la formación

religiosa de Cristina, y cómo ésta asumía el culto cristiano. En el capítulo primero habíamos conocido el carácter devoto del personaje, y ahora su religiosidad es nuevamente explorada mostrando cierto relativismo en el vínculo del personaje con las prácticas sagradas:

> Educada en colegio de Hermanas de Caridad, Cristina había llegado a ser mujer sin darse cuenta de ello, entregada al cariño de sus padres y a las exaltaciones de un misticismo inocente, que ella traducía en frívolas prácticas devotas, más aparatosas que conscientes; algo que era en ella más diversión que una devoción, entreteniéndose en acicalar imágenes que decoraban las paredes de su alcoba, pequeño nido siempre perfumado y deslumbrante de blancura, que hacía a la vez de dormitorio y de santuario, y cuya entrada era permitida a una que otra de sus amigas predilectas. (Muñoz, 33)

Ya la relación propuesta entre las prácticas religiosas y el personaje, pasa por el carácter de lo "aparatoso", y esto implica un vínculo con el culto que se produce más por la atracción de cierto fasto de la ceremonia. Las imágenes en el dormitorio son acicaladas e instaladas en un dormitorio que a la vez está perfumado. Esto permite ver cómo lo religioso se desarrolla en un ámbito que está próximo a la sensualidad de los adornos. Es cierto que más adelante, Muñoz criticará a esa misma Iglesia por aferrarse tanto a los ceremoniales aparatosos con el que intentan impresionar a los fieles (y la incursión de Alberto en el templo constituyó una prueba de ello), pero aquí lo ornamental forma parte de todo un juego casi infantil. ¿Cuál era la diversión? Precisamente el adornar el cuerpo de los santos y vírgenes. La relación con la esfera religiosa adopta la forma de un juego infantil y por momentos ingenuo, a una relación mimética frente a los objetos de la realidad representada. Este rasgo de ingenuidad e infantilismo hace de ella un cuerpo dócil y frágil y lleva a la mujer a un estado de puerilización que la despoja de toda posibilidad de autonomía. Así la mujer – niña es otra imagen correspondiente al dispositivo de subjetividad y que puede relacionarse con ese prototipo de mujer deseado por el burgués como menos peligroso y competitivo respecto de sí mismo.

Cuando ella conoce a Alberto, abandona el adorno de las imágenes religiosas y se ocupa más de su propio cuerpo. Pero en ese tránsito se produce una indiferenciación entre una etapa y otra, porque

Cristina pasa naturalmente del adorno de las imágenes al adorno del cuerpo; en ningún momento siente el cambio (nuevamente la idea del "misticismo inocente"). Esa especie de inconsciencia es claramente mostrada en el siguiente pasaje: "Ya no la distraían sus muñecos divinos, absorta como estaba en el culto de una divinidad nueva, tangible, que ella sentía agitarse en todo su ser (…) Se adornaba con esmero, ensayaba sus tocados de diversas maneras, se convertía ella misma en ídolo de su culto" (33).

    La tendencia al adorno es una marca distintiva del personaje en buena parte de la novela. Propone un aire de sensualidad rechazado por una Iglesia que pregona ciertos ideales de austeridad. Al convertirse ella misma en objeto de su culto, Cristina se propone y se asume como objeto de deseo. En otro apartado, se señaló cómo el sujeto masculino convierte a la mujer en objeto erótico, algo que coincide con la propia visión batailleana de la mujer: ella siempre aparece propuesta "como objeto al deseo agresivo de los hombres", y además respecto a cómo se presenta señala que "Por los cuidados que pone en su aderezo, en conservar su belleza –a la que sirve el aderezo- una mujer se toma a sí misma como un objeto propuesto continuamente a la atención de los hombres" (Bataille, 137). Sin duda que, el concepto de erotismo del pensador francés constituye de por sí una asignación de género, la moda y la indumentaria juegan aquí un rol importante en la construcción de un deseo que posee una base corporal. En esta construcción corporal de la subjetividad, el vestido parece ser atribuido a la finalidad coqueta de agradar al hombre.

    En los dos casos, tanto la construcción corporal de Cristina como la de Alberto apelan al lenguaje religioso; aunque nada se diga de la belleza corporal ella está presente oculta tras el manto de lo sagrado.

    Por esa razón, lo sagrado opera como una frontera difusa que posibilita el desarrollo del erotismo de los corazones. Bataille no se extiende demasiado en el capítulo XI titulado "El cristianismo", pero en una nota final podemos encontrar la siguiente explicación:

> En el erotismo de los corazones, el ser amado ya no se escapa, está capturado en el vago recuerdo de las posibilidades aparecidas sucesivamente en la evolución del erotismo. Lo que abre sobre todo la conciencia clara de esas posibilidades diversas, inscritas en el largo desarrollo que va hasta el poder de la profanación, es la unidad de los momentos extáticos que dejan a los seres

discontinuos abiertos al sentimiento de la continuidad del ser. A partir de ahí se hace accesible una lucidez extática, ligada al conocimiento de los límites del ser. (Bataille, 284-285)

Recordemos que el corazón es el territorio corporal asignado a la mujer por la filosofía rousseauniana, una metáfora que la prepara para la función materna.

Y decimos que se trata de una verdadera frontera ya que constituye un umbral que mantiene en contacto las dos polaridades: lo sagrado y lo profano. También por esto mismo estamos ante un misticismo errático. Sin darse cuenta, Cristina es un personaje que siempre explora la experiencia del límite; pasa de adornar santos a adornarse ella misma con esmero y sustituye a la divinidad por otra nueva.

El período del noviazgo entre Alberto y Cristina coincide con la enfermedad del muchacho. En esta etapa, aparte de mencionarse el tema del casamiento por intermedio de la crónica social, el narrador da cuenta del retrato de Cristina donde se destaca el tópico de la mujer niña. Este tópico ya aparecía en el caso de Marta Valdenegros cuando se hablaba de la forma en que era mimada por sus abuelos. En el caso de Cristina, pasa algo similar porque ella es la hija de la vejez. El carácter devoto (desplazado ahora hacia Alberto) y la suavidad de su trato con que modera los estallidos de cólera de su novio, nos hace pensar en el prototipo de "la monja hogareña", cuyos rasgos más importantes son la capacidad de sacrificio y de entrega a los otros. En ella parece anunciarse esa forma del ángel de amor caracterizada por el cuidado de los enfermos. Aparte de todo esto, observamos descripciones del cuerpo que privilegian la cabellera y las manos; la cabellera negra es un rasgo característico de la heroína romántica y las manos afiladas sugieren la delicadeza de rasgos. Durante el tiempo que dura el noviazgo, avanza la enfermedad de su prometido tenemos una representación de lo femenino que privilegia el carácter sufriente (una nueva referencia al corazón oprimido).

Una vez muerto Alberto, ella realiza otra operación donde las esferas de lo sagrado y lo profano se confunden aún más, hasta el punto de no identificarse claramente. En esta etapa recrudece el conflicto entre la iglesia y el hogar burgués. Particularmente, es la figura del padre la que aparece cuestionada con la invasión secreta de las beatas quienes en muchos casos aprovechan su ausencia para entrometerse en el cuarto de

Cristina. Si bien tanto liberales como católicos están de acuerdo en promover una imagen virtuosa de la mujer y para ello no dudan en contener la sexualidad dentro de ciertos límites, el punto discordante aparece cuando la iglesia católica radicaliza sus posturas puritanas. Esta radicalización se observa en la creación de un bando femenino hostil a las figuras masculinas de la familia burguesa (el padre, el esposo, el novio). Este choque constituye un conflicto entre dos formas de subjetivación; en un caso, la burguesía y su defensa del pudor como un medio de modelización de lo femenino, frente a ella, la iglesia que extrema ese pudor llevándolo a un desprendimiento de lo mundano. La iglesia católica uruguaya conserva ciertos elementos residuales del cristianismo medieval, entre ellos la condena del dinero y el lujo identificados con un materialismo voluptuoso. Por lo tanto, aparte del conflicto generado entre el padre burgués y la iglesia por el control de la mujer (conflicto que no es ajeno al fenómeno de la privatización de lo religioso), la novela introduce otro fenómeno de gran incidencia en el Uruguay de la modernización: la modelización de la mujer como un objeto de lujo.

Hacia el final de la novela, y en medio de la crítica anticlerical que predomina en esta parte, el narrador nos hace ver cuál era la motivación de Cristina al convertirse en monja de claustro:

> Sor María de las Mercedes, no había cuidado altares, ni idolatrado santos ¿Qué le importaba a ella de todos aquellos semi-dioses en cuya contemplación se extasiaban sus compañeras? Su dios era su novio muerto; su altar era el recuerdo constante con que rodeaba la imagen grabada en su memoria. Ella se hizo monja solo para vivir donde nadie interrumpiese sus amorosas cavilaciones. El Cristo con quien ella se desposó fue el recuerdo de su prometido. Mientras las otras recitaban tras de las tupidas rejas del coro sus oraciones místicas, ella se entregaba al pensamiento del hombre en que había cifrado sus esperanzas de felicidad, tronchadas por la mano implacable de la muerte. (Muñoz, 128)

Cuando analizábamos la emergencia de la pasión amorosa, notábamos cómo se entrelazaban de alguna manera lo sagrado y lo profano, en el sentido de que ella pasaba con una naturalidad e ingenuidad de vestir santos a adornarse ella misma. En el pasaje donde se explica que "Ella se hizo monja solo para vivir donde nadie interrumpiese sus amorosas cavilaciones", parece mantenerse la idea de vestir(se) que implica la confusión de dos esferas irreconciliables: lo religioso y lo profano. A su vez, dos dispositivos de subjetividad son convocados en esta decisión tomada por Cristina: esposa de Cristo o esposa burguesa. Cristina elige la intimidad del claustro para albergar su propio culto; aquí vemos como el espacio religioso constituye una forma de vestimenta porque para ella vestirse de monja implica vestirse de novia. Lo religioso es un pretexto para ejercer el culto (erótico) a la figura de su amado: ella misma al tomar esta decisión de encerrarse ignora que los espacios son irreconciliables, y es esa misma ingenuidad lo que la convierte en un espacio de disputa entre dos formas de subjetivación.

La crítica anticlerical, desarrollada por Muñoz, con mayor énfasis en la segunda parte, se debe a la inquietud generada por la invasión de los religiosos en los hogares burgueses. Como ya se señaló, la privatización de lo religioso tuvo su mayor expresión a través del ritual de la confesión y la consiguiente invasión de la conciencia del feligrés. Al hombre liberal le molestaba profundamente que el sacerdote se erigiera en el dueño de los secretos de la mujer. La confesión aparece como un modo de creación de subjetividad, a tal punto que podría recordarse lo que el propio Foucault había dicho sobre el cristianismo definida como "una religión confesional". La confesión es una forma de acceder a la "verdad de sí" y para ello "Cada persona tiene el derecho de saber quién es, esto es, de intentar saber qué es lo que está pasando dentro de sí, de administrar las faltas, reconocer las tentaciones, localizar los deseos, y cada cual está obligado a revelar estas cosas o bien a Dios, o bien a la comunidad" (Foucault, 81). Mediante el ritual de la confesión el cristianismo instaura un modo de acceder a la verdad de sí que se basa en la obediencia: la nueva tecnología del yo desarrollada por el cristianismo consiste en un sacrificio de sí, el abandono del deseo propio. La iglesia católica de finales de siglo se caracterizó justamente por crear una tecnología del yo basándose en prácticas antiquísimas como el modelo del martirio que distaban mucho del carácter civilizado.

Esa lucha por una definición de la intimidad se desarrolla en el propio cuerpo. Dos formas del cuerpo parecen enfrentarse, la visión de un cuerpo ornamentado, proyectado hacia el lujo de la indumentaria y la de un cuerpo austero y ascético buscado por la Iglesia. Sin embargo, la tendencia ornamental permanece en la organización de esos rituales, y esto es lo que resulta criticado por el autor por considerar que obnubila la conciencia y revela la artificiosidad en las intenciones. Cuando las monjas aprontan la ceremonia del velo, los altares y la casilla rebosan de coquetería mundana, y eso nos permite observar cómo las monjas se dejan arrastrar por la sensualidad del cuerpo vestido y ornamentado en la organización de la fiesta religiosa. Tal es así que, en un principio, Cristina no logra ver la diferencia entre la ornamentación religiosa y los adornos cotidianos de su propia indumentaria, y por esa razón en parte accede a consagrarse como monja.

La descripción de la ceremonia del velo, permite ver cómo en Cristina emerge el "erotismo de los corazones" y también cómo éste se enfrenta a sus límites. En la primera etapa de la ceremonia, Cristina es presentada "vestida de novia, con un lujoso traje de seda..." (99). Esta parte de la ceremonia tiene que ver con los esponsales del alma con Dios. Sin embargo, Cristina no parece participar plenamente en esta instancia porque como leemos más adelante

> Cristina estaba como en éxtasis. Su rostro pálido al presentarse, se había teñido levemente de rosa, sus ojos levantados al cielo, brillaban con dulce arrobamiento, y dibujaban sus labios una sonrisa vaga, como inconsciente (sic) manifestación externa de un gozo íntimo.
>
> La pobre niña soñaba en aquel momento. Por una alucinación fácil de explicarse en el estado en que se encontraba, creía asistir a sus desposorios con Alberto, cuyo recuerdo tomaba en aquel momento cuerpo y vida ante sus ojos, representándolo a su lado, emocionado de felicidad. Todo había desaparecido para ella: las monjas, los sacerdotes, los cantos y los altares; solo veía en torno suyo a su novio, a sus amigas ataviadas con lucientes trajes de baile, a sus padres y hermanas abrazándola con cariño y llorando con esas dulces lágrimas con que la felicidad se manifiesta en ciertos momentos. (Muñoz, 100)

Si antes hablábamos de un misticismo errático, este pasaje lo ilustra con mayor claridad. Aprovechando la semejanza de las dos instancias (la del misticismo y el erotismo) en lo que hace a la manifestación de la zozobra o el desequilibrio por la pérdida de energía, Cristina nos pone en contacto con su intimidad pero camuflando su deseo. El hecho de que se hable de "gozo íntimo" nos hace ver que el personaje está en otro plano diferente al que debería estar de acuerdo a la naturaleza de la ceremonia: el ritual apunta a la renuncia de los bienes materiales (entre los que se incluye al propio Alberto). Sin embargo, a través del examen de su pensamiento, vemos que ella sigue aferrado al mundo material. Por esa razón, comprendemos que el misticismo y toda la parafernalia del ceremonial religioso son utilizados por ella como una escenificación de su deseo. Cristina, casi sin darse cuenta, maneja la retórica del erotismo como una representación velada del deseo y, podríamos agregar, como un medio para conquistar su intimidad.

Unos capítulos más adelante, en el momento de la agonía, reaparece esa misma ajenidad de Cristina frente al ceremonial religioso. Aunque en este caso, el objeto de deseo es mostrado por Cristina como un desafío. En ese momento, ella decide desabrochar su hábito y sacar de su seno el retrato de Alberto. Cristina sigue un camino inverso. En uno de los tantos rituales, ella debe renunciar al mundo y para ello se ve obligada a entregar un escapulario que contiene el retrato de Alberto. El retrato constituye un objeto fetiche y su presencia explicita cómo el erotismo de los corazones parte de una experiencia del cuerpo. Su negativa a realizar esta renuncia permite ver la indisolubilidad de los lazos entre lo profano (el amor humano) y lo sagrado. La inocencia del personaje consiste en esa imposibilidad de separar una cosa de otra. Curiosamente, su condición angelical la lleva a presentar la adoración a su novio como un culto sagrado; el desenlace trágico del personaje es una consecuencia de ese enfrentamiento entre dos formas de concebir lo sagrado.

Toda la escena se envuelve de sensualidad por las remisiones corporales al seno y al cuerpo de Alberto; pero esos mismos desplazamientos dan cuenta de la importancia que tiene el mismo cuerpo en el desarrollo del erotismo de los corazones. El seno y el corazón constituyen zonas del cuerpo que siempre están próximas, y es esa misma proximidad la que habilita el tránsito de una a otra. Por otra parte, esa acción se desarrolla bajo la forma de un misticismo privado: la descripción de su semblante vuelve a mostrar ese mismo arrobamiento que viéramos en la escena del velo, aunque ahora marca una mayor cercanía con las manifestaciones corporales.

La última parte de la novela, presenta a Cristina de acuerdo a una modelización corporal típica de fin de siglo: la mujer moribunda. Cristina se asemejaría al tópico de Ofelia sacrificando su vida por su amor a

Alberto. Ella aparece proyectada en un impulso autosacrificial que a los ojos de la mirada masculina (como la del narrador, que ve esta acción como algo épico) la redime y la convierte en víctima de las poderes tenebrosos de la Iglesia católica. La fascinación por este tipo de cuadro puede explicarse a través de las palabras del pintor Hans Rosenhagen citadas por Dijkstra:

> en el caso de las chicas y mujeres que han fallecido de muerte natural, estudiaba sus rostros con intensidad se podría descubrirse que adquieren una expresión de dolor tan noble y casi comprensiva, provocada por su sufrimiento, que posibilita que una felicidad desapegada del mundo los ilumine con lo que a menudo sólo puede compararse con la milagrosa expresión de una mujer que está enamorada hasta el éxtasis. (Dijkstra, 54)

Como se señala en esta cita, existiría una contigüidad importante entre la muerte y el fenómeno del enamoramiento porque los dos momentos coinciden en la exteriorización de una similar intensidad. Un erotismo surge de la contemplación de los signos de deterioro del cuerpo agonizante y sufriente que parece purificar más al personaje. Así Cristina se vuelve tanto más virtuosa en la medida que con su muerte sacrifica su propia vida por el ser amado. A su modo, Cristina participa de una muerte erotizada, que aparte de fortalecer su pasividad virtuosa, permite una realización femenina.

Por lo tanto, encontramos dos dispositivos de subjetividad contrapuestos. Por un lado, aquel que defiende la iglesia católica que pretende construir un género basado en el "ángel del hogar" y para ello recurre a formas residuales como el martirio. El otro dispositivo de subjetividad propende más hacia una forma de género que si bien no abandona lo angelical, explora una dimensión erótica acorde con la cultura suntuaria de la primera etapa de la modernización. En este segundo caso, la mujer sigue encorsetada como un fetiche u objeto de deseo: la mujer se explora a sí mismo en un espéculo que le ofrece la mirada masculina del mismo modo que en el escaparate se enfrenta y desea un modelo de belleza que ella misma no ha generado.

7. EDUARDO ACEVEDO DÍAZ Y EL ROMANCE NACIONAL CONTRAEPICO

7.1. Algunos presupuestos teóricos sobre la novela

En muchos de sus artículos el autor reflexiona acerca de la importancia de la función moral de la literatura. La función de la literatura fue un problema central, a tal punto que pueden reconocerse dos ejes fundamentales: la literatura como vehículo del ideal y la moral y, por otro, la literatura como herramienta del progreso. Durante su juventud, la concepción de la literatura como vehículo de un ideal será preponderante. Más tarde, el énfasis se pondrá en el testimonio histórico.

La literatura como vehículo moral se ve a través de la metáfora "blancos tules con que la me pinte encantada envuelve preserva sus ideales". Estos ideales son universales, escapan a lo personal y tienen que ver con un modelo de comportamiento (Correa, 2012).

Pero esta visión idealista abstracta comienza a modificarse a partir de su "Ideales de la poesía americana" publicado en 1884, donde impulsa la necesidad de construir la nacionalidad usando hitos históricos precisos. Esa misma tendencia continúa en su artículo de 1887 sobre los *Fuegos fatuos*, donde comenta la poesía de Carlos Roxlo y sugiere que la poesía debe tomar distancia de los ideales etéreos. Sin embargo, pese a su inmersión en el realismo, producto de su contacto con el positivismo filosófico, siempre se mantendrá fiel a un "idealismo subterráneo": el romanticismo nunca lo abandonará y lo defenderá contra las teorías evolucionistas que plantean la sustitución de la moral por el determinismo. Este idealismo subterráneo le hará pasar de una concepción abstracta del ideal a otra más dinámica y sujeta a la visión del escritor como un "obrero de las muchedumbres". Partiendo de la definición aportada por la edición del Diccionario de la RAE de 1869, que define al obrero como "el que trabaja apostólicamente en la salud de las almas", encontraríamos en Acevedo la concepción del intelectual como un constructor de la sociedad a partir de los ideales. Pero esta concepción entrará en crisis a partir del desarrollo de la modernización (Armand Ugón, 2012).

Una historia a tener en cuenta: la historia de amor desarrollada en

Brenda intenta dar la espalda al vestigio de la guerra civil. La guerra civil promueve una modalidad del cuerpo épico, con algunas características del areté masculino. Si el cuerpo épico acentúa las expresiones instintivas, más cercanas a la forma bárbara, en la erotización del cuerpo tomamos contacto con formas menos agresivas del deseo.

Pensamos que las diferencias entre estos dos dispositivos corporales permiten trazar una línea entre las novelas de Acevedo Díaz inmersas en el ciclo histórico independentista (la tetralogía integrada por *Ismael, Nativa, Grito de Gloria, Lanza y sable*) y estas dos novelas llamadas "autónomas" por Rodríguez Monegal (*Brenda* y *Minés*), marginadas del corpus por su excesivo ahondamiento en la materia sentimental.

En estas dos novelas el modelo épico comienza a ser desplazado, y este cambio estaría justificado por los nuevos rumbos que estaría tomando la comunidad imaginada de la nación. En las novelas que integran la tetralogía podíamos observar el predominio de las "hembras bravías".

En *Ismael*, aparte de que el personaje principal es caracterizado como un hombre primitivo y salvaje, cuando se describe la relación sexual entre el protagonista y Felisa el episodio es presentado como un apareamiento animal. A lo largo de la novela se afirma el vínculo entre nacionalidad y fuerza instintiva.

Nativa parece apartarse momentáneamente de la novela anterior por la presentación de dos personajes que funcionan como el prototipo de la doncella: Dora y Natalia. Muchos críticos como Rodríguez Monegal ven en estos personajes un resabio romántico inexplicable, y se complace de que en la novela siguiente, *Grito de Gloria*, Acevedo introduzca al personaje de Jacinta. Respecto a esta inclusión, Rodríguez Monegal señala que "La hembra bravía, en cambio, tiene cuerpo y espesor, tiene sangre y médulas, es; y más adelante, agrega que "La muerte de Jacinta al día siguiente impide que se incorpore al vasto cuadro genésico de esta novela un nuevo prototipo, que sin embargo existió en la realidad y tuvo función decisiva" (Rodríguez Monegal; 1968: 97). Lo que no se ve es que el abandono de este tipo de personajes, tiene que ver con la necesidad de volcarse hacia modelos femeninos que garantizan con mayor estabilidad el ideal de nación buscado. No hay que olvidar que el propio Acevedo ha trabajado los dos modelos (la hembra bravía y la doncella) en distintas narraciones como *Ismael*, y *El combate de la tapera* o *Soledad*.

Por otra parte, algo que se pasa por alto en la novela *Nativa* tiene que ver con la construcción binaria de los personajes femeninos; Natalia, caracterizada por su dulzura y candidez, se opone a Dora, una joven nerviosa e inquieta. Aparte de que la primera puede corresponder perfectamente al modelo angelical buscado, Acevedo presenta en Dora todos los rasgos de la naturaleza histérica. El sacrificio de este personaje se hace por razones muy diferentes al de otras heroínas; Dora que posee las trazas de la heroína burguesa (aquellos mismos que viéramos en Marta), amenaza por imponer un individualismo afincado en esa intensidad del deseo que no conviene al plan que se ha impuesto su autor: proyectarse hacia ese ideal colectivo, un afuera del sujeto. Acevedo "olvida", en el sentido de Renan, aquellos rasgos desestabilizadores para proponer una narrativa patriótica. Tendrá tiempo de recuperarlos en aquellos cuentos aparecidos en la prensa periódica donde su pluma se desliza más hacia el interior de los personajes: allí Acevedo propone un tratamiento más libre de la eroticidad.

En *Lanza y sable*, el personaje de Paula es bastante ambivalente, ya que reúne la imagen de la doncella inocente y aquella otra de la mujer bravía. Aquí, esta misma indefinición puede verse como un reflejo de la propia incertidumbre del país que en ese momento está azotado por una nueva guerra civil. Así, tanto *Brenda* como *Minés*, constituyen dos intentos por promover el modelo de la mujer angelical como el prototipo más adecuado para generar una sensibilidad civilizada.

En el prólogo escrito por el propio autor dirigido al diario *La Nación*, periódico que publicara su novela, Acevedo realiza una serie de puntualizaciones. La mayoría de ellas constituyen respuestas dadas por el autor a las críticas que recibió su novela.

En contraposición al elogio dispensado por personalidades como Mitre, Vedia, Magariños Cervantes, los críticos más jóvenes, según las propias palabras de Acevedo encontraron su novela "demasiado poética, romántica, sentimental, casi inverosímil (…) diálogos a semejanza de discursos académicos, amores como idilios vagarosos, escenas propias de dramas líricos" (3-4). El autor responde a todo esto, que estas mismas "insuficiencias" no son juzgadas como tales cuando hablamos de otras novelas pertenecientes a escritores de renombre como una novela del propio Zolá (*El ensueño*), a los que habría que sumar los nombres de Valera, Mistral, Pérez Galdos y el propio Magariños Cervantes. La enumeración de estos escritores es importante para marcar el hecho de que aunque esos autores estén identificados con ciertas corrientes literarias (el naturalismo o el realismo), incluyen registros estilísticos propios de la estética romántica. Todo esto nos ayudaría a ver la persistencia del romanticismo en los escritores europeos a pesar de que está estética ya ha declinado.

Por otra parte, señala unos renglones más adelante lo siguiente: "Dijeron más: que Brenda no tenía nada de la tierra y del clima, ni siquiera la belleza física, ni pertenecía a escuela literaria alguna, ni merecía ser leída por su fondo y por su forma" (4). Es muy claro que Acevedo está respondiendo a aquellos críticos atrincherados en las estéticas del realismo o el naturalismo, y que rechazan al romanticismo como algo trasnochado. Y al preguntarse si un romance debe estar sujeto a determinadas reglas, agrega que estos críticos "se han enrolado en una escuela y desde allí rechazan, a modo de romancistas ellos mismos, todas las obras concebidas y ejecutadas fuera de su estética" (4).

La carta prólogo resulta particularmente importante porque derrumba ese encorsetamiento que los críticos han hecho de la obra de Acevedo, y me refiero concretamente a esa distinción entre una fase más romántica respecto a otra donde domina el signo realista. Acevedo aparece aquí rechazando el vínculo del crítico con una escuela determinada: no se puede definir las reglas y propiedades de una novela desde los rígidos parámetros de una escuela literaria. El autor plantea la existencia de "corrientes de ideas literarias" y no de escuelas literarias.

El grado de apertura de Acevedo se puede ver cuando el propio autor coteja los rasgos de las heroínas de sus textos, y reconoce, casi arbitrariamente, que en lugar de la "doncella pulcra" podría haber delineado los perfiles de una doncella de "chiripá y blusa de tropa". El propio escritor es consciente que el segundo perfil es más aceptado porque satisface ese modelo de la tierra nativa (el horizontes deseado por esos mismos críticos). Sin embargo, se desliza una frase por demás sugerente:

pero, al tolerar su reimpresión ha de servirse usted prevenir en la portada en

Brenda, ya que no es de la tierra nativa ni cosa que se le parezca, lo que mucho siento por la nativa tierra que en mis mocedades me imaginé capaz de todas la purezas y abnegaciones que allí se narran, o de incubarlas y nutrirlas, ha de servirse usted decir, repito, que todo pasa en 'el país de los ensueños', y con esto la novela quedará ubicada convenientemente. (6)

La frase de cuño romántico parece hasta sugerir toda una idea de lo que es la formación de la nación en tanto que sueño y con ello parece tener en cuenta todo lo que resulta difuso e indeterminado en esa elaboración. Esto es, si Brenda resulta una heroína vagarosa, "vestida de tules", es porque a través de ella se habla de una nación en estado embrionario, se ve a la nación hacerse, se ve su proceso. El autor reclama para su novela su instalación en otras coordenadas diferentes a las del "color local" o el "sabor a tierra". Si todo pasa en 'el país de los ensueños' es porque lo sentimental aparece reivindicado como parte del relato de la nación.

Cuando en 1907 publica la novela *Mines*, el autor retoma su defensa del romanticismo y, en este caso, plantea con más firmeza su derecho a seguir sus propias inclinaciones en el plano estético:

Si las llamadas escuelas literarias no viven más tiempo que el de sus grandes intérpretes ¿está obligado un autor a considerar como forzosas e ineludibles sus reglas, cánones o preceptos respectivos?

A título de predominio transitorio de tal o cual escuela, cuyo éxito en definitiva no es más que el resultado de impresionabilidad, ¿ha de desterrarse de las letras toda producción que no respete o que no coincida con esa tendencia, y ha de sacrificarse al gusto del momento una concepción cualquiera personal del arte? (Acevedo Díaz, 7)

7.2. Una nación "vestida de tules": Eros y sociabilidad en *Brenda.*

El capítulo primero comienza con la presentación de la casa quinta de Raúl Henares y la de otra casa vecina que luego conoceremos como el hogar de Brenda. Hay algunos aspectos importantes que adelantan la idea de la corporalidad en los personajes, en especial, de la figura de Brenda.

Cuando se describe la casa de Raúl Henares se resalta la belleza de las formas, su simetría, su elegancia. Todo el cuerpo arquitectónico da cuenta de cierto gusto refinado que se trasladará a la propia concepción del modelo femenino. No sólo la casa resulta embellecida de esta forma, también sucede lo propio con la naturaleza más próxima a un verdor lujoso que a su manifestación silvestre. El espacio bárbaro de la naturaleza es presentada de acuerdo a la incidencia urbana que la transforma y la moldea, haciéndola más elegante a los ojos del lector. Nuevamente el tópico de la elegancia es presentado como una marca que gobernará la novela.

La casa de Brenda es descripta como "blanca y risueña", y mediante estos rasgos se nos adelanta algunas características que se verán posteriormente en el personaje protagónico. Incluso cuando Raúl Henares se imagina que las personas que habitan esa casa deben ser damas opulentas, parece mantenerse la noción de elegancia.

La casa proyecta la idea del cuerpo deseado, un cuerpo que responde a la proporción de las líneas como si tratase de un ideal clásico. En esa idealización todo lo que tiene que ver con la naturaleza desenfrenada aparece con rasgos atenuados y embellecidos de acuerdo al modelo de la "Belle epoque": la naturaleza también viste de tules como más tarde la propia Brenda.

En la presentación de Zelmar Bafil, encontramos toda una caracterización del personaje donde se destaca su vínculo con el positivismo. A diferencia de Raúl, que es un ingeniero, Bafil es un estudiante de medicina. Tanto su formación como médico como su apego al positivismo sirven para marcar alguna diferencia en lo que hace a la concepción del cuerpo femenino. La superioridad teórica del positivismo respecto al espiritualismo es defendida en un discurso por demás ampuloso con algunos lugares comunes. Pero donde la oposición adquiere mayor nitidez es cuando habla del cuerpo:

> Los puros y blancos ensueños de la fantasía excitada, no están de más: sirven de velos al pudor, y hasta cierto punto, educan y morigeran el instinto, suavizándolo por algún tiempo; mas no me negarás que al final de los poéticos desvaríos, Venus está detrás de toda esa muselina, y se transparenta. (Acevedo Díaz, 18)

Aparte de la oposición de doctrinas filosóficas, también encontramos dos concepciones diferentes del cuerpo que toman como base a aquéllas. Por un lado, tenemos el cuerpo angelical y espiritualizado que se crea por lo que el personaje entiende que son "desvaríos de la fantasía", pero agrega que tal perspectiva de las cosas parece negar lo que está en el fondo: la fuerza del instinto sexual. Detrás de la delicadeza angelical está el imperativo biológico. Esta visión fisiológica del cuerpo, aunque es defendida aquí por el personaje, no constituye una tendencia que se desarrolle con mucha fuerza a lo largo de la novela. Lo que prevalece es la visión más etérea del cuerpo. Por esa razón, podemos ver este constructo médico del cuerpo como algo más próximo a un erotismo corporal. Una discusión de este tipo será retomada por los autores del novecientos.

Como podemos observar, en la discusión entre los dos amigos puede constatarse un conflicto entre dos dispositivos de subjetividad: una subjetivación angelical y una subjetivación erótica. Bafil en su condición de médico plantea la scientia sexualis aliada con un ars erótica, por lo que lo erótico surge de la visión positivista de lo femenino ligado a los condicionamientos biológicos. El personaje introduce uno de los modelos decimonónicos, el de la femme fatal, en tanto ídolo de perversidad. Por otro lado, Raúl parece aliarse en la forma angelical de la monja doméstica. Estos dos modelos se entrecruzarán a través de dos personajes: el de Areba Linares y el de Brenda Delfor.

Tanto Brenda Delfor como Areba Linares, conforman dos modelos de belleza con algunas similitudes, pero también con diferencias importantes. Si comparamos a las dos heroínas veremos cómo a lo largo de la novela se establece una lucha silenciosa entre ellas; una lucha por ver quién impone sus propios valores. La novela planteará, a través de los dos personajes, una lucha entre la forma de un erotismo corporal y un erotismo de los corazones.

En el capítulo segundo titulado "Paso del Molino", lo que se destaca de la presentación de Areba es la efusión de la belleza representada por la hermosura de su rostro, su porte elegante y esbelto. En toda ella existe una pose, una descripción casi estatuaria del cuerpo, aunque también asoman algunos rasgos que le dan una corporalidad que amenaza con evadir la imagen angelical en la que pretende encuadrarla

Bafil. Por un lado, "la fuerza y los arranques de su carácter" dejan asomar una matriz instintiva, casi bárbara que explicará más adelante el por qué se alía con la abuela de Brenda a la hora de negar el casamiento con Henares. Por otra parte, el hecho de que el narrador destaque la presencia del seno "alto y turgente", permite ver cómo el personaje posee una sensualidad corporal cubierta tras el disfraz de la mujer elegante. El narrador y el personaje captan distintas cosas de Areba: el primero nos deja el carácter instintivo y sensual agazapado en una imagen más angelical (la mano blanca, los graciosos hoyuelos, las tersas mejillas); el segundo, en cambio, parece confundir altivez con pudor y se deja llevar por una descripción más pictórica de la mujer donde sobresalen los gustos artísticos y su capacidad para contar historias del ambiente elegante. Como en Marta, lo instintivo y lo angelical están presentes, sólo que Areba sabe ejercer un mayor control para sobresalir en la escena del paseo aristocrático.

En el capítulo que estamos comentando, el paseo público puede ser entendido como un escenario donde distintos cuerpos se desenvuelven y cumplen con las reglas de la sociabilidad, particularmente aquellos que refieren a la sociabilidad elegante. Puede decirse que toda la escenografía se presenta como una continuidad del código corporal elegante; en toda la descripción, la naturaleza y la arquitectura aparecen rebosando del brillo aristocrático.

La primera presentación que tenemos de Brenda se hace en el capítulo siguiente, "La losa negra". Ambos coinciden en el cementerio, y en ese momento el narrador menciona la presencia de una tumba que dispara los recuerdo de Raúl; se omite el nombre de la persona, aunque más tarde nos enteraremos que es la tumba del padre de Brenda, muerto en una de las tantas guerras civiles a manos del propio Raúl. La tumba trae el recuerdo de estas guerras y también presenta la imagen del cuerpo masculino heroico como una ausencia: el cuerpo instintivo y pasional representado en la figura del coronel Delfor constituye aquello que la sociedad debe dejar atrás para continuar forjando otro ideal de nación.

Cuando el narrador se centra en la descripción de Brenda, lo que más se enfatiza es su palidez, la excesiva blancura que parece rebasar lo físico. Su rostro es descripto de forma más meticulosa que el de Areba. Si hablamos de ella como la mujer ángel por las cualidades etéreas, la palidez sería una característica que refuerza mucho su nota evanescente en el plano físico. Como en otras mujeres, se exalta la importancia que tiene la proporcionalidad y esbeltez de su figura, la perfección de la figura física, pero la reiteración del motivo de la blancura produce un desplazamiento en Brenda de forma tal que quede inscripta dentro de un código de belleza más espiritualizado. En Brenda, la belleza corporal que sigue el código clásico hace que todo lo que sugiera una marca erótica en lo corporal permanezca opacado por la blancura y la palidez, rasgos que tienden a subrayar un ideal incorpóreo.

En ese primer encuentro el deseo es comunicado por la fuerza de la mirada. La conmoción materializada en la mirada, permite dar cuenta del erotismo latente; la mirada, la intensidad de sus ojos, permite canalizar y dar expresión a algo que se mantiene dentro de los límites del pudor.

La escena del cementerio no sólo es importante porque propicia el primer encuentro entre los personajes, sino porque también el cuerpo de Brenda es presentado como la memoria de un territorio a ser recuperado. Su cuerpo virgen se insinúa como la condición necesaria para construir otro tipo de sociabilidad al margen de lo épico. Su pureza y la castidad permitirían la purificación de las grandes corrupciones morales y de las costumbres pervertidas. La atracción por la belleza del alma que parece sentir el personaje es mostrado a través de un cúmulo de imágenes estereotipadas.

Al considerar los caracteres distintivos de los dos personajes, Raúl utiliza dos metáforas. Se refiere a Brenda como "una tímida gacela"; en tanto para Areba, destina la imagen de "leona núbil". La elección de un animal caracterizado por su agresividad y fiereza nos permite ver cierta faceta de la personalidad de Areba que se pondrá en juego más adelante. Y dicha agresividad la termina ubicando al personaje en el plano instintivo. El uso de metáforas animales puede entenderse como un trabajo subjetivante regido por la mirada del soberano. Este soberano (Raúl Henares) o el propio narrador (que objetiva la mirada patriarcal), hace un uso político de las figuras animales y, de acuerdo a esto, la gacela por representar a lo inofensivo y frágil aparece como la imagen deseada de lo femenino. Si bien Derrida, señala que lo político se representa a través de las figuras animales más agresivas (el condor, el águila, el halcón), la metáfora del león aquí aparece como la imagen rechazada porque representa aquello que la república debe dejar atrás.

Otro punto discordante en la caracterización de los personajes aparece cuando Raúl toca el punto concerniente a la "sociabilidad de la nueva república" y detecta ciertos hábitos que juzga extraños a lo que llama "sencillez nativa". Raúl utiliza metáforas florales para referirse a los dos tipos de belleza; la "rosa mosqueta" (con la que pretende representar el exceso de refinamientos de Areba) y la "rosa pálida" (una imagen que presenta un grado más atenuado de la elegancia). Con todo esto, va construyendo un par axiológico donde la sencillez y la pureza nativa se contraponen a la falsedad y el artificio. También resulta muy claro que lo nativo ya no aparece identificado con los rasgos silvestres de otras heroínas.

Más adelante, cuando los dos amigos retomen su acostumbrada discusión abordarán estos tópicos, y allí Raúl hablará de aquellas "mujeres de cuerpos graciosos y gentiles", capaces de desplegar el perfume de la poesía (toda una paráfrasis de la mujer ángel defendida por Ramírez). Por su parte, Bafil, desde su posición positivista, señalará que esa sencillez nativa no está a salvo de la corrupción dado que el hombre es esclavo de sus "apetitos sensuales".

A lo largo de la novela, el término "sensualismo" tiene toda una connotación negativa y enmarca el nivel del erotismo corporal. Frente a esto, Raúl siempre se posiciona en un lugar intermedio que le permite armonizar las formas del erotismo corporal y el erotismo de los corazones. El capítulo sexto presenta una teoría que puede definirse como una nueva erótica, y allí el sensualismo ("los apetitos de la bestia") debe ser refinado por la idea de una "humanidad sensible". Y a partir de esta idea Raúl proyecta su república: "Acariciaba Raúl la idea de que esta dicha relativa no era imposible, especialmente en la sociedad de su país, nueva, lozana y robusta, donde el rudo embate de las pasiones funestas no había logrado aniquilar en los hogares las virtudes austeras y los delicados anhelos del espíritu" (1883: 47)

Cuando Raúl confronta estas "dos fases de la sociabilidad de su patria", ve en Areba la permanencia de lo foráneo aristocrático que debe ser desplazado por la sencillez nativa de Brenda. Esta forma de la sociabilidad, aunque toma a la naturaleza para proponer una inscripción corporal, en ningún momento toma a lo nativo como una forma bárbara: en esta erótica de lo nativo y lo virginal, la naturaleza pierde todas sus valoraciones negativas (su vínculo con la barbarie y la indocilidad), para adquirir tonalidades de levedad que reconocen referentes prestigiosos como la adopción del clisé del rayo de luna becqueriano.

En muchos casos, Raúl se limita a contemplar a Brenda desde cierta distancia, y lo que se destaca de ella es esa levedad en sus movimientos. Todo el tópico de la sencillez nativa se aborda desde las coordenadas románticas, y aquí Acevedo apela a fórmulas estereotipadas y se complace en la sobreexplicitación de los motivos. Un ejemplo lo podemos ver en el capítulo 15, donde lo primero que el narrador presenta es el aire natural y fresco de una muchacha portando flores en su pecho. El retrato se completa con otros rasgos no menos estereotipados como la "mano blanca" y "las pupilas de un azul sombrío". Como en otras ocasiones, la mirada se detiene en aquellas zonas del cuerpo que hacen del personaje un ideal de belleza más angelical. El narrador se detiene en aquellos objetos parciales como las manos y las pupilas dándonos una percepción inmovilizada de su objeto: la mujer es vista como un fetiche.

Pero, más tarde, tenemos una descripción que privilegia otra parte del cuerpo como el busto: "Ella miró hacia la ventana sombreada por el ombú haciendo sobresalir en el seto su gallardo busto" (102). Aunque la alusión al busto pueda ser un poco ambigua dado que la palabra designa también a la parte superior del cuerpo, sobresale la referencia al seno que, por otra parte, al ser presentado de esta manera no elude el código de lo estatuario (algo que puede observarse como una constante en la representación estética de la figura femenina). Acevedo persigue su propio fetiche apelando a toda una erótica de lo floral, pero siempre estamos ante un erotismo que procede mediante la atenuación de lo corporal.

En otros momentos, el cuerpo proporciona las señales de manifestaciones internas, y esto lleva a pensar cómo el erotismo se manifiesta asociado a los sentimientos delicados: "Notábase en sus ojos, en su frente, en sus labios, los signos, manifestaciones y reflejos de un amor que nacía con fuerza" (104). En este pasaje, se refuerza el carácter de la levedad recurriendo al intertexto becqueriano: "Henares no perderá su vestido color de cielo entre los árboles...y ocurriósele pensar en las hadas..." (105). Aquí, la evocación del cuerpo vestido de Brenda queda enmarcado en el prototipo romántico de la belleza evanescente e incorpórea. La figura de las hadas constituye un elemento de subjetivación importante en la novela que se asocia a esa inclinación por lo angelical, que insiste en la visión de lo femenino como algo indefenso.

Sin embargo, en otra parte de la novela, ese mismo cuerpo vestido aparece dotado de cierta voluptuosidad, aunque sin perder ese aire angelical: "Plegábase a la cintura el elegante corpiño, haciendo sobresalir las modeladas formas de su busto esbelto (…) Se exhalaba de esta hermosa criatura como un aroma sutil y embriagante de vergel, que iba a la cabeza y tentaba el vértigo" (1883: 115)

Toda una semiótica del cuerpo asociado a un erotismo corporal aparece aquí, y para ello es importante considerar la importancia de la vestimenta como medio de ocultar y sugerir: el cuerpo es enseñado en su verdadera intermitencia. Siempre el cuerpo es presentado como algo modelado, diseñado en forma estatuaria. Incluso la mención del busto es intermitente porque deja resplandecer lo placentero del seno, a la vez que lo fragmenta lo convierte en una pieza monumental. Por otra parte, esa misma organización semiótica del cuerpo lleva a plantear la relación entre la exterioridad física y la interioridad espiritualizada como dos niveles armónicos y complementarios. Si Bataille había señalado que en el erotismo se pone en juego una percepción intangible del ser, en este caso observamos cómo la belleza física nos deja ver ese "aroma sutil y enervante de vergel".

Por otra parte, en toda esta descripción del cuerpo de Brenda el modelo angelical adquiere ciertos indicios de erotización gracias al dispositivo de la moda. Siguiendo los planteos de Foucault, la moda formaría parte de un biopoder, una tecnología del yo que construye un género al realizar en el cuerpo una serie de operaciones que inscriben formas de ser. En este caso, la inscripción en el cuerpo busca plasmar la performatividad angelical, un pudor erotizado.

En Areba, también encontramos a la mujer delicada, pero la diferencia que tiene respecto a Brenda consiste en que vive de forma más conflictiva su relación con el deseo. Así, en el capítulo XIX titulado "Emociones", conocemos con mayor profundidad algo que ya había señalado al pasar Bafil en su su conversación con su amigo: su severidad y altivez son mostrados como medios para "dominar la rebelión de su propia carne". Areba es un personaje preso de "devaneos ardientes", convive con una zona instintiva que requiere por parte de ella un excesivo control. Siempre en ella el deseo incontrolado se insinúa como algo que amenaza con desbocarse, y así lo vemos incluso en la escena de la visita que le hace Henares.

La escena del baile en la casa de Stewart puede verse como un friso de lo que es la sociedad uruguaya finisecular, particularmente porque nos muestra aspectos de la "Belle epoque" montevideana. Cuando Alfredo Castellanos comenta el desarrollo de esta época y, en particular al hablar de las reuniones sociales, destaca cómo "mujeres jóvenes y sobre todo jovencitas rivalizaban en belleza y elegancia" (1981: 7).

En el baile organizado por Stewart observamos todo un despliegue del cuerpo femenino elegante. Pero más allá de esto, la escena del baile vuelve a contrastar los polos del erotismo virginal frente a otro que está impregnado por la lujuria. Lo angelical y lo instintivo (identificado con la lujuria) constituyen dos rasgos que dividen la atención en esta escena. Como tal, entonces, la escena del baile propone otra danza de los cuerpos entre los que se establece una lucha, un combate que enfrenta a dos fuerzas.

El episodio comienza con el elogio sobre la elegancia de Julieta realizado por Bafil, y casi en forma inmediata, pasamos a otro momento donde Areba expone una crítica sobre el comportamiento de las parejas, quienes exteriorizan sin mayores tapujos sus deseos (en el capítulo siguiente, ella tendrá con su criado una conversación acerca de este mismo tema). El comentario de Areba anticipa la conducta que tendrá De Selis respecto a Brenda cuando aquél intente forzarla, y sea posteriormente rescatada por Raúl: la lucha entre ambos personajes por la posesión de la mujer se reedita, aunque en este caso los personajes quedan netamente diferenciados por las polaridades de lo angelical y lo instintivo (diferencia que no aparecía en novelas como *Ismael, Nativa*, etc). Al actuar de esa forma, De Selis se ubica en el plano instintivo bárbaro que lo inhabilita como pretendiente de Brenda. Su forma de conducirse en la fiesta, demuestra cómo la sociedad montevideana todavía está atada a los atavismos instintivos de las guerras civiles. Y en ese sentido, el personaje no se diferenciaría mucho de la señora de Nerva, quien luego de varios años todavía conserva intacta la herida por la muerte de Pedro Delfor.

Por su parte, Areba en su pasaje por el baile vuelve a mostrar aquellas tensiones que comentáramos en el capítulo anterior. En el paseo que hace junto a Raúl, Areba es presentada alternativamente de acuerdo a las formas evanescentes de la dama y, por otra parte, se percibe toda la energía corporal que la recorre. Todo esto se nos hace ver a través de la contemplación de sus ojos rasgados, la cabellera que roza voluptuosamente la mejilla: esas sensaciones corporales se acentúan cuando pasamos del "bálsamo suave" a una "llamarada de fiebre". La proximidad física que tiene con Raúl, y la descripción de los labios "húmedos, rojos, entreabiertos", terminan por completar un cuadro impregnado de grandes sensaciones corporales. Debajo de esa capa de refinamiento y delicadeza, Areba también muestra toda la pasión instintiva que ella no puede controlar y tampoco se atreve a asumir como parte de sí misma. Deseo y angelidad son dos fuerzas que pugnan dentro de ella.

Toda vez que aparece, Brenda se presenta como una simbiosis armónica de la angelidad y la voluptuosidad. A diferencia de Areba, lo que define su personalidad es una belleza sin artificio, el refinamiento no opaca su naturalidad; el cuerpo aparece representado con las formas delicadas de la mujer ángel que se superponen a una erótica restringida del cuerpo: "sus encantos sin artificio, de conjunto afiligranado, de formas tornátiles, perfiles correctos, tul negro, cabellera rubia, expresión dulce, sencilla, ojos de un azul profundo, el seno alto y turgente, las manos pequeñas, color rosa pálida" (265).

Brenda representa toda una domesticación del deseo. Si hablamos de ella como un personaje erótico es porque su cuerpo presenta un grado de civilización al estar desprovisto de las marcas instintivas asociadas a la barbarie. En la novela todo pasa por el control de la desmesura: el propio Raúl es sometido a una prueba al sometido a los encantos y a la exuberancia de Areba.

Por otra parte, el cuerpo parcelado en Brenda constituye toda una figura del discurso amoroso que apunta a postular una integralidad. Este cuerpo no sirve para plantear un desplazamiento de lo provocativo hacia zonas más pudorosas como planteaba Sarlo, sino más que nada de proponer una co-presencia de partes como el corazón y el seno. Lo que define a la mujer ángel es precisamente esa copresencia e interdependencia entre lo sentimental y lo corporal.

Brenda puede pensarse como un romance nacional híbrido. En la definición de este concepto, encontrábamos que la heroína, considerada como metáfora de la patria futura, tiene la cualidad incorpórea como rasgo distintivo. Lo etéreo y condición casta hacen de la doncella un cuerpo fértil para construir la futura nación. La patria (divinidad laica) necesita vírgenes como antiguamente las doncellas cuidaban del templo o altar. Pero este concepto es rebasado por otro tipo de dispositivo de subjetivación muy diferente: el erotismo visual del dispositivo de la moda que renueva el modelo angelical llevándolo por otros cauces.

7.3. La nación en clave de "novela mística": Eros y sociabilidad en *Minés*.

El carácter angelical de Minés queda asociado desde el inicio con la levedad y lo etéreo y se diferencia de Brenda por su devoción religiosa: "predispuesta al ensueño en la edad más propicia a los vuelos del sentimiento exaltado, que a los anuncios discretos del instinto reflexivo. Las pompas rituales con su magnificencia de brillos, sus cánticos solemnes y sus nubes de incienso, fueron acrecentando el fervor de sus sentimientos místicos " (28).

En esta primera presentación del personaje, nos encontramos con la palabra "ensueño" que nos conectaría con el prólogo escrito por el propio Acevedo para justificar su postura estética. En esa ocasión, el autor defendía a su personaje como criatura de ensueño, y al utilizar esta palabra ya la ubica a medio camino entre lo terrenal y lo espiritual. Por otra parte, se establece una oposición entre sentimiento exaltado e instinto reflexivo. La sensibilidad acercaría a Minés a ese ángel de amor deseado por Ramírez, mientras el instinto que remitiría a la capacidad de pensar. Así, encontramos en ella una primera forma del dispositivo de subjetividad en el que la mujer se define como alguien sujeta por los sentimientos. Y la sensibilidad desbordada se antepone a la inteligencia. La subjetivación fragmenta a la mujer en esta cualidad: la sensibilidad y sus sentimientos exaltados.

Si bien estas características podrían predisponer a la creación de un ideal difuso e incorpóreo (el tul celeste), también encontramos una aproximación al cuerpo físico:

un cuerpo esbelto de formas griegas, el rostro de perfiles correctos, manos pequeñas de piel sedosa, el pie menudo. Su talle no había menester de interiores artificios para delinear bajo la sencilla vestimenta azul sus graciosas curvas, ni sus róseas orejas de pendientes, para realce de los buen ceñidos pabellones. En conjunto, sus rasgos típicos habrían servido al pincel o al buril para una imagen de primavera que se engalanara con azahares y mosquetas al albur de una alborada (Acevedo Díaz, 36)

 Minés representa un prototipo de belleza más estilizado. Lo bello se identifica con un atisbo al hemisferio de las caderas, cuyo carácter sensual es subrayado y soslayado a un tiempo. Lo voluptuoso del cuerpo intenta resaltar cierta esbeltez juvenil, casi infantil y virginal. La mención velada de la cintura estrecha parece sugerirse también en las curvas graciosas que son apenas visibles, pero en el resto de la descripción observamos diferentes fugas hacia zonas menos comprometedoras; por otra parte, la integración de su cuerpo como posible modelo de una obra de arte trata de plasmar la imagen núbil de la mujer. Toda una semiótica corporal apunta a realzar las formas tenues y delicadas como parte de un proyecto civilizado. Este tipo de modelo adelgaza y desvanece la figura salvaje e instintiva de otros personajes de Acevedo. El cuerpo de Minés subraya la belleza de la forma física, pero inmediatamente intenta alejar la corporalidad de toda connotación sexual. Esto último puede verse en el hecho de que su figura queda envuelta en el vestido azul. Con esto, Minés es recorrida por una modalidad del erotismo casto, un erotismo de los corazones (los ojos, "reflejos fieles de un alma blanca y castamente sensible"). El tema de la vestimenta es importante en su caracterización. Minés rechaza los artificios indumentarios y prefiere la sencillez, una cualidad que la aleja del gusto aristocrático. El código de la vestimenta será importante como un elemento que refuerza la castidad del personaje. Se produce así, una relación entre el cuerpo vestido (incitador del erotismo) y el pudor.

 La indumentaria forma parte de ese dispositivo de la moda. Si la indumentaria constituye un dispositivo de subjetividad se debe al hecho de que impone ciertas gestualidad dentro de lo que se entiende como una "anatomía de poder". En el caso de Minés, el vestido delinea sus "graciosas curvas", el vestido sirve para exaltar un signo erótico (las curvas como objeto voluptuoso), pero al mismo tiempo impone la idea de pudor. El control sobre el cuerpo está dado por la imposición de una imagen de infantilismo que limita todo posible despliegue de la sensualidad desbordada.

Ramiro Zo, en su artículo "Funciones de la novela sentimental latinoamericana", destacaba entre sus características la siguiente: la idealización del ser amado y su relación con el amor idolátrico. El ejemplo que proporciona el autor lo extrae de la novela *María* de Jorge Isaacs, en la que el personaje protagónico es comparado con una obra de arte (Zo, 89). En el caso de Minés observamos la coexistencia ambigua de lo idolátrico como primera forma de subjetivación y una forma erótica que parece adscribirse a la primera.

En este tipo de tentativa, Minés elabora lo que Roland Barthes también llama "discurso amoroso": "El discurso amoroso, por lo general, es una envoltura lisa que se ciñe a la Imagen, un guante muy suave en torno al ser amado. Es un discurso devoto, bienpensante" (2006: 36). El discurso amoroso es en sí un acto idolátrico que busca encerrar al ser amado en una imagen sagrada. Sin darse cuenta, ella va tejiendo su discurso y, para ello, apela a las referencias sagradas. Mientras intenta hacer el retrato, discurre, va de un lado a otro, pero en esa faena ya aparece aquello que empezará a desgarrar el alma del personaje. El horizonte de la transgresión se interpone cuando se hacen más visibles los rasgos de Ricardo en el retrato de Jesús. Al hacer esto, Minés convierte a Ricardo en una imagen sagrada, la eleva a algo trascendente. En este tipo de actos, ella literaliza esa identificación planteada por Barthes entre discurso amoroso y discurso devoto. Podría pensarse que este tipo de personajes, como buena parte de los que intervienen en el género sentimental buscan en el signo la seguridad referencial y pierden consciencia de la ambigüedad constitutiva del mismo. Quizás en esa zona de ambigüedad es donde actúa el erotismo. En este sentido, la tan mentada "inocencia" de las heroínas sentimentales se funde en ese escepticismo frente a la ambigüedad de los signos. Minés retrata a Jesús pensando que está realmente reproduciendo su figura, pero sin darse cuenta reproduce la faz del ser amado (un fenómeno del que todavía no es consciente).

El erotismo de los corazones nace a partir de esa misma

interferencia. En ese sentido, el vínculo entre Ricardo – Jesús es semejante al que antes habíamos visto en Cristina cuando ella idolatraba a Alberto en un escapulario. Poco a poco, nos vamos introduciendo en dos formas del misticismo errático, pero la diferencia observada respecto a Cristina consiste en que Minés no sólo apela a la figura sagrada de Jesús, sino que utiliza el código del arte. El código de lo sagrado y el artístico se convierten en "mediadores estéticos" de la vivencia amorosa, y la percepción del cuerpo profano de Ricardo se va sublimando. Tanto el código del arte como el código religioso constituirían formas de género en la medida que hablan del deseo femenino pero silenciándolo.

Estas interferencias entre lo sagrado y lo profano, se acentuarán cuando Ricardo se presente en la Iglesia y provoque un trastorno en Minés. Incluso el reconocimiento que hace la maestra al ver en Ricardo a la imagen retratada, contribuirán al desarrollo de una contra – celebración: el ritual erótico se yuxtapone a la ceremonia religiosa oficial.

La lectura de las cartas se convierte en otra parte del ritual en el que el propio Ricardo elaborará su propio discurso amoroso. La carta puede entenderse como una proyección del cuerpo, si nos atenemos a lo que dice el propio Barthes: "una empresa táctica destinada a defender posiciones, a asegurar conquistas; esta empresa debe reconocer los lugares (los subconjuntos del conjunto adverso, es decir detallar la imagen del otro en puntos variados que la carta intentará tocar" (2010: 60-63). La carta se convierte para Ricardo en el medio eficaz para capturar a su ídolo; un aparato de captura que funciona, como lo menciona el propio Barthes, a través del "reconocimiento de los lugares": la imagen del otro (de Minés) se dibuja por su contorno sagrado, su devoción religiosa, aunque aparte de tocar esos puntos el discurso epistolar produce el desborde del significante hacia la exaltación de las delicias terrenales. La retórica de la carta convierte a Minés en objeto de deseo, y lo hace a través de esa misma incertidumbre de los signos; el sujeto deseante masculino crea ese objeto desde la misma vacilación de los signos manteniéndose a medio camino entre un erotismo de los corazones y un erotismo de los cuerpos. La retórica de la carta apunta a mostrar la unión indisoluble entre las dos dimensiones, y como una puede desbordarse hacia la otra. Este carácter indisoluble es el que previamente Ricardo defiende en la discusión que sostiene con Martín Gardello (escena que constituye una etapa más en la discusión entre racionalistas y católicos). Este punto vuelve a ser explorado cuando se nos dice que él siempre había rehuido "las gracias de otras mujeres" y "los apetitos sensuales": en esa postura lo sensual se identifica con lo sexual instintivo, una conducta que pasa a ser rechazada porque forma parte de una formación social bárbara.

A partir de la lectura de la carta, Minés ingresa de lleno a ese universo de incertidumbres, y su ánimo se debate entre dos tendencias: el voto perpetuo o las emociones profanas. En ese momento ella comienza a "discurrir" en el sentido en que lo plantea Barthes, o por lo menos lo hace de forma más consciente.

La guerra civil aparece como un acontecimiento contemporáneo que amenaza la continuidad de la relación entre los jóvenes, y por ende atenta contra esa nacionalidad en formación. No olvidemos que esta novela al ser publicada en 1907, se sitúa en el medio de varios levantamientos armados que incluyen aquellos acaecidos en las últimas décadas del siglo XIX y aquellos otros producidos en las primeras décadas del siglo XX. Bien puede pensarse como señalaba Varela que 'la guerra es el estado normal en la República" (Barran 2011: 37). El propio Barrán se dedica a ampliar y fundamentar esta afirmación de Varela proponiendo que la guerra civil, como parte de la sensibilidad bárbara, favorecía una atmósfera lúdica orientada a la insolencia del cuerpo. Un ejemplo de esto es el descenso de la disciplina sexual que "facilitaba los encuentros fortuitos, la satisfacción exclusivamente física de la sexualidad" (Barran 2011: 38-40). Pero hacia la década del noventa del siglo XIX, el fenómeno de las guerras civiles comienza a ser observado desde diferentes miradas, algunas condenatorias que ven la guerra como expresión de la barbarie, y otras que ponen el acento en lo heroico y en lo épico (Rodríguez Villamil 2006: 127-134).

Si tenemos en cuenta estas posturas, la novela sentimental, y en este caso concreto de *Minés*, podría desarrollarse como un antídoto contra esa violencia del cuerpo que impregnaba incluso el discurso político. La novela sentimental favorece un refinamiento en la apreciación de ese cuerpo bárbaro, de base instintiva.

La última parte de la novela plantea como una especie de contrapunto la oposición entre la forma del cuerpo bárbaro e instintivo y la imagen de Minés como ese "bello ángel de amor". Aquí lo instintivo no aparece como parte de esa sexualidad despreocupada y desenfrenada que caracterizó a la sensibilidad bárbara. El cuerpo instintivo se integra a una voluntad mística.

Como muchas monjas, Minés interviene en el conflicto curando a los heridos, y entre ellos encuentra a Ricardo. Este tipo de participación de Minés muestra esa otra forma de subjetivación angelical: la disposición a ayudar a los enfermos o heridos en una guerra que el propio Ramírez consigna como rasgo importante en su "ángel de amor".

En esta escena, ella aparece fluctuando entre distintas fuerzas: la angelidad y una forma atenuada del erotismo corporal. Ya habíamos visto cómo una vez leída la carta de Ricardo, ella es invadida por impulsos desconocidos. Y cuando encuentra a Ricardo convalesciente, se ve invadida por los mismos accesos: 'La novicia, a su vez, por una transición extraña, se sentía atraída y fascinada al contacto con el joven; una trasformación repentina se fue operando en ella a medida que la emoción iba en aumento, y, bajo su dominio le echó los brazos al cuello" (Acevedo Díaz 1907: 260)

El erotismo corporal se manifiesta de forma atenuada a través del impulso del abrazo. La atracción física hacia Ricardo siempre tiene ocasión de manifestarse aunque nunca llega al desborde. Si hay un erotismo corporal e instintivo, este siempre está sujeto a un control. Sin embargo, lo instintivo aflora en el momento del delirio de Ricardo. Ella dice en ese instante que sólo para él "reservaba mis grandes idolatrías sin más pensar en el claustro".

El claustro, al igual que en *Cristina*, se convierte en un espacio de escenificación del deseo. Al hacerlo su comportamiento asume formas extremas o "perversas", en el sentido de un comportamiento desviado; Minés desvía el deseo por el otro hacia imágenes aceptables como la de Cristo.

En la conversación que tiene con Ricardo, se produce un cambio dentro de ella: la renuncia a su condición de novicia. Y en el momento en que confiesa su pasión por Ricardo, su cuerpo se transfigura a través de su voz que suena como un estertor, su caballera se desprende y cae "en ondas sobre la esclavina, y rodeando con ella en seguida el torso del herido, juntó su rostro al suyo, prorrumpiendo entre estertores de ansiedad y pasión" (277). La entrega de la monja a la pasión amorosa aparece como un gesto de rebeldía respecto a su propia condición de novicia. Sin embargo, esta incursión en la pasión no la lleva a caer en esa forma de "perversidad" de la femme fatal. De hecho, esto no parece suceder con ninguna de las heroínas de nuestras novelas. La mujer no se convierte en una máquina sexual sino que se mantiene a medio camino entre la fragilidad y el deseo.

De acuerdo a lo anterior, el arranque violento del tul (prenda que funciona como un dispositivo regulador del pudor) y la posterior liberación de su cabellera, constituyen actos transgresores hacia la moral austera del catolicismo. Sin embargo, dichas acciones no dan paso a la relación sexual. El erotismo de sus movimientos, que transforman al personaje haciéndola pasar de ser asexual para devenir una criatura de deseo, preceden a un discurso en el que ella se representa como "novia del guerrero" y, por otra parte, plantea su propia anagnórisis como protagonista: "Todo eso que me enseñaron cuando niña me cegó (…) Yo estaba como atontada con las cosas religiosas…me decían que eran pecado pensar en hombre alguno" (277-278). El erotismo corporal provoca una transformación en su modo de pensar.

De alguna forma, Minés completa lo que no pudo realizar Cristina: logra la integración total de lo erótico y lo angelical. El discurso anticlerical que el narrador pone en boca del personaje, aparece como un elemento que refuerza el dispositivo erótico haciendo retroceder la austeridad religiosa representada por Martín Gardello.

Aparte de constatarse la misma postura que antes viéramos en Cristina ("Oh, la cabeza de mi nazareno"), se plantea una relación entre el erotismo y la muerte: el acto sexual nunca se consuma, pero se escenifica a través de ciertos indicios (la fiebre de Ricardo, su jadeo, el ruego fervoroso de Minés, el canto del guitarrista, etc.):

Ricardo llevó de repente las manos crispadas al vendaje, que destrozó en parte; pero ella lo cogió de las muñecas con increíble vigor, afirmándose con las rodillas en la cama, y por largos segundos se debatieron los dos en terribles sacudidas.

Al fin, el enfermo se aplomó.

Tras de la lucha, la novicia respiró con violencia, confundiendo sus resuellos con los de la herida; un grueso chorro de sangre se deslizaba del pecho de Ricardo hasta la sábana, y caía a gotas en el suelo. (Acevedo Díaz, 285)

En toda la descripción de la escena los movimientos convulsivos de los personajes se asemejan a aquellos que normalmente se desarrollan en el acto sexual. La escena puede verse en su reverso como la manifestación de lo que no llega a consumarse en la novela: lo instintivo comparece sublimado, el deseo transformado en una ayuda caritativa por parte de este ángel que busca sanar a un enfermo.

Toda esta escenificación se enriquece con la incorporación del referente bélico. Por primera vez, Minés actúa de acuerdo al modelo de la hembra bravía prorrumpiendo en alaridos. En los últimos momentos la vemos "sofocada y jadeante" (286), pero también exhibe los signos de su angelidad ("abrió los ojos / Dios eterno, apiádate de mí") (Acevedo Díaz; 1907: 287). En el momento de su muerte, Minés se vuelve una criatura angélica y erótica. Muerte y erotismo parecen fusionarse en ella como ya lo había establecido el propio Bataille en sus estudios sobre el tema al plantear la relación entre erotismo y sacrificio (la "plétora de los órganos"), sino que además ella misma se convierte en una "heroína sensualmente muerta" cuando cae sobre el cuerpo de su amado al ser fulminada por una bala perdida. El ideal de la mujer perfecta es alcanzado por ella cuando extiende sus abrazos en una actitud de pío reposo y plegaria silenciosa al tiempo que cae sobre el cuerpo deseado. En ese gesto, Minés alcanza el ideal deseado por el varón: la mujer que antes entregaba su cuerpo al soldado herido y que ahora se autosacrifica como señal de sumisión final.

La escena propone otro "vínculo de sangre" entre los personajes. Por primera vez, el desenfreno de lo corporal, algo que en la sensibilidad bárbara veíamos como parte de una sexualidad indócil, ahora se integra naturalmente a una unión angelical. La sangre derramada en la cama y en los cabellos es el indicio de un nuevo pacto o alianza en aras de fundar una nueva nación. Es posible que la pretensión de una "novela mística", anunciada por su autor en el prólogo, buscara una solución a este gran mal que asoló al país: la apelación a la dama angelical debía ayudar a moderar esos ánimos destructivos. Pero el disparo que acaba con su vida indica, por otra parte, la persistencia de esa sociedad bárbara. Por esa razón, Baccino habla de la esterilidad de la sangre derramada en el caso de Minés

(Baccino, 80-81). Es muy cierto que ella no se inmola voluntariamente como sí lo hacen otras heroínas de Acevedo (Sinforosa, Jacinta, Cata), pero justamente este sacrificio "inútil" difiere de los otros por su alcance simbólico: la muerte implica la integración armónica de lo profano y lo divino, de lo corporal y lo espiritual en medio de una sociedad fragmentada y dividida tanto en lo religioso como en lo político.

Entre una y otra novela, se ha operado un cambio sumamente importante. Porque *Brenda*, publicada en 1883, mantenía una representación casi estática de la heroína especulada a través de sus rasgos virginales, angelicales y eróticos (éstos últimos, percibidos también desde el estatismo, apelando a la metáfora del arte). En *Minés*, en cambio, se nota una transformación: ella comienza la novela siendo representada como "un cuerpo esbelto con formas griegas" (el código del arte como instrumento de subjetivación). Pero en ella, ahora observamos otro dinamismo; Minés toma la iniciativa para abandonar el tul. Existen dos razones que explican este cambio. Por un lado, el escenario de la guerra (y la evidente proximidad de la muerte) provoca una liberación del cuerpo (aunque en este caso, no llega a esa soltura del cuerpo de la que habla Barran). Por otro lado, al tratarse de una novela publicada con posterioridad al Novecientos, se percibe la influencia de esta generación en lo que hace a una búsqueda erótica más plena. En base a esto, se puede ver una subjetivación de lo femenino que parece reivindicar la idea del deseo exaltado (ausente en Marta y Cristina).

Podría decirse que la novela parece mucho más avanzada respecto a las otras, ya que propone una ruptura con respecto a la oposición entre sentimiento amoroso y erotismo corporal. Recordemos que Barran partía de un binarismo bastante rígido al concebir la sensibilidad civilizada como una estricta separación entre el sentimiento amoroso (concepción idealista que exalta la pureza, la virtud, la ternura) y el erotismo carnal (considerado como vulgar y lascivo) (Giaudrone, 37-38). En esta novela, Acevedo tira abajo estas dicotomías al plantear en Minés una fusión armónica entre "la dulce virgen" y la mujer como objeto de deseo y sujeto deseante. El modelo angelical (lo dominante) se liga a lo erótico (emergente) y choca con formas residuales representadas por la austeridad religiosa y el instinto destructivo de la guerra.

8. REESCRITURAS SENTIMENTALES DEL FAUSTO: ENCRUCIJADAS Y DESENCUENTROS DEL MODELO ANGELICAL EN *LAS HERMANAS FLAMMARI* Y *VALMAR*.

8.1 Ritualidad social y teatralidad fáustica: eclipse del modelo angelical

Las hermanas Flammari acentúa el emergente erótico y lo desplaza hacia coordenadas corporales más acentuadas. Ese desplazamiento coincide con el desarrollo de una parodia de los hábitos sociales referentes a los rituales de la seducción y el cortejo. La burla dirigida a estos rituales institucionales da pie a la defensa de la poligamia.

El adulterio aparece justificado como la huida de la degradación de la mujer casada y, sobre todo, de la imagen grotesca que tanto molestará a Roberto de las Carreras. Puede leerse la novela como la búsqueda de un cuerpo alejado de las prescripciones patriarcales que le asignan como único deber la maternidad. En ese sentido, en estas novelas de Magariños, existe un intento por reencontrar a la mujer ángel en una versión mucho más carnal, y dicho propósito colide con el ideal de la maternidad que será rechazado de plano en las dos novelas.

Las hermanas Flammari, novela publicada en 1893 plantea el problema de la poligamia, a través de las andanzas de Mauricio Castaigne, un joven distinguido de la sociedad montevideana que se enamora de Elvira, aunque una vez casado con ella comienza a interesarse por su cuñada Margarita. Pero como veremos en este análisis, la exaltación de la poligamia está unida a una defensa de la mujer ángel fuera del ideal del matrimonio y de la familia.

La obra comienza presentando todo un cuadro de época al mencionar la asistencia de los personajes al teatro Solís. El aire de la crónica social impregna la obra, y lo primero que nos muestra este narrador cronista es el público femenino que sobresale por su elegancia tanto en la vestimenta como en la gestualidad:

El aspecto que presentaba Solís aquella noche era el de sus mejores días de gala (...) las primeras bellezas de Montevideo. Desde la platea, que como macizos de flores de variados colores y matices, salpicaban a trechos (...) los brillantes tocados femeninos, hasta la cazuela (...) todo el Teatro estaba ocupado por nuestras bellezas sin rival, rubias o morenas, ideales o sensuales. (Magariños Solsona, 1-3).

El exceso floral en la caracterización de lo femenino da cuenta de lo abigarrado de la multitud que asiste al teatro. La identificación de la mujer a través de la metáfora floral también se retuerce al decirse que son como "macizos".

Este ambiente de gravedad comienza paulatinamente a contrastarse con el bullicio generado por el público femenino juvenil que está ocupando el espacio de las "cazuelas". El comportamiento de Elvira y su falta de modales permite separarla del código de la elegancia. El contraste entre las dos hermanas se acentúa por la inquietud e interés indiscreto de Elvira frente a Mauricio. A través de la falta de tacto y refinamiento de este personaje, el narrador satiriza ciertos hábitos de las jóvenes montevideanas que utilizaban la asistencia al teatro como una excusa para conocer futuros esposos.

Otra diferencia que tienen las hermanas es la dificultad de Margarita para casarse pese a sus veinticinco años. Y es esa distancia respecto al matrimonio, la que permitirá situar a Margarita lejos de ese ideal de mujer burguesa. Al alejarse de este ideal, ella se embellece y se sensualiza; y como contrapartida, su hermana, al querer apegarse al modelo austero de la mujer oriental, experimentará una disminución de su belleza. Por esa razón, lo erótico se desarrolla a través del personaje de Margarita. Y si tenemos en cuenta que lo erótico requiere para manifestarse de una mediación estética, esa función será cumplida por la metatextualidad fáustica ya presente desde el comienzo de la obra:

Stagno había cantado con dulzura infinita su última romanza (...); Tamburlini habíase hundido en la tierra retorciéndose de rabia e impotencia al ver que su cuadro seductor, -lleno de mujeres que ostentaban sus bellas formas en poses lúbricas y alumbrados por la cálida luz rojiza, símbolo de la pasión efecto producido frente a la imagen del cielo (...). (Magariños Solsona, 13-14)

El acto finaliza con la derrota de la pasión lúbrica, que viene a simbolizar el horizonte moral deseado en lo que hace a la apología del pudor. Sin embargo, la obra teatral anuncia ese otro sendero que va a recorrer la novela: la obra constituye otra forma de mediación estética que promueve el deseo. Lo fáustico quedará desplazado aquí de su elaboración intelectual para acentuar la esfera de la transgresión sexual. Sociabilidad y deseo no coinciden.

Si pensamos que Mauricio Castaigne es la personificación de Fausto en esta novela, el personaje en ningún momento se relaciona con la sed de conocimiento sino con los placeres mundanos. Una prueba de ello es su apariencia elegante y delicada con la que incursiona en el teatro irradiando una sensualidad casi femenina y frívola.

En una primera etapa, la rebelión fáustica se produce en las escenas o cuadros que representan las etapas del cortejo, todo un ritual avalado por la sociedad burguesa. Posteriormente, la desacralización se dirige a la propia vida conyugal. Al hablar de estas escenas, encontramos una cierta orientación teatral de la obra que apela a la ridiculización de ciertos ritos institucionales mediante una modalidad carnavalesca.

Una de las primeras etapas del cortejo puede verse en el capítulo primero. Allí, asistimos a una conversación entre Misia Adela y una de sus hijas, Margarita, y en ella la madre le reprocha a su hija su flojedad en la búsqueda de un prometido. El motivo esgrimido por la madre es la coquetería, y eso se opone a uno de los principios defendidos por Misia Adela: el pudor, el recato de la mujer. E inmediatamente, le recuerda la regla que debe seguir el aspirante: visitar la casa de su enamorada. Dentro de la forma de un dispositivo de sexualidad, Misia Adela representa el papel del "intercambiador familiar", ya citado previamente, y que aquí adquiere dimensiones negativas y risueñas. La regulación que Misia Adela intenta al orientar la conducta de sus hijas como novias encaja dentro de los patrones de sumisión y castidad exigidos por su formación católica.

Como el blanco del ataque de Magariños Solsona es la moral burguesa, previamente el narrador nos hace notar una cualidad negativa en este personaje de férrea moral: su excesiva corpulencia. Este rasgo permite dar cuenta de una relación entre la deformidad física y el plano moral. Más adelante, veremos cómo a la propia Elvira le sucede lo mismo.

La segunda etapa del cortejo se desarrolla en la casa de Misia Ramona, pariente de la familia Flammari. En esa reunión se encuentran Mauricio y Elvira, y la descripción que se ofrece de ella permite observar el primer contrapunto entre la belleza angelical y la voluptuosidad como nuevo valor a ser explorado por este nuevo Fausto:

> Elvira merecía todo el sacrificio que hacía por ella, tan divina estaba envuelta en tules color de rosa. Su semblante...ojos castaños, suaves, amorosos...con graciosa coquetería (...) El vestido, recortado en el cuello... su blancura...su garganta ebúrnea, palpitante y fresca, exhalando, mezclados a la suave fragancia de las flores pintadas en su seno, los embriagadores y misteriosos aromas de su carne virginal. (Magariños Solsona, 36-37)

En esta descripción de Elvira tenemos toda una imagen corporal que privilegia aquellas zonas consideradas moralmente menos peligrosas (sonrisa, ojos, cuello, garganta). Podría decirse que se produce una descripción casi escultórica de la mujer. La mención del seno, se presta a un doble juego de exhibición y ocultamiento. Las flores prendidas en el seno, es un símbolo identificado con la pureza, la primavera, la belleza en su aspecto fugaz. La flor está allí para atenuar la potencialidad sexual representada por el seno. Lo envuelve en ese candor y esa inocencia característica de la imagen floral. Si bien la flor es un símbolo que se asocia con la virginidad, pero el narrador nos hace notar aquí que esos "misteriosos aromas" de la virginidad surgen directamente del cuerpo. Por debajo de la capa de lo convencional, la "carne virginal" asoma como una vertiente erótica que entronca en lo corporal. Este tipo de descripciones del cuerpo femenino es muy frecuente en Magariños Solsona y forma parte de toda una sensibilidad de fin de siglo que al uruguayo le llega seguramente de la lectura de Emile Zola. En una novela de este autor e intelectual francés, *La caída del abate Mouret*, publicada veinte años antes que la novela del uruguayo, observamos una modelización del cuerpo femenino apelando a motivos florales: su heroína Albine está imbuida de un "penetrante aroma de vegetación que llevaba en su cuerpo". Esta asociación de lo femenino con la flor forma parte de la iconografía típica del erotismo de fin de siglo brillantemente analizado por Lily Litvak en su ensayo *Erotismo fin de siglo*.

La imaginería estetizante acentúa mucho más que en otras heroínas la proximidad de lo angelical con la voluptuosidad. Sin duda, la imagen contemplada trasunta un grado de sensualidad mucho más libre que el observado en las otras heroínas. En este caso, Elvira es sujetada a un nuevo dispositivo que privilegia cierto grado de sensualidad porque es un elemento requerido por el burgués. La mirada de Mauricio, como en otros casos, transforma la figura de la muchacha en un objeto deseable.

Aquí también actúa la moda como un dispositivo disciplinador del cuerpo. Cuando se describe a Elvira, se destaca el uso de un vestido de tul rosa, prenda que en otras novelas asociábamos al cuidado del pudor (sobre todo por el color rosa que sugiere la inocencia y la virginidad). Sin embargo, el tul que antes se asociaba a lo etéreo, aquí también proyecta una imagen de sensualidad reforzada por el escote. La moda es un dispositivo erótico porque en la medida que encubre activa el deseo mediante la sugerencia de lo que está oculto. Por otra parte, el detalle floral que acompaña su indumentaria sirve para reforzar el disciplinamiento del cuerpo respecto a un principio cultural muy valorado como es la virginidad. Aunque aquí la virginidad justamente aparece como incitador del deseo.

Con Margarita sucede algo parecido, y en este caso el narrador subraya con más fuerza la voluptuosidad del personaje. El retrato que el narrador nos ofrece de ella resulta por demás erótico: "Margarita, recostada en un sillón desde donde podía verse en el espejo, con un brazo levantado y recogido del respaldo, sobre el que tenía apoyada la cabeza con el cuello doblado hacia atrás, contemplaba la saliente redondez de su cadera derecha y la esbeltez de su precioso busto" (Magariños Solsona, 62)

Si antes hablábamos de una imaginería estética para representar lo erótico, en esta imagen de Margarita el contacto con la pintura es evidente. Por momentos, la imagen semeja por la posición del cuerpo a "la maja desnuda" de Goya, ya que ella parece contemplarse en su belleza y exhibiendo en toda su sensualidad la belleza de sus partes. La figura de Margarita asume un relieve erótico muy diferente al de su hermana porque en ella cobran importancia ciertas zonas corporales como la cadera y el busto: la sensualidad de Elvira reposaba, en cambio, en su aire virginal visto desde una perspectiva estatuaria. Los velos de las imágenes florales desaparecen en Margarita cuyo cuerpo es mostrado como un objeto placentero ("la redondez de la cadera", "la esbeltez de su precioso busto"). Todo esto será algo significativo para que Margarita gane terreno en las preferencias de Mauricio en desmedro de Elvira.

En otra de las escenas que forman parte del ritual del cortejo, la escena de la comida, encontramos otra visión de lo corporal ya que se la observa desde el ángulo de la gastronomía. El narrador nos habla de la abundancia y de la conducta gastronómica de la familia: a Mauricio le sorprende "el bello apetito que reinaba en la familia, sobre todo en su novia, que no desperdiciaba ni las migajas" (67). La voracidad desidealiza poco a poco a Elvira orientándola hacia la dimensión de lo grotesco: Elvira, la novia legítima, es objeto de escarnio y, de esa forma, se aleja del modelo angelical con que se la representaba al inicio de la novela.

A partir de aquí, toda la escena social es objeto de un proceso carnavalesco pero no en el sentido de una celebración de lo vital, sino como parte de una proliferación de lo grotesco negativo que acentúa la degradación de los personajes (Bajtín, 39-42). Al igual que en el carnaval bajtiniano, lo gastronómico conduce a una relajación, a un descenso manifestado en la risa, aunque no se trata de esa risa vital y regeneradora.

Otro de los rurales que resulta escarnecido es el de la ejecución del piano. Debemos tener en cuenta que este tipo de actividades estaban asociadas a la "buena educación" y permitían destacar la condición de "señorita" de su ejecutante. Como señala Rodríguez Villamil, "un ingrediente importante para integrar este grupo privilegiado era el poseer cierta cultura literaria y especialmente musical, ya que el canto o el conocimiento de algún instrumento posibilitan la realización de soirées musicales que eran un pretexto para la sociabilidad y agregaban un toque de refinamiento" (Rodríguez Villamil 2006: 57).

Sin embargo, la carencia de estas cualidades es lo que sobresale en la interpretación hecha por las hermanas, detalle que el narrador expone de un modo sarcástico apelando a la forma del quiasmo: "Elvira tocó el piano bastante bien y cantó bastante mal, a la inversa de Margarita que tocó bastante mal y cantó bastante bien" (Magariños Solsona, 70).

Además la sensación de ridículo se incrementa cuando se nos muestra a Misia Adela escuchando arrobada a sus hijas mientras trata de auscultar la impresión generada en Mauricio, en tanto éste sólo se interesa por las delicias del cuerpo de las dos mujeres:

Éste que no entendía mucho de música, siendo en cambio gran apreciador de otras cosas, se extasiaba delante de las caderas de Margarita (…) y aspirando con deleite el aroma que subía por el pequeño escote de la bata de

Elvira, colocada junto a él se entretenía, con la imaginación, en despojarla de los tules que cubrían su seno y sus espaldas, dejando en completa desnude la belleza de sus carnes mórbidas. (Magariños Solsona, 71)

La mirada sensual de Mauricio opera, entonces, por una parcelación del cuerpo de las mujeres y al hacerlo las convierte en objeto erótico. En el paseo por el parque, la misma mirada de Mauricio captura como objeto de deseo las pantorrillas de Elvira, y cuando el carruaje se desplaza el roce de los cuerpos apretados en el interior del vehículo permite la representación sublimada del deseo, al tiempo que se anticipa el triángulo amoroso.

El choque entre el deseo y las formas institucionales se produce en una escena donde Misia Adela con mucho cálculo prepara una celada a Mauricio para sorprenderlo en una situación indecorosa. Una escena donde Misia Adela tiene oportunidad de fingirse una madre ofendida y exigir el compromiso matrimonial. Barrán señalaba que este tipo de recursos eran muy usuales en las últimas décadas del siglo. La vacuidad de este procedimiento como el de la ceremonia matrimonial es mostrada con distintos rasgos a través de la exposición de los significantes despojados de sus significados (la emblemática floral de la novia, el discurso vacío de un sacerdote calificado de "mercenario"). Todo lo institucional es mostrado desde lo artificioso. El choque entre el deseo y el matrimonio recién empieza.

Cuando da comienzo la relación entre Margarita y Mauricio, observamos cómo el intercambio de reproches da paso a una escena que permite dar cuenta de la aparición conflictiva del deseo en ella:

Un ligero tinte rosado le coloreaba las mejillas y tenía la respiración más anhelosa (...) y el perfume que brotaba del cuerpo y de la carne de la joven, lo mareaba hasta el punto de perder la visión (...) Prodújose una especie de explosión en el organismo excitado de aquella mujer, como un sacudimiento nervioso. (Magariños Solsona, 194-195)

Puede observarse en esta escena que hay una gradación precisa desde la captación delicada del rostro hasta la expresión orgánica de esa pasión ("respiración más anhelosa", "explosión en el organismo excitado", "como un sacudimiento nervioso"). Todo esto nos hace ver la evolución producida desde la representación de ese mismo deseo en Marta hasta Margarita, y el cambio producido tiene que ver con una mayor explicitación del deseo que ahora se confiesa en la conciencia de ese sujeto femenino. Nos encontramos ante una erótica de lo corporal donde la mujer se enfrenta con la excitación, y con ello se desmonta el carácter etéreo de la mujer ángel para mostrarse en toda su dimensión la condición biológica. Una vuelta a lo instintivo que ya se vislumbraba cuando la propia Margarita, tras la boda de su hermana, comenzaba a cuestionar la educación recibida basada en una férrea moral y decide dar rienda suelta a "su naturaleza apasionada y ardiente" (134).

En otra parte de la novela, el deseo de Mauricio se ve intensificado hasta el grado de la tentación. Y en el mismo momento que el personaje comienza a deleitarse imaginando las partes más voluptuosas de Margarita, reaparece a modo de contrapunto las formas grotescas de Misia Adela y Elvira. Y todo esto hace despertar en él un debate interno donde confronta las obligaciones morales con el derecho al goce.

La primera oportunidad de satisfacer sus deseos surge durante una noche en que ambos permanecen despiertos para cuidar de Misia Adela. La escena amorosa se desarrolla al compás de los estertores de Misia Adela, por lo que el erotismo se muestra aquí en su faz transgresora porque se alimenta de la alteración del orden sagrado y moral. Dicha faz se vincula con un fundamento animal, con las condiciones físicas que sostienen al erotismo: según Bataille, la plétora sexual provoca un desencadenamiento de energía y el abandono del ordenamiento natural de las cosas (Bataille, 99-113).

Sin embargo, aunque detectemos en esta novela una recuperación de un erotismo corporal, no existe un retorno a la forma de la sexualidad instintiva en el sentido observado por las novelas de Acevedo Díaz pertenecientes al ciclo épico. Porque Magariños preserva cierta estetización de los fenómenos biológicos que sostienen la experiencia erótica, y eso puede verse en la mirada refinada de Mauricio a través de la cual se construye el objeto de deseo. En ese sentido, la novela ofrece una alternativa a la oposición entre la angelidad y la barbarie representada en lo instintivo.

8.2. El paseo urbano de un inocente Fausto

Valmar propone un acercamiento a lo femenino no muy diferente al propuesto por Magariños en su novela anterior. En este caso, su personaje protagonista, Valmar (Fausto) empieza siendo un neófito en el arte del amor pero, con la ayuda de su amigo Felipe Mont (Mefistófeles) se va convirtiendo en una especie de galán. La novela trabajo desde otro ángulo el metadiscurso fáustico: en *Las hermanas Flammari*, aparecía desde el inicio como un Fausto renovado bajo la influencia mefistofélica; Rodolfo, en cambio, emprende el camino fáustico como todo un proceso de aprendizaje: en el personaje tenemos todo un debate interno que no aparece en ningún momento en Mauricio. Y a través de ese aprendizaje tendrá lugar la desentronización de la mujer ángel.

El capítulo inicial de la novela presenta uno de los tantos paseos que la sociedad elegante suele hacer. En este caso, nos encontramos en los Pocitos. Poco a poco, el público va aumentando formando una masa compacta:

cruzaron valerosamente por entre la compacta masa humana que circulaba con lentitud...sufriendo con gusto los dulces apretones de los cuerpos femeninos, redondos y perfumados (...) A intervalos, en cuanto la brisa dejaba de traer el rumor y el salitre de las olas, subían ráfagas cálidas, cargadas de esencias enervantes, de perfumes sensuales, de emanaciones de la carne, desarrolladas en el constante rozamiento de tanto cuerpo excitado por la temperatura. (Magariños Solsona, 7-10)

En el inicio de la novela encontramos una erótica del cuerpo que todo lo invade y que logra establecer una percepción carnavalesca del cuerpo: lo orgánico ocupa el lugar de lo solemne, y eso hace que el cuerpo femenino sea convocado desde la matriz obscena.

La relación con Fausto también se instala desde el inicio, ya que Felipe Monte le va informando a su amigo distintos detalles relacionados con las mujeres de la sociedad. Al igual que Fausto, Rodolfo siempre vivió entre los libros y conoce muy poco del mundo social. Por su parte, Felipe Mont, aparece ante su amigo como Mefistófeles porque domina al dedillo los detalles escandalosos de la crónica social.

Las diferencias entre los dos amigos sobre la forma de concebir a la mujer asoman cuando se encuentran con dos ex amantes de Felipe.

Valmar le reprocha a Felipe que use a las mujeres como amantes y luego las entregue a otros. Para Valmar, lo recomendable es conservarlas y, en un gesto oratorio, se explaya defendiendo un ideal de vida basado en la poligamia.

En los dos personajes, entonces, la poligamia abre dos posibilidades eróticas: una erótica de la obscenidad y otra más angelizada. Mientras el personaje va exponiendo su teoría, el narrador nos informa de cómo se había desarrollado su vida en los últimos años. En ese racconto, aparecen elementos que permiten vincular su formación con la del personaje de Fausto: tras la muerte de su padre, Valmar se dedicó al estudio y su intención era escribir "una obra sobre la mujer" (26). En su largo estudio, carente por completo de base empírica, Valmar concluye que "las leyes no estaban en armonía con la naturaleza de la cosas" (28). Esta disparidad sería para él la causa de tantos crímenes. Observemos que la defensa de la naturaleza por encima de las leyes no deriva en una defensa de la moral sadiana. Por el contrario, Valmar pretende retomar el tópico romántico de la mujer ángel porque piensa que es la salvaguarda del hombre: "La mujer, -decía...la mujer debe ser para nosotros una cosa santa, una criatura divina, puesto que con su sola presencia destruye todas nuestras penas, borra todas nuestras amarguras... con su misión augusta de velar por la renovación eterna de la vida" (Magariños Solsona, 29)

Al igual que en Carlos María Ramírez, Valmar sostiene que "ese bello ángel de amor" puede salvarnos de la violencia, de los crímenes, y de cualquier debilidad. De ese modo idealista, Valmar vuelve a reescribir el tópico de la mujer ángel en los términos de 'un ser débil, amante, que no sabe sino sentir" (30).

En Felipe Mont, encontramos toda una teoría del placer y del goce basada en la vida mundana, en el conocimiento de las mujeres. Y en todo momento hace gala de una postura burlesca. Este ser mundano, poseedor de un gran prestigio social, urdirá un proyecto consistente en hacer conocer a su amigo "la parte práctica de aquella vida", involucrándolo en algunos amoríos. Para ello, Felipe lo conducirá por todos los ambientes y rituales de la sociabilidad elegante con el fin de deformar su percepción idealista e introducirlo en una vida que tenga como centro la búsqueda del placer. Se hace evidente aquí el choque entre una erótica basada en lo angelical frente a otra basada en lo sensual y corporal.

La primera etapa del aprendizaje se desarrolla en los paseos públicos de la calle Sarandí. Al igual que en el Fausto, el paseo público representa esa entrada en el mundo, la inmersión en los placeres mundanos cuando el propio personaje siente "un éxtasis extraño henchido de voluptuosidades desconocidas" (37).

El primer encuentro con Josefina es similar al que viéramos en *Cristina*. Al igual que en esa novela, la iglesia aparece como el lugar antagónico del deseo e incluso el narrador se permite una sátira anticlerical al hablar de una "nube negra de viejas beatas" que acompaña a un grupo de doncellas. Y cuando ve aparecer a Josefina toda la iconografía de la mujer ángel es utilizada aquí con un marcado clisé:

> Allí permanecieron breves instantes, entretenidos con el desfile de los fieles, cuando de pronto, el sol, que se había levantado al final de la calle envuelto en espesas amenazadoras nubes de un gris plomizo, rasgó el tupido velo que empañaba su brillo y derramó un haz de rayos deslumbrantes, bañando de improviso una hermosa rubia que, toda vestida de rosa, se adelantaba con paso rápido hacia la Iglesia (…)
> Y los dos amigos se quedaron contemplándola, dominados por su belleza humilde, de virgen inconsciente que se ofrece al nacer el día inundando el aire con su perfume, como una rosa que aún no ha terminado de expandir su vivísima corola. Y la vieron pasar temblorosa, encendida hasta el extremo de sus orejitas transparentes, por aquellas mortificantes miradas que le daban escalofríos bajo los rulos de la nuca, al subir la escalinata del templo. (Magariños Solsona, 38-39).

Si bien nos encontramos en una escena semejante a la de *Cristina*, lo que cambia es la mirada corrosiva con que los dos visitantes recorren la iglesia: la mirada microscópica desmenuza cada detalle del ritual dejando ver la mecánica del culto como una cáscara vacía. La iglesia se convierte en un objeto a ser criticado por la mirada profana de estos dos visitantes, aunque también será como el acicate del deseo. Y en esto último también encontramos una diferencia respecto a *Cristina*, ya que el paseo de los dos amigos se vuelve un acto de provocación mucho más grave para los fieles que asisten a la ceremonia. También en esto último volvemos a encontrar esa fusión conflictiva entre erotismo y prohibición, donde lo primero requiere necesariamente de lo segundo: en los movimientos de los personajes por el templo se produce una segunda ceremonia paralela que tiende a desarticular y a desacralizar a la ceremonia oficial.

También el acto del cortejo no puede escapar a la intención paródica. En el encuentro que Rodolfo y Josefina tienen en el tambo, el narrador se refiere con mucho sarcasmo a las reacciones de la muchacha en el momento de sucumbir a los encantos de Valmar. Los gestos inocentes de la dama angelical son caricaturizados en cada una de sus formas más frecuentes. Toda la gestualidad femenina es mostrada bajo la forma del clisé.

La segunda mujer que aparece es Matilde de Rolan, a quien Rodolfo conoce en el baile de Hostwald. Conocer a Matilde significa para Rodolfo recorrer otro de los escalones sociales anunciado por su amigo; en este caso, ingresa por primera vez a un baile de la alta sociedad montevideana. Y es que Matilde constituye uno de esos personajes tan preciados por la crónica social: mujer bella, distinguida, de arrogante presencia.

Cuando el narrador se detiene en la descripción de su cuerpo destaca algunos rasgos que subrayan la forma esbelta y escultórica ("fino, flexible, y ondulado"), pero el cuerpo es erotizado cuando se lo percibe a través de los pliegues de la bata. Nuevamente lo erótico surge desde una perspectiva de voyeur: al igual que en otras novelas, el narrador parece divertirse convocando aquello que corroe a la moral. Como en el ejemplo dado por Barthes, la bata logra crear esa zona intermedia a la que aludía el autor francés. En la escena del baile retorna a ese mismo juego cuando, al describir a las parejas, destaca la presencia del tul vaporoso que permite transparentar las "carnes virginales".

Sumada a la perspectiva de voyeur, el narrador se desliza hacia lo carnavalesco al invertir el orden de las categorías: la exaltación de esa oleada femenina que embelesa a Valmar se imponen ante el espectáculo que prometían los fracs 'serios y enjutos" y que ahora aparecen "perdidos como puntos negros". Incluso cuando se encuentra frente a la señora de Hostwald no puede evitar su exuberante presencia, que lo lleva a relegar ciertos atributos más angelicales como la mirada, los cabellos y la boca, para dejarse atrapar por "el aroma embriagador de su cuerpo perfumado". La descripción de este personaje nos permite ver cómo lo erótico corporal se va haciendo un lugar dentro de construcciones corporales más convencionales.

Cuando se produce la entrada de Matilde de Rolan y Sofía Hostwald, se establece un contrapunto entre sus virtudes corporales y el código de la belleza representado por las estatuas griegas presentes en el salón. Este código estético es aprovechado por Magariños para meternos de lleno en la sensualidad corporal de lo femenino. Tal es así, que Sofía es presentada más como una bacante que como una mujer ángel.

Durante el baile, siguiendo las convenciones de los salones, Matilde es presentada a Rodolfo. Ambos se dedican a recorrer el salón sin que Rodolfo emita una sola palabra. Recordemos que, de acuerdo a esas reglas de la sociabilidad elegante, el hombre es quien debe abrir el diálogo abordando un tema interesante. El tema abordado tiene que ver con las propias estatuas que muestran a Apolo rodeado de bellísimas mujeres. El motivo sirve para que Rodolfo se apropie del tema generando una interpretación del motivo clásico muy diferente a la usual: aquí Valmar sitúa a Matilde en una clave estética que corresponde a lo apolíneo; el dios griego es elevado no sólo como modelo de belleza sino como modelo de virtud porque posee "suficiente corazón para amarla sobre todas las cosas" (118). Y en un gesto que preanuncia a Roberto de las Carreras, Valmar denuncia lo que denomina como "las deformidades contrahechas que generalmente se ofrecen en las sociedades modernas" (118). En ese gesto abarca todo el salón de baile, y con su mirada juzga despectivamente a su sociedad y a sus falsos valores apartados de la autenticidad natural. Así, el modelo griego le sirve a Valmar para retornar a ese ideal de mujer ángel. En Valmar este ideal responde a un grado de refinamiento y distinción, pero no se aproxima en la misma medida a un nivel de espiritualización. Más adelante, el narrador completa su formación refinada al dar cuenta de su grado de instrucción a través de la pintura, el canto, la lectura: en este último caso, se interpone el nombre de Feuillet. Como se ve su formación coincide con el modelo de la sociabilidad elegante.

La oposición entre las dos mujeres tiene lugar en el momento en que Rodolfo se sume en los vericuetos del amor. Concomitantemente, Josefina y Matilde se presentan en el pensamiento de Valmar de acuerdo a las mismas polaridades adoptados por los personajes femeninos en

Fausto: "Una se le aparecía envuelta en los rayos del sol y vestida con los colores de la aurora; y la otra surgía de pronto hecha un ascua de oro, destacándose sobre el fondo de los cortinados rojos como llamas del infierno" (Magariños Solsona, 159).

La mujer celestial y la mujer terrenal se debaten en su pensamiento. Debe tenerse en cuenta que estas diferencias constituyen una manifestación de la jerarquización social reinante, ya que mientras Josefina representa a la familia de inmigrantes italianos (el sector medio y popular), Matilde, en cambio, forma parte de una clase dirigente de porte aristocrático.

Hacia el final del capítulo, vemos cómo Rodolfo inclina su corazón hacia ésta última con lo que se observa un desplazamiento en lo que hace a la concepción de lo femenino: la austeridad y el pudor de Josefina comienzan a ser sustituidos por la elegancia y sensualidad de Matilde. Ésta última representa un paso más en el acceso a lo erótico, ya que Matilde posee un grado mayor de perfección porque su sensualidad está sostenida por una formación estética más profunda. El recato y el pudor existe en ella pero todo eso que conforma el ideal angelical de mujer queda opacado por la voluptuosidad de la mujer elegante. En Josefina el camino es inverso: ella potencia más aquellos atributos etéreos y celestiales y aunque posee la belleza física no resulta exuberante en el plano corporal.

Si bien el modelo de la sociabilidad elegante logra promover la erotización de la mujer, también muchos de sus códigos son objeto de irrisión. Esto sucede cuando en las reuniones sociales, la gestualidad refinada es ridiculizada porque no dice nada más allá de sí misma. Todo lo que tiene que ver con los protocolos sociales basados en la seriedad, la buena educación, la rigidez en el comportamiento, aquello que es aprendido en los manuales de conducta, es criticado como algo carente de vitalidad. Por eso, en determinado momento, Felipe aparta a su amigo de un grupo de invitados que intentan meterlo en una discusión sobre temas políticos. Por primera vez, lo político, los asuntos de la polis aparece en la novela, pero es inmediatamente desplazado porque representa lo antagónico respecto a la sensualidad corporal.

De la gestualidad "high life" lo único que parece rescatarse es la virtud del canto de Matilde por las posibilidades eróticas que representa para el propio Rodolfo. Al día siguiente, cuando los dos amigos intercambian sus impresiones, uno y otro disienten, el desborde romántico de Rodolfo contrasta con la procacidad de Felipe. El desenfreno verbal de Rodolfo al elogiar las virtudes de Matilde nos hace ver cómo el hechizo se ha consumado:

> Y Rodolfo exaltado, empezó a enumerar todas las cualidades de la joven, su belleza física, su elevación moral, las dotes no comunes de su privilegiada inteligencia, su talento de artista en la pintura y en la música y por fin, su exquisito sentimiento, revelado en el más insignificante de sus actos (...) Oh sí! Este es el amor omnipotente, el que lleva a la cumbre de la perfectibilidad, el que salva a la humanidad en medio de sus viejos vicios, velando al propio tiempo por la conservación de la existencia en su eterna marcha hacia el futuro desconocido y henchido de promesas. (Magariños Solsona, 195-196).

En su discurso exaltado volvemos a recordar aquellos rasgos de la mujer ángel definidos por Ramírez: la mujer con todo su refinamiento y bondad contribuirá al bienestar de la república a través de la perfectibilidad moral. Sin embargo, todas estas convicciones tienen su lado farsesco desde la perspectiva de Felipe, para quien "todas aquellas palabras eran como fuego de artificio, y en aquel amor exuberante que se decía único, veía el aguijón de los apetitos no satisfechos" (197). La perspectiva mefistofélica de Felipe se pone en funcionamiento para desplazar a lo femenino desde lo angelical hacia una percepción más ligada a la mecánica sexual. Así, en un gesto carnavalesco la idealidad del discurso de su amigo es desmontado al exaltar el imperativo biológico de "los apetitos no satisfechos". Frente a la representación asexuada ofrecida por Valmar, Felipe irrumpe sexualizando a la mujer. Impone todo el furor del deseo dentro del empaque social de su tiempo. Incluso cuando habla de Matilde señala que ella es "de las que queman".

En la segunda parte de la novela, tenemos la siguiente situación planteada: Valmar está ya casado con Matilde de Rolan y en determinado momento recibe una carta de Josefina quien está bajo ciertos apremios económicos y próxima a ser madre. Otra vez lo materno se ve desde el lado conflictivo si tenemos en cuenta que ella sería lo que hoy consideraríamos una madre soltera. Cuando Rodolfo Valmar decide acudir a ella, al principio le presta toda la ayuda económica que ésta necesita, pero en determinado momento se deja arrastrar por el deseo hacia su antigua amante. Ese primer encuentro con Josefina es mostrado mediante una meticulosa escenografía erótica: por un lado, el narrador nos hace ver "los deseos ardientes, aunque inconfesados que bullían en él" (*Valmar*, 117-118). Por otro, surge Josefina, quien pese a haber sido descripta como la doncella virginal y pudorosa, aquí se presenta del modo siguiente: "cubierta por una fina y transparente camisa se preparaba a sumergirse su cuerpo entre sábanas y cobertores" (118). La doncella intuye el deseo de su antiguo amante y se prepara a recibirlo.

Al igual que en la novela anterior, esta escena reintroduce el tema del adulterio. La mayoría de los críticos han reflexionado acerca de este tema bajo el nombre de la poligamia (la poligamia en el tiempo o en el espacio, al decir de Fernando Ainsa), pero no se ha considerado la importancia que este tema tiene en relación a la confección de un nuevo ideal de nación. Las dos novelas de Magariños Solsona adelantan la discusión parlamentaria de este tema que tendrá lugar durante la primera presidencia de José Batlle y Ordóñez. En la época en que se escriben estas novelas el adulterio era considerado un delito de acuerdo al Código Penal de 1889, pero a partir de los primeros proyectos legislativos sobre el divorcio se va delineando una nueva moral apartada del puritanismo tradicional. Así lo ve el propio Barrán en su *Intimidad. Divorcio y nueva moral en el Uruguay del Novecientos;* en opinión de este historiador, la ley de 1907 apuntaba implícitamente a la secularización en el sentido de una revolución moral:

> Lo cierto es que el placer sexual había abierto dos anchas brechas en el muro del puritanismo tradicional, podía invocarse su ausencia o la repulsión hacia la piel del consorte presente en el mundo interior del sujeto, y podía ser invocada la presencia del deseo por otra piel, para resolver en lo íntimo – y luego en lo judicial con otro ropaje- el fin del matrimonio (…), lo cierto es que el proyecto de 1905 y la ley de 1907 admitieron implícitamente una revalorización moral de la 'carne'. (Barrán 2008: 176-177)

Esa preocupación por la piel del otro, de algún modo está presente en todas las novelas analizadas en este trabajo. Pero Magariños Solsona es quien parece ir más lejos en su tratamiento literario, ya que el deseo por la piel del otro bordea todos los rituales sociales como por ejemplo el paseo público por la ciudad. En esta segunda parte se dan dos ejemplos concretos. En el primero de ellos, observamos a los dos amigos, Rodolfo y Felipe, caminando por 18 de julio, y allí el narrador aprovecha para hacernos una breve crónica destacando la figura de las muchachas que exaltan su figura esbelta y mueven sus caderas. Otro ejemplo del paseo urbano elegante, se ve en la escena del Prado en ocasión de una fecha patria; tras el desfile militar, la fiesta cívica es desplazada por otras escenas más íntimas de la sociabilidad elegante: cuando Sofía Hostwald, rival en belleza de Matilde, toma a Rodolfo y se nos dice que éste "se dejó conducir por aquella apasionada mujer (...) Caminaban íntimamente unidos, rozando sus cuerpos" (106).

Así como el deseo va insinuando sus derechos en el espacio público, en la interioridad del hogar fluye con otra energía. Lo veíamos en la escena antes descripta del encuentro amoroso entre Josefina y Rodolfo, pero también está presente en Matilde quien exhibe toda su coquetería y sus "flexibilidades de culebra" dominando a su esposo con las emanaciones de su cuerpo cuando ella está en brazos de éste. Incluso, en la carta que Rodolfo le escribe antes de partir logra mostrar todo ese ideal ambiguo y bifronte en torno a lo femenino: "Te veo en el fondo del abismo, atrayéndome como una sirena con tus cantos, y cuando miro hacia el cielo, te ciernes sobre las cumbres encarnando todas las formas del ideal" (165-166). La carta es una forma de asedio por parte del sujeto amoroso. La reacción que provoca la carta, hace aparecer a Matilde con todos los rasgos de una verdadera ménade:

lanzaba interjecciones agudas, gritos nerviosos de los que no parecía tener conciencia (...) el dolor se apoderó de su corazón amenazando despedazarlo con la fuerza de sus latidos (...) Sí, lo quería, lo deseaba con ardor, lo necesitaba con toda la vehemencia de su alma (...) Y enloquecida, delirante, la joven tendió los brazos hacia aquella sombra a quien dirigía su llamado supremo, cayendo luego desfallecida a lo largo del pavimento. (Magariños Solsona, 167-169)

Los gritos nerviosos de Matilde son una clara referencia al deseo, en el furor el personaje asiste a la intimidad de su deseo aunque no logra verbalizarlo.

En las dos novelas nos encontramos con formas dominantes en torno al cuerpo femenino que acentúan un modelo basado en la austeridad y el pudor como base de la mujer doméstica: la mujer ángel identificada con el rol maternal y doméstico. Las formas residuales estarían representadas por la permanencia de una percepción bárbara del cuerpo sometido a la mortificación religiosa: en este caso, el cuerpo de la mujer católica debía alejarse de los arreglos personales que sensualizaran al cuerpo, porque el manual católico en boga (*La mujer católica* de Livia Bianchetti y Mariano Soler) abogaba por la "castración" de los deseos: aunque reprima y vigile el alma, la Iglesia continúa con el castigo y prisión del cuerpo propio de la sensibilidad bárbara. Lo emergente surge a partir de una estetización de lo corporal biológico, toda una forma del erotismo corporal que supone un alejamiento de ese ideal asexuado de la mujer ángel.

En estas novelas, entonces, el emergente erótico anuncia con mayor claridad la búsqueda de una nueva moral en torno al cuerpo: la sustitución del pudor por una moral hedonista que se desarrollará con todo su énfasis a partir del Uruguay del novecientos. Esto es, si el erotismo aparece como una práctica emergente se debe a que el adulterio (el deseo por la piel del otro) hace depender el matrimonio ya no de la estructura familiar, sino de la moral propia de cada individuo. El suicidio de Rodolfo es el resultado de una lucha interna del personaje entre las antiguas formas familiares y esa nueva moral emergente.

En ese sentido, estas novelas de Magariños Solsona, son proyectivas en el sentido de anunciar la nueva moral basada en la conciencia personal y en el privilegio de la intimidad por encima de la coerción del afuera o la conciencia pública. Anuncian el nuevo imaginario corporal que formará parte de la reforma emprendida por el batllismo, una moral que debía partir de la naturaleza humana y de la intimidad más profunda del deseo. Se trata de una versión remozada del dispositivo de sexualidad que busca proponer un nuevo modo histórico de subjetivación: la representación erótica de la mujer aunque bajo un control específico.

CONCLUSIONES

Para abrir esta evaluación final, retomo las dos preguntas iniciales: ¿cuál es el cuerpo de la nación que estas novelas presentan en sus elaboraciones de lo femenino? y ¿por qué estas novelas han sido prácticamente ignoradas dentro de las historias literarias?

Como hemos podido observar, las novelas estudiadas en este trabajo constituyen romances nacionales contrahegemónicos, en el sentido de que subvierten los objetivos propuestos consistentes en formar una nueva nación basada en un matrimonio heterosexual y originado dentro de una retórica erótica patriótica y productiva. Doris Sommer insistía fundamentalmente en estas características al señalar que la patria era una gran familia formada por una pasión erótica desligada del exceso y la corrosión social. De algún modo, el carácter alegórico asignado a las novelas estudiadas pertenece a esta naturaleza productiva, ya que la dialéctica forma parte de una dinámica que da origen a nuevas entidades.

Nuestras novelas se diferencian de aquellas estudiadas por Sommer, en principio porque no pertenecen al período histórico que entiende como formativo de las literatura nacionales: "entre 1850 y 1880 aproximadamente, los romances idearon sociedades civiles mediante patrióticos héroes, notablemente afeminados" (Sommer, 32).

Ahora bien, el período tratado en esta tesis parte justamente de 1880 y se prolonga hasta los primeros años del siglo siguiente. Como hemos visto, se trata de un período histórico que comprende el desarrollo de la primera etapa de la modernización capitalista. Si en nuestro trabajo, hemos atendido más a los aspectos estrictamente culturales que a los económico-productivos, se debió en principio a que existía una amplia bibliografía que se ocupa de ese punto y, en segundo lugar, a que la modernización provocó un cambio dentro de las pautas de comportamiento entre las personas. Un fenómeno denominado por Barran como sensibilidad civilizada.

Al tomar como referencia esta categoría conceptual de Barran, se ha observado también cómo el disciplinamiento había provocado una modificación en la representación de la mujer (uno de los sujetos a civilizar, junto con los niños y los adolescentes). Sin embargo, lejos del planteamiento rígido presentado por Barran en su *Historia de la sensibilidad,* donde contrapone el sentimiento amoroso idealizado frente a un erotismo carnal identificado con lo vulgar y lo lascivo, las novelas estudiadas parecen desmarcarse de esta férrea dicotomía (una dicotomía que incluso no aparecía con la misma rigidez en su obra escrita con Benjamín Nahum).

El período estudiado asiste a nuevo modo de subjetivación de lo femenino bastante complejo. En la mayoría de los estudios sobre la mujer y la nación, se insiste en un constructo femenino identificado con el prototipo de la mujer como monja virtuosa. Se trata de un discurso que aparece fundamentalmente en manuales de conducta, textos periodísticos, etc., que intentan promover el tópico de la mujer ángel. Como se ha observado el modelo angelical pretende aproximar a la mujer a una dimensión espiritual y, por lo tanto, carente de deseo: una mujer asexuada cuya única preocupación es el cuidado de los hijos que serán los futuros ciudadanos. Para representarla dentro de una semiótica corporal, se ha optado por la metáfora del corazón y, con ello, se ha limitado su capacidad al papel de la mujer sensible y alejada por tanto de la inteligencia.

En nuestras novelas, el discurso masculino que pretende especularizarlas fluctúa entre los rasgos espirituales y los rasgos sensuales. Las heroínas son concebidas a un tiempo como ángeles y como objetos de deseo. Si Foucault había establecido en su primer tomo de *Historia de la sexualidad. La voluntad de saber,* que el siglo XIX fue un verdadero campo de tensión en torno a la sexualidad, nuestras novelas parecen participar de esa discusión ofreciendo un escenario por demás adecuado.

Ese campo de tensión, como se vio en otros capítulos, no escapa a la discusión filosófica entablada entre los adeptos al espiritualismo y aquellos otros que pretendían cerrar filas en torno al positivismo. Como apuntaba el propio Ardao, en literatura esas mismas posturas se vieron representadas por el romanticismo y el naturalismo respectivamente. De hecho, las propias novelas parecen testimoniar las tensiones representadas por estos sistemas filosóficos y sus derivaciones literarias. Así, si la postura espiritualista, representada entre otros por Carlos María Ramírez, defendía el ideal angelical, eso no impide que en su novela, *Los amores de Marta,* se de entrada al discurso científico que ofrece una nueva representación de lo femenino.

En la novela de Ramírez, como en la de los otros escritores, encontramos elaboraciones de lo femenino en las que el modelo angelical aparece desbordado por una forma de género erótica. Como se ha visto, si bien el modelo angelical constituye el elemento dominante (defendido por liberales y católicos), también encontramos formas residuales pertenecientes a formas bárbaras de comportamiento (la sexualidad desencajada y soez). Frente a esta forma residual, el erotismo entendido como una percepción más refinada y estética respecto a lo sexual intenta desmarcarse de la sexualidad entendida como un fenómeno asociado a la fecundidad. Frente a la soltura del cuerpo, el disciplinamiento actúa imponiendo la sensualización de la sensibilidad.

En *Los amores de Marta*, la mujer admite diferentes elaboraciones desde lo religioso y lo aristocrático que pretenden verla como una princesa angelical. Frente a esto encontramos otros modos de subjetivación de carácter erótica por parte de la moda (nuevo dispositivo que emerge gracias a la modernización y su inclinación por los bienes suntuarios) y la medicina. El discurso médico, nos representa a la heroína como un cuerpo deseable y también atenazado por enfermedades, entre ellas la histeria. Esta enfermedad nerviosa, junto con su origen indígena (resemantización del tópico sarmientino civilización – barbarie), representan aquellos aspectos que vinculan a Marta con la naturaleza y dificultan esa docilidad deseada. Observamos así, la presencia de varios dispositivos subjetivantes, el de la moda y la medicina frente al dispositivo religioso que conforman un verdadero campo de tensión en torno a lo sexual.

Un conflicto similar a este lo observamos en *Cristina* y *Minés*.

En la primera, el dispositivo religioso que exagera la angelización de la mujer con medidas extremas que incluyen la mortificación corporal (que habla a las claras del resabio bárbaro de la iglesia católica uruguaya) choca con la erotización de la mujer virgen generado desde el ámbito de la sociedad elegante. El avance de la secularización choca aquí con la privatización de lo religioso en el marco de la discusión política acerca de la "ley de conventos". Allí se veía como la "feminización de lo religioso", fenómeno caracterizado por la incorporación de la mujer como una misionera oculta en el hogar trastorna la autoridad del padre burgués. Lo religioso es mostrado por Muñoz casi como una representación de la perversidad porque recupera tecnologías del yo basadas en expresiones arcaicas. Por eso, su exaltación del cuerpo virginal como objeto de deseo, dotado de una fuerte sexualización, a la par que altera un modelo angelical decimonónico, combate esta tendencia reaccionaria en la iglesia católica uruguaya.

En *Minés*, por otra parte, también encontramos la crítica anticlerical que viéramos en *Cristina*, pero existe un avance ya que el propio personaje logra darse cuenta de la falsedad en la que vivía y eso da lugar a una representación más erótica de la mujer. Estos cambios se producen a partir de la salida de la muchacha del convento para asistir a la guerra civil y ayudar a sanar a los enfermos. Como vimos, esta cualidad de uso frecuente en la época, constituye una extensión del modelo angelical. Sin embargo, la visión de su amado herido y casi moribundo despierta en ella otro tipo de sensibilidad más proclive a lo erótico, y eso trae aparejado también un cuestionamiento de la educación religiosa recibida.

En *Brenda*, en cambio, encontrábamos una articulación más armónica de lo angelical y lo erótico. La forma residual expresada en la supervivencia de la guerra civil y las conductas inciviles representadas por algunos personajes como Areba Linares, nos llevó a pensar la novela como una verdadera lucha entre dos formas de subjetivación de lo femenino: la idealidad angelical y la sensualidad. A través de Brenda se busca una especie de conciliación de los opuestos.

Con las novelas de Magariños Solsona, asistimos a un avance más acentuado de la tendencia naturalista en la elaboración de lo femenino. Sin embargo, nunca se llega al carácter soez que tanto choca a los intelectuales que como el propio Melián Lafinur escarnece y repudia a *Naná* de Emile Zola. El naturalismo ingresa en las novelas de Magariños a través de una exposición más libre del cuerpo como objeto de deseo. Sin embargo, encontramos que ese mismo cuerpo, una máquina biológica sometida a sus pulsiones, es representado eróticamente: el cuerpo es sensualizado, percibido a través de imágenes estéticas.

Así, al examinar estas novelas, al preguntarnos cuál es el cuerpo de la nación, debemos descartar ciertos dispositivos de sexualidad que caracterizaban la formación del cuerpo patriótico, como el prototipo de la doncella abnegada, austera, asexuada, capaz de sacrificio por el varón hacedor de la patria: en las novelas analizadas por Sommer, las vírgenes patrióticas eran las futuras matronas. En nuestras novelas, en cambio, la perspectiva voyeur de nuestros novelistas parece interesarse más en estas vírgenes sensualizadas apartadas de ese carácter asexuado del "ángel del hogar". Por lo tanto, el ideal de mujer buscado no es aquella formadora de los futuros ciudadanos de la patria. No es la educadora austera, sino la criatura deseable. Respecto a esto punto, notábamos cómo Barran y Nahum (1979) vinculaban el ascenso del erotismo con una respuesta frente a la sexualidad puritana y con una voluntad receptiva en torno al patrón demográfico. Más allá de que el erotismo supo, por su propia naturaleza, desviar la energía libidinal hacia una dirección diferente lejos de la procreación, como sostienen estos historiadores, lo cierto es que permitió el desarrollo de otro modo de subjetivación de lo femenino ligado a otro tipo de necesidades. No es que las novelas busquen una liberación de la mujer. Los novelistas buscan la implantación de una nueva moral al proponer un cuerpo sensual y erótico alejado de la austeridad religiosa obsesionada con cuerpos angelicales y asexuados presentes en las narrativas viriles. Esta nueva moral se desarrolló como parte de un verdadero inconsciente político, como parte de una postura asumida por escritores anticlericales y secularizadores. Al darle un lugar al deseo, a la representación carnal y erótica de la mujer, desplazan su representación fuera del ámbito religioso. Secularizar a la mujer constituye una forma de escribir el nuevo cuerpo de la nación sacándola del "altar de la nación" (último resabio de una retórica religiosa que sustentaba un discurso patriótico). Y la ambigüedad es su signo constitutivo. El sujeto letrado masculino desea escribir el cuerpo de la nación no de una forma homogénea; el cuerpo femenino debe tener rastros de la antigua virgen del hogar pero también debe poseer un grado de sensualidad. En ese sentido, podría decirse que estos folletines permiten dejar escuchar como una voz en off una revelación silenciosa del deseo. Frente a la oposición entre la mujer santa y la mujer fatal, el sujeto letrado parece resolver el conflicto de una forma ecléctica proponiendo una forma dual en la que los trazos eróticos aparecen de una forma mesurada bajo el manto de una santidad y virginal apariencia de mujer hogareña.

  Si al comienzo de este trabajo, siguiendo los planteos de Bhabha y Williams, se hablaba de que la nación estaba constituida por un cuerpo femenino ambiguo, compuesto por elementos presentes in media res (lo angelical, lo erótico, la sexualidad fecunda y maternal), ahora comprobamos que esta característica define toda una sensibilidad de fin de siglo donde el factor sexual ingresa en el pensamiento provocando un campo de tensión. Si bien, nuestros autores no hacen pronunciamientos públicos sobre este tema debido a su formación pudorosa, esto tampoco impide su tratamiento en las novelas. Como vimos, cada una de las novelas desarrolla el cuestionamiento hacia el modelo angelical asexuado y fundamento de la maternidad, a través de diferentes vías.

Las novelas analizadas, retoman el cauce de la novela sentimental revolucionaria correspondiente a la etapa pre-romántica, al abordar las elaboraciones problemáticas de lo femenino alejándose de la connotaciones alegóricas de los romances. Si bien la escritura de las novelas puede ser calificada de ingenua, en el sentido de ser imitativa de modelos europeos, eso no les impidió profundizar acerca de los problemas existentes en la sociedad (problemas que son soslayadas por una visión unitaria en los romances nacionales canónicos como *Tabaré*).

Esto último puede ayudarnos a responder respecto al por qué estas novelas fueron invisibilizadas o ignoradas por la crítica literaria. Por un lado el prejuicio despectivo respecto a lo sentimental llevó a desvalorizarlas y a que no se advirtiese el carácter revolucionario antes comentado. La propia creencia en la existencia de ciertos géneros asociados a la virilidad (lo épico, con mayúscula) redujo lo sentimental a una forma de escritura femenina (un género menor). En ese sentido, los escritores al tomar la novela sentimental parecen ejercer un acto de "travestismo" literario al apropiarse de la voz femenina en sus personajes. El letrado decimonónico, sin darse cuenta, lleva adelante el carácter heteroglósico de la escritura al escribir al "otro" impronunciable: escribe la alteridad femenina en los trazos silenciosos de una escritura pudorosa.

Justamente, el carácter revolucionario de estas novelas consiste en defender este prototipo ambiguo de lo femenino. Una ambigüedad que responde a otro modo de subjetivación de lo femenino que buscará consolidarse en los años venideros.

BIBLIOGRAFÍA

CORPUS

Acevedo Díaz, Eduardo. *Brenda*. Buenos Aires: Imp. de La Nación, 1883.

---. *Minés*, Buenos Aires: Imp. de La Nación, 1907.

Magariños Solsona, Mateo. *Las hermanas Flammari* (Prólogo de Samuel Blixen). Montevideo: Tipografía y Litografía Oriental de Luis Peña, 1893.

---. *Valmar*. Montevideo: Imprenta y Litografía Oriental, 1896.

Muñoz, Daniel: *Cristina* (Bosquejo de un romance de amor). Montevideo: La Minerva, 1885.

Ramirez, Carlos María. *Los amores de Marta*, Montevideo: Tipografía y Encuadernación de Barreiro y Ramos, 1884.

FUENTES

Fuentes periódicas

Blanco, Juan Carlos: "La novela experimental" en: *Anales del Ateneo del Uruguay*, I.3.13 (setiembre 5 de 1882).

Blanco, Juan Carlos: "Idealismo y realismo", en: *Anales del Ateneo del Uruguay*, I.3.14 (octubre 5 de 1882)

Bustamante, Pedro: "El valor cívico", en: *Anales del Ateneo del Uruguay*, II.4.17 (enero 5 de 1883).

Melián Lafinur, Luis: "Emile Zola. Boceto literario", en: *Anales del Ateneo del Uruguay*, I.2.12 (agosto 5 de 1882).

Revert, Isidro: "Morfología y fuerzas de la historia", en: *Anales del Ateneo del Uruguay*, I.2.10 (junio 5 de 1882).

Rodríguez, Rosalio: "La formación de las nacionalidades", en: *Anales del*

Ateneo del Uruguay, I.2.10 (junio 5 de 1882).

Dr Sienra y Carranza: "Discurso leído en el Ateneo", en: *Anales del Ateneo del Uruguay*, I.2.10 (junio 5 de 1882).

La Bandera Radical, I.1.40 (enero 29 al octubre 29 de 1871).

La Razón, I, (diciembre 12 de 1878 al diciembre de 1900).

El Siglo, I, (febrero 1 de 1863 al diciembre de 1900).

La Aurora, I.1 (octubre 1 de 1862)

La Aurora, II.9 (junio de 1863).

Revista Nacional de Literatura y Ciencias Sociales, I.1 (marzo 5 de 1895)

Revista Nacional de Literatura y Ciencias Sociales, I.3.60 (noviembre 25 de 1897).

Revista de la Biblioteca Nacional, 2, (mayo 1969).

"Carta de María del Pilar Simón de Marco dirigida a *Los Debates*". En: Archivo Pablo Blanco Acevedo, Tomo XVII (1870-1897), (marzo 8 de 1873).

"Correspondencia de Carlos María Ramírez", en: Archivo General de la Nación, 10.31. Partidos Políticos (1870-1890).

Fuentes bibliográficas

Araújo, Orestes. *Nuestro país. Cuadros descriptivos del Uruguay por autores nacionales y extranjeros.* Montevideo: Dornaleche y Reyes, 1895.

Fernández y Medina, Benjamín. *La imprenta y la prensa en el Uruguay desde 1807 a 1900.* Montevideo: Dornaleche y Reyes, 1900.

Galmés, Héctor. *Correspondencia familiar e íntima de Eduardo Acevedo Díaz (1880-1898).* Montevideo: Biblioteca Nacional, 1979.

Ramírez, Carlos María. *La guerra civil y los partidos políticos de la República Oriental del Uruguay.* Montevideo: Imprenta a vapor *El Siglo*, 1871.

---. *Apuntes y discursos*. Montevideo: mprenta Gaceta Commercial, 1948.

---. *Artigas* (Prólogo de Luis Bonavita). Montevideo: Colección Clásicos Uruguayos, 1895.

Sansón Carrasco (Daniel Muñoz). *Crónicas de fin de siglo* (Prólogo de Heber Raviolo y Claudio Paolini). Montevideo: Banda Oriental, 1997.

TEORÍA Y CRÍTICA

Abrams, M. H. *El espejo y la lámpara* (Traducción de Gregorio Aráoz). Buenos Aires: Editorial Nova, 1955

Achugar, Hugo. *Poesía y sociedad (1880 -1911)*. Arca, Montevideo: Arca, 1985.

---. "El parnaso es la nación o reflexiones a propósito de la violencia de la lectura y el simulacro. En: Rossiello, Leonardo (Compilador). *Las otras letras. Literatura uruguaya del siglo XIX*. Montevideo: Arca, 1994.

Aldaraca; Bridget y Ramos, Vivian. "El ángel del hogar: Galdós y la ideología de la domesticidad en España". *Revista Chilena de Literatura* 50 (1997): 150-154

Álvarez Ferretjans, Daniel. *Historia de la prensa en el Uruguay. Desde la 'Estrella del Sur' a Internet*. Montevideo: Fin de Siglo, 2007.

Anderson, Benedict. *Comunidades imaginadas. Reflexiones sobre el origen y difusión del nacionalismo*. México: Fondo de Cultura Económica, 2007.

Armstrong, Nancy. *Deseo y ficción doméstica: una historia política de la novela* (Presentación de Giulia Colaizzi). Madrid: Ediciones Cátedra, 1991.

Barrán, José Pedro. *Iglesia católica y burguesía en el Uruguay de la modernización*

(1860-1900). Montevideo: FHC, 1988.

---. *Medicina y sociedad en el Uruguay del Novecientos: la invención del cuerpo*. Vol. 3, Montevideo: Ediciones de Banda Oriental, 1992.

Barrán, José Pedro y Nahum, Benjamín. *El Uruguay del Novecientos*. Montevideo: Ediciones Banda Oriental, 1979.

Barrán, J. Caetano, G et al, *Historia de la vida privada en Uruguay. El nacimiento de la intimidad (1870-1920)*. Tomo 3, Montevideo: Editorial Santillana, 1996.

Barrán, José Pedro. *Historia de la sensibilidad en el Uruguay*. Tomo 2. El disciplinamiento, Montevideo: Ediciones de la Banda Oriental, 1998.

---. *Intimidad. Divorcio y nueva moral en el Uruguay del Novecientos*. Montevideo: Ediciones de la Banda Oriental, 2008.

Barros Lémez, Álvaro. *El folletín del siglo XIX en América Latina*. Montevideo: Editorial Monte Sexto S.R.L, 1992.

Barthes, Roland. *El placer del texto*. Bogotá: Siglo Veintiuno Editores, 1980.

---. *Fragmentos de un discurso amoroso*. México: Siglo XXI, 1991.

---. *S/Z*. Madrid: Siglo Veintiuno Editores de España, 2001.

Bataille, Georges. *El erotismo*. Barcelona: Tusquets Editores, 2007.

Bauzá, Francisco. *Estudios literarios*. Montevideo: Colección de Clásicos Uruguayos. Biblioteca Artigas, 1953.

Benedict, Bárbara. "Reading faces: Physiognomy and Epistemology in Late Eighteenth-Century Sentimental Novels". En: *Studies in Philology*, 92.3 (1995): 311-328

Berlin, Isaiah. *Las raíces del romanticismo*. Madrid: Taurus, 2000.

Bhabha, Homi (Comp). *Nación y narración. Entre la ilusión de una identidad y las diferencias culturales*. Buenos Aires: Siglo Veintiuno Editores, 2010.

---. "DisemiNación. Tiempo, narrativa y los márgenes de la nación moderna". En: Bhabha, Homi (Comp). *Nación y narración. Entre la ilusión de una identidad y las diferencias culturales*. Buenos Aires: Siglo Veintiuno Editores, 2010.

Blixen, Samuel. *Cobre viejo*. Montevideo: Dornaleche y Reyes Editores, 1890.

Boria, Adriana. *El discurso amoroso. Tensiones en torno a la condición femenina*. Córdoba: Editorial Comunicarte, 2009.

Bourdieu, Pierre. *La dominación masculina*. Barcelona: Editorial Anagrama, Barcelona, 2000.

Brennan, Timothy. "La nostalgia nacional de la forma". En: Bhabha, Homi (Comp). *Nación y narración. Entre la ilusión de una identidad y las diferencias culturales*. Buenos Aires: Siglo Veintiuno Editores, 2010

Burgueño, María Cristina. *La modernidad uruguaya: Imágenes e identidades (1848-1900)*. Montevideo: Linardi y Risso, 2000.

Butler, Judith. *El género en disputa. El feminismo y la subversión de la identidad*. Barcelona: Paidós, 2007.

Caetano, Gerardo y Geymonat, Roger. *La secularización uruguaya (1859-1919). Catolicismo y privatización de lo religioso*. Montevideo: Ediciones Santillana, 1997.

Cánova, Virginia. *Bibliografía de obras desconocidas y olvidadas de la narrativa uruguaya de mediano y largo alcance (1806-1888)*. Gotemburgo: Instituto Ibero-Americano, Universidad de Gotemburgo. 1990.

---. *Por una fortuna y una cruz y Los orígenes del feminismo en Uruguay*. Colección Narrativa uruguaya olvidada Siglo XIX (Colección dirigida por Virginia Cánova), Gotemburgo: Universidad de Gotemburgo, 1998.

Carilla, Emilio. *El romanticismo en la América Hispánica*. 2 vols, Madrid: Gredos, 1975.

Castellanos, Alfredo. *La "Belle Epoque" montevideana. Vida social y paisaje urbano*. Montevideo: Arca, 1979.

Castoriadis, Cornelius. *La institución imaginaria de la sociedad*. V 2: El imaginario social y la institución. Barcelona: Tusquets, 1989.

Chouciño Fernádez, Ana. "Apuntes a una revisión de la narrativa sentimental hispanoamericana: *Carmen* de Pedro Castera", en: *Anales de Literatura Hispanoamericana*, 28 (1999): 547-562.

Demasi, Carlos – Piazza, Eduardo (Comp.). *Los héroes fundadores. Perspectivas desde el siglo XXI*. CEIU, Montevideo: Tradinco, 2006.

Dijkstra, Bram. *Ídolos de perversidad. La imagen de la mujer en la cultura de fin de siglo*. Madrid: Debate, 1994.

Dobson, Joanne. "Reclaiming Sentimental Literature", En: *American Literature*, 69.2 (Junio 1997): 263-288.

Eco, Umberto. *Apocalípticos e integrados*. Barcelona: Edición Debolsillo, 2010.

---. *Historia de la belleza*. Barcelona: Lumen, 2008.

Entwistle, Joanne. *El cuerpo y la moda*. Barcelona: Paidós, 2002.

Feher, Michel & Tazi, N. (Editores). *Fragmentos para una historia del cuerpo humano*. Madrid: Taurus, 1990.

Fernández, Pura. *Eduardo López Bago y el naturalismo radical: la novela y el mercado literario en el siglo XIX*. Amsterdam: Rodopi, 1995.

Fernández y Medina, Benjamín. *Historia de la prensa y de la imprenta en el Uruguay*. Montevideo: Dornaleche y Reyes, 1900.

Foucault, Michel. *Historia de la sexualidad. 1. La voluntad del saber*. Buenos Aires: Siglo Veintiuno Editores, 2011.

Franco, Jean. *Historia de la literatura hispanoamericana*. Barcelona: Editorial

Ariel, 2006.

Frye, Northrop. *Anatomía de la crítica*. Caracas: Monte Ávila, 1977.

González Laurino, Carolina. *La construcción de la identidad uruguaya*. Montevideo: Editorial Taurus, 2001.

González Stephan, Beatriz. *La historiografía literaria del liberalismo hispanoamericano del siglo XIX*. La Habana: Editorial Casa de las Américas, 1987.

---. "Modernización y disciplinamiento. La formación del ciudadano: del espacio y privado", En: González Stephan, Beatriz et alter: *Esplendores y miserias del siglo XIX: cultura y sociedad en América Latina*. Caracas: Monte Ávila Editores, 1995.

---. "Narrativas duras en tiempos blandos: sensibilidades amenazadas de los hombres de letras", en: *Revista de Crítica Literaria Latinoamericana*, XXVI.52 (2do Semestre del 2000): 107-134.

Giddens, Anthony. *La transformación de la intimidad. Sexualidad, amor y erotismo en las sociedades modernas*. Madrid: Cátedra, 2004.

Grossmann, Rudolf. *Historia y problemas de la literatura hispanoamericana*, Madrid: Ediciones de la Revista de Occidente, 1969.

Guardia, Sara Beatriz (Compilación y edición). *Historia de las mujeres en América Latina*. Murcia: CEMHAL (Centro de Estudio sobre la mujer en la Historia de América Latina), Universidad de Murcia, 2002

Guerra Cunningham, Lucía. *La mujer fragmentada. Historias de un signo*, Bogotá: Casa de las Américas, 1994.

Halperin, Paula. *Cuerpos, géneros e identidades: estudios de historia de género en Argentina*. Buenos Aires: Ediciones del Signo, 2000.

Hardisson, Ana. *Hacia una crítica de la imaginación patriarcal*. Madrid: Editorial Ideas, 2011.

Hauser, Arnold.: *Historia social de la literatura y el arte. Del Rococó hasta la época del cine*. Madrid: Ediciones de Bolsillo, 2009.

Jitrik, Noe. *Historia e imaginación literaria. Las posibilidades de un género*. Buenos Aires: Editorial Biblos, 1995.

Krakusin, Margarita. *La narrativa de Alfredo Bryce Echenique y la narrativa sentimental*. Madrid: Pliegos, 1996.

Kristeva, Julia. *Poderes de la perversión*. Madrid: Siglo XXI, 1980.

---. *Historias de amor*. México: Siglo XXI, 1983.

Knibiehler, Yvonne. "Cuerpos y corazones", En: Duby, Georges y Perrot, Michelle: *Historia de las mujeres en Occidente*. Vol. 4, Madrid: Taurus Minor/ Santillana, 2000.

Le Bretón, David. *Sociología del cuerpo*. Buenos Aires: Ediciones Nueva Visión, 2002.

Lerena Acevedo de Blixen, Josefina. *Novecientos*. Montevideo: Ediciones del Río de la Plata, 1967.

Litvak, Lily. *Erotismo fin de siglo*. Barcelona: Antoni Bosch, 1980.

Lyons, Martin. "Los nuevos lectores del siglo XIX: mujeres, niños, obreros", en: Carvallo, Guglielmo y Chartier, Roger (coords.): *Historia de la lectura en el mundo occidental*. Madrid: Taurus, 1998.

Maingueneau, Dominique. *La literatura pornográfica* (Traducción de Heber Cardoso). 1ª ed., Buenos Aires: Ediciones Nueva Visión, 2008.

Mendez Vives: Enrique. *El Uruguay de la modernización (1876-1904)*. Montevideo: Ediciones de la Banda Oriental, 1992.

Menéndez y Pelayo, Marcelino. *Orígenes de la novela*. Vol. 2, Madrid: Edición Nacional Santander, 1962.

Moi, Toril. *Teoría literaria feminista*. Madrid: Ediciones de Cátedra, 1999.

Moraña, Mabel & Olivera Williams, María Rosa (eds.). *El salto de Minverva. Intelectuales, género y Estado en América Latina*. Madrid:

Iberoamericana, 2005.

Morás, Luis Eduardo. *De la tierra purpúrea al laboratorio social*. Montevideo: Ediciones de la Banda Oriental, 1999.

Nahum, Benjamín. *Manual de Historia del Uruguay*. Montevideo: Ediciones de Banda Oriental, 1993.

Ordiz, Javier. "¿Santa o pecadora? La prostituta en la Novela del Naturalismo Hispanoamericano". En: *Revista Nuestra América*, 1, (Enero-julio de 2006).

Oviedo, José Miguel. *Historia de la literatura hispanoamericana*. Madrid: Alianza, 1995.

Paz, Octavio. *La llama doble. Amor y erotismo*. México: Editorial Seix Barral, 1993.

Peruchena, Lourdes. *Buena madre y virtuosa ciudadana. Maternidad y rol político de las mujeres de las élites (1875 – 1905)*. Montevideo: Rebeca Linke, 2011.

Porzecanski, Teresa (Comp.). *El cuerpo y sus espejos*. Montevideo: Editorial Planeta, Montevideo, 2008.

Pratt, Mary Louis. "Women, Literature and National Brotherhood". En: Seminar on Feminism and Culture in Latin America. *Women and Politics in Latin America*. Berkeley: U C Press: 48-73.

Rama, Ángel. *Las máscaras democráticas del modernismo*. Montevideo: Editorial Arca, 1994.

Ramos, Julio. *Desencuentros de la modernidad en América Latina. Literatura y política*. México: FCE, 1989.

Real de Azúa, Carlos. *El patriciado uruguayo*. Montevideo: Ediciones Asir, 1961.

---. *El Uruguay y sus problemas en el siglo XIX (antología)*. Montevideo: Centro Editor América Latina, 1968.

Renan, Ernest. "¿Qué es una nación?". En: Bhabha, Homi (Compilador). *Nación y narración. Entre la ilusión de una identidad y las diferencias culturales.* Buenos Aires: Siglo XXI Editores, 2010.

Riquer, Martín; Valverde, José María. *Historia de la literatura universal.* Vol. 7, Barcelona: Planeta, 1987.

Rocca, Pablo. "Literatura, periodismo y testimonio de los principistas del '70". En: Rossiello Leonardo (Compilador): *Las otras letras. Literatura uruguaya del siglo XIX.* Montevideo: Arca, 1994.

---. *Enseñanza y teoría de la literatura en José Enrique Rodo.* Montevideo: Ediciones de la Banda Oriental, 2001.

Rodríguez Villamil, Silvia. *Las mentalidades dominantes en Montevideo (1850 – 1900).* Montevideo: Ediciones de la Banda Oriental, 2008.

---. *Escenas de la vida cotidiana. La antesala del siglo XX (1890-1910).* Montevideo: Ediciones de la Banda Oriental, 2006.

Rossiello, Leonardo. *La narrativa breve uruguaya (1830-1880). Formas y direcciones.* Goteburg: Universitet Goteborg, 1990.

Rougemont, Denis de. *El amor y Occidente.* Barcelona: Editoria Kairós, 2008.

Sánchez, Luis Alberto. *Historias comparadas de las literaturas americanas.* Tomo 2. Del Naturalismo neoclásico al naturalismo romántico. Buenos Aires: Losada, 1965.

Sansón, Tomás. "La Historia y la Escuela. Cohesión y disciplinamiento social en el Uruguay moderno (1860-1900)". En: Cancino, Hugo et alter (Editores): *Miradas desde la Historia social y la Historia intelectual. América Latina en sus culturas: de los procesos independentistas a la globalización.* 1° ed. - Córdoba: Centro de Estudios Históricos Prof. Carlos S.A. Segreti; Facultad de Filosofía y Humanidades, Universidad Católica de Córdoba; Universidad Veracruzana,

México. Instituto de Investigaciones Histórico-Sociales, E-Book, 2012.

Sapriza, Graciela. "Imágenes de la mujer a comienzos de siglo". En: Rodríguez Villamil, Silvia. *La mujer en el Uruguay: Ayer y Hoy*. Montevideo: Banda Oriental, 1983.

Sarlo, Beatriz. *El imperio de los sentimientos*. Buenos Aires: Grupo Editorial Norma, 2000.

---.*Signos de pasión: Claves de la novela sentimental del Siglo de las Luces a nuestros días*. Buenos Aires: Editorial Biblos, 2012.

Schaeffer, Jean-Marie. *¿Qué es un género literario?* (Traducción de Juan Bravo Castillo y Nicolás Campos Plaza). Madrid: Akal, 2006.

Seoane Pinilla, Julio. "Novela sentimental, literatura, rococó e identidad moderna". En: *Thémata,* Revista de Filosofía de la Universidad de Alcalá, N° 26 (2001).

Shinoda Bolen, Jean. *Las diosas de cada mujer. Una nueva psicología femenina*. Barcelona: Editorial Kairos, 1997.

Shumway, Nicolás. *The Invention of Argentina*. Berkeley: University of California Press, 1991.

Sinnigen, John. *Sexo y política: lecturas galdosianas*. Madrid: Ediciones de la Torre, 1996.

Sommer, Doris. *Ficciones fundacionales*. Bogotá: Fondo de Cultura Económica, 2004.

Schiller, Federico. *Sobre poesía ingenua y poesía sentimental.* Madrid: Verbum, 2007 (versión digital de la Biblioteca Virtual Cervantes: http://www.biblioteca.org.ar/libros/133618.pdf).

Todd, Janet. *Sensibility. An Introduction*. London and New York: Methuen, 1986.

Tollinchi, Esteban. *Romanticismo y modernidad*. Puerto Rico: Editorial de la

Universidad de Puerto Rico, 1989.

Torras, Meri. *El delito del cuerpo*. Barcelona: Ed. UAB, 2007.

Torres, María Inés de. *¿La nación tiene cara de mujer? Mujer y nación en el imaginario letrado del siglo XIX*. Montevideo: Editorial Arca, 1995.

Trigo, Abril. "La república de los sentimientos: la sensibilidad romántica al servicio de la imaginación nacional". En: Achugar, Hugo, Moraña, Mabel (Compiladores): *Uruguay: imaginarios culturales*. Tomo 1: desde las huellas indígenas a la modernidad, Montevideo: Trilce, 2000.

Turner, Bryan. *El cuerpo y la sociedad. Exploraciones en Teoría Social*. Buenos Aires: Fondo de Cultura Económica, 1989.

Unzueta, Fernando. "Escenas de lectura: naciones imaginadas y el romance en la historia en Hispanoamerica". En: Araucaria. *Revista Iberoamericana de Filosofía, Política y Humanidades*, 6.13, (2005): 124 - 165.

Villena, Francisco. "La nación soñada: Historia y ficción de los romances nacionales latinoamericanos", en: *Espéculo. Revista de estudios literarios,* Universidad Complutense de Madrid, 33 (2006). Consultado en enero de 2013. Disponible en: (http://www.ucm.es/info/especulo/numero33/nacionson.html).

Williams, Raymond. *Marxismo y literatura,* (Prólogo de J. M. Castellet. Traducción de Pablo di Masso), Barcelona: Ediciones Península, 2000.

---. *Cultura y sociedad 1780 – 1950. De Coleridge a Orwell*. Buenos Aires: Nueva Visión, 2001.

---. *El campo y la ciudad* (Prólogo de Beatriz Sarlo. Traducción de Alcira Bixio). Buenos Aires: Editorial Paidós, 2001.

Wschebor, Isabel. "La biblioteca de *El Siglo* y las mujeres burguesas". En:

Boletín de la Academia Nacional de Letras, Tercera época, Nª 9, (Enero-Junio 2001).

Zo, Ramiro Esteban. "Funciones de la novela sentimental hispanoamericana durante el siglo XIX". En: CILHA, a 8 n.9, Mendoza: Universidad Nacional de Cuyo, 2007.

Zola, Emile. *The Experimental Novel*. New York: Haskell House (Publishers of Scholarly Books), 1964.

Zubillaga, Carlos. "Libreros y editores gallegos en Montevideo". En: Madrigala, N° 2 (1999)

Referencias críticas sobre los autores.

Carlos María Ramírez.

Ardao, Arturo. Prólogo a *El destino nacional y la Universidad. Polémica*. T1, Montevideo: Biblioteca Artigas, 1965.

---. *Espiritualismo y positivismo en el Uruguay*. Montevideo: Departamento de Publicaciones de la Universidad de la República, 2008.

Barbagelata, H. D. *Una centuria literaria (poetas y prosistas uruguayos) (1800 – 1900)*. París: Biblioteca Latino-Americana, 1924.

Blixen, Samuel. *Cobre viejo*. Montevideo: Dornaleche y Reyes, 1894.

Englekirk y Ramos. *La narrativa uruguaya*. California: Universidad de California, 1967.

Michelena, Alejandro. "Peñas y tertulias en el siglo XIX", en *Las otras letras. Literatura uruguaya del siglo XIX* (Compilación de Leonardo Rossiello). Montevideo: Graffiti, 1994.

Montero Bustamante, Raúl. *Ensayos. Período romántico*. Montevideo: Arduino Hnos, 1928.

Rocca, Pablo. "Literatura, periodismo y testimonio de los principistas del '70", en *Las otras letras. Literatura uruguaya del siglo XIX* (Compilación de Leonardo Rossiello). Montevideo: Graffiti, 1994.

Roxlo, Carlos. *Historia crítica de la literatura uruguaya*. Montevideo: Barreiro y Ramos, 1912.

Zum Felde, Alberto. *Proceso intelectual del Uruguay*. Montevideo: Claridad, 1941.

Daniel Muñoz

Blanco, Juan Carlos. Prólogo a *Sansón Carrasco, Colección de artículos*. Montevideo: Barreiro y Ramos, 1884.

Barbagelata, Hugo. *Una centuria literaria. Poetas y prosistas uruguayos (1800 – 1900)*. París: Bibl. Latinoamericana, 1924.

Lasplaces, Alberto. *Antología del cuento uruguayo*. Montevideo: Claudio García, 1943.

Pereira Rodríguez, Julio. Prólogo a *Artículos* de Sansón Carrasco. Montevideo: Biblioteca Artigas, 1953.

Pérez Pintos, Diego. *Los mejores cuentos camperos del siglo XIX* (antología). Montevideo: Banda Oriental, 1966.

Raviolo, Heber. Prólogo a *Crónicas montevideanas de un siglo atrás*. Montevideo: Ediciones Banda Oriental, 1984.

Real de Azúa, Carlos. "Prosa del mirar y del vivir" (*Capítulo Oriental*, N° 9), Montevideo: CEDAL, 1968.

Rodríguez Monegal, Emir. *El cuento uruguayo. De los orígenes al modernismo* (antología). Buenos Aires: Eudeba, 1965.

Roxlo, Carlos. *Historia crítica de la literatura uruguaya*. Montevideo: Barreiro y Ramos, 1912.

Zum Felde, Alberto. *Proceso intelectual del Uruguay*. Montevideo: Claridad, 1941.

Mateo Magariños Solsona

Ainsa, Fernando. "La narración y el teatro en los años veinte" (Capítulo Oriental N° 19), Montevideo: CEDAL, 1968.

---. *Nuevas fronteras de la narrativa uruguaya (1960 – 1993)*. Montevideo: Trilce, 1993.

Antuña, José G. *Litterae*. París: Impremerie Artistique A. Fabre, 1926.

Blixen, Samuel. Prólogo a *Las hermanas Flammari*. Montevideo: Barreiro y Ramos, 1893.

Coester, Alfred. *Historia literaria de la América española* (traducción del inglés de Rómulo Tovar). 1ª ed., Madrid: Librería y Casa Editorial Hernando (S-A), 1929.

Piquet, Juan Francisco. *Perfiles literarios*. Montevideo: Tipografía y Litografía Oriental, 1896.

Roxlo, Carlos. *Historia crítica de la literatura uruguaya (1810 – 1816)*. Vol. 4, Montevideo: Barreiro y Ramos, 1915.

Salaverri, Vicente. *Florilegio de prosistas uruguayos*. Valencia – Buenos Aires: Cervantes, 1918.

Scarone, Arturo. *Uruguayos contemporáneos*. Montevideo: Barreiro y Ramos, 1937.

Torres Rioseco, Arturo. *La novela en la América Hispana*, California: Berkeley, University of California Press, 1939.

Visca, Arturo Sergio. *Ensayos sobre literatura uruguaya*. Montevideo: Ed. Del

Sesquicentenario (el artículo "*Pasar*...una novela olvidada" es reproducción del prólogo de la edición de Biblioteca Artigas, 1964), 1975.

Eduardo Acevedo Díaz

Ainsa, Fernando. "De la novela de la historia a la novela histórica: la dimensión americana de Eduardo Acevedo Díaz. En: *Nuevas fronteras de la narrativa uruguaya (1960 – 1993)*. Montevideo: Trilce, 1993.

Baccino, Napoleón. "*Brenda* en el mundo narrativo de Eduardo Acevedo Díaz", en: *Revista de la Biblioteca Nacional*, N ° 21, (1981)

Cosse, Rómulo. "*Ismael* o la pasión del valor", En: *Boletín de la Academia Nacional de Letras*, Tercera época, Nª 9, (Enero-Junio 2001)

Cotelo, Ruben. "Acevedo Díaz y los orígenes de la narrativa" (*Capítulo Oriental* N° 6). Montevideo: CEDAL, 1968.

Espínola, Francisco. Prólogo a *Ismael*. Buenos Aires: Jackson, 1945.

Galmés, Héctor. Presentación y notas a *Correspondencia familiar e íntima de Eduardo Acevedo Díaz (1880 -1898)*. Montevideo: Biblioteca Nacional, 1979.

García Fanlo, Luis. "¿Qué es un dispositivo? Foucault, Deleuze, Agamben". En: Revista *A parte Rei. Revista de Filosofía,* 74 (Marzo de 2011).

Grudzinska, Grazyna. "Eduardo Acevedo Díaz y Henry Sienkiewicz. La novela histórica en las orillas del mundo moderno". *Cuadernos de Marcha*, N° 106, (Julio 1995)

Ibañez, Roberto. Prólogo a *Ismael*. Montevideo: Biblioteca Artigas, 1953.

Lasplaces, Alberto. *Eduardo Acevedo Díaz*. Montevideo: Claudio García, 1931.

Paternain, Alejandro. *Eduardo Acevedo Díaz*. Montevideo: Arca, 1980.

Prego Gadea, Omar (2001): "El arte narrativo de Eduardo Acevedo Díaz en *Soledad*". *Boletín de la Academia Nacional de Letras*, Tercera época, Nª 9, (Enero-Junio 2001).

Rama, Ángel. "Ideología y arte en un cuento ejemplar", en *El combate de la tapera y otros cuentos*. Montevideo: Arca, 1965,

Raviolo, Heber. "Ismael, un paisaje de génesis". *Graffiti*, N° 51, (Abril 1965).

Riva, Hugo. Prólogo a *Soledad. El combate de la tapera*. Montevideo: Ediciones de Banda Oriental, 1972.

Rocca, Pablo. "Eduardo Acevedo Díaz y el destino nacional". *Brecha*, Montevideo (13 de setiembre de 1995).

---. "E.A.D, historia de una pasión uruguaya". En: *Uruguayos notables*. Montevideo: Linardi y Risso, 1999.

---. Edición crítica, prólogo, bibliografías y notas a *Cuentos completos*. Montevideo: Banda Oriental, 1999.

---. "Los destinos de la nación. El imaginario nacionalista en la escritura de Juan Zorrilla de San Martín, Eduardo Acevedo Díaz y su época", en *Uruguay: imaginarios culturales. Desde las huellas indígenas a la modernidad* (Hugo Achugar y Mabel Moraña editores). Montevideo: Trilce, 2000.

Rodríguez Monegal, Emir. *Vínculo de sangre*. Montevideo: Alfa, 1968.

San Román, Gustavo. "La derrota en *El combate de la tapera* de Eduardo Acevedo Díaz", en *Amor y nación*. Montevideo: Linardi y Risso, 1998.

Verani, Hugo (1986): "Realismo y creación artística en *Soledad* de Eduardo

Acevedo Díaz". *Revista de la Biblioteca Nacional*, N° 24, Montevideo.

Visca, Arturo Sergio. *Aspectos de la narrativa criollista*. Montevideo: Biblioteca Nacional, 1972.

Zum Felde, Alberto. *Proceso intelectual del Uruguay*. Montevideo: Claridad, 1941.

Argus-*a*
Artes y Humanidades / Arts and Humanities
Los Ángeles – Buenos Aires
2017

www.ingramcontent.com/pod-product-compliance
Lightning Source LLC
Chambersburg PA
CBHW020633220526
45464CB00001B/126